suhrkamp taschenbuch 2921

In Eutin verordnete mann sich jüngst eine radikalfeministische Sprache. Seitdem gibt es dort nur noch Eutinerinnen, knapp die Hälfte davon sind Männer. Dergleichen verstörende Meldungen häufen sich. In den letzten zwanzig Jahren haben die Frauen der deutschen Männersprache so massiv zugesetzt, daß manncḧer kaum noch weiß, ob er Männchen oder Weibchen ist. Behaupten genervte Männer.

In der Tat ist das Maskulinum nicht mehr das, was es einmal war. Mit dazu beigetragen haben Luise F. Puschs Analysen und Satiren, von denen die neuesten hier zu finden sind. Aber die Männersprache ist noch keineswegs überwunden. Deshalb nervt frau zügig weiter, greift um sich und kennt kein Maß. Unter dem Einfluß der Aids-Katastrophe und des Aids-Aktivismus haben sich allerorten die *Queer Studies* stürmisch entwickelt; Luise F. Pusch hat die Diskussion innerhalb der deutschsprachigen Linguistik mit ihren Beiträgen über Sprache und Homophobie eingeleitet und vorangetrieben.

Sie ist die bekannteste, radikalste und konsequenteste Vertreterin feministischer Sprachpolitik.

Luise F. Pusch, geb. 1944 in Gütersloh, Professorin für Sprachwissenschaft. Bücher und Aufsätze zur Grammatik diverser Sprachen und zur Grammatiktheorie. Autorin von u. a. *Das Deutsche als Männersprache* (es 1217) und *Alle Menschen werden Schwestern* (es 1565). Mithrsg. von *WahnsinnsFrauen* Bd. 1-3 (st 1876, st 2493, st 2834); Herausgeberin u. a. der *Trilogie über Schwestern ..., Töchter ... und Mütter berühmter Männer* (1985-94) und des Kalenders *Berühmte Frauen* (1987ff.).

Luise F. Pusch

Die Frau ist nicht der Rede wert

Aufsätze, Reden und Glossen

Suhrkamp

Umschlagfoto: Ruth Walz

Den Teilnehmerinnen
der beiden Seminare zum Thema
»Sprache und Homophobie«,
die am 8. November 1997 und am 21. März 1998
im Magdeburger Frauenzentrum »Courage«
stattfanden.

suhrkamp taschenbuch 2921
Erste Auflage 1999
Erstausgabe

Nachweise am Schluß des Bandes
Suhrkamp Taschenbuch Verlag

Satz: Hümmer GmbH, Waldbüttelbrunn
Druck: Nomos Verlagsgesellschaft, Baden-Baden
Printed in Germany
Umschlag nach Entwürfen von
Willy Fleckhaus und Rolf Staudt

1 2 3 4 5 6 – 03 02 01 00 99

Inhalt

Persönliches

Glossen

Anhang

Feministische Linguistik

Etappen auf dem Weg zu einer gerechten Sprache

Vorbemerkung

Feministische Sprachpolitik besteht zum großen Teil darin, die Grundlagen feministischer Sprachkritik unterschiedlichen gesellschaftlichen Gruppen fortlaufend neu darzulegen. Im folgenden fasse ich drei zu solchen Anlässen verfaßte einführende Texte zu einem zusammen.

Der erste – geschrieben für die Leipziger Volkszeitung – richtete sich 1991 an LeserInnen aus den neuen Bundesländern, für die feministische Sprachkritik überwiegend noch neu und ein Besserwessi-Ärgernis war.

Den zweiten Text schrieb ich 1995 für die Schweizer Werbefachzeitschrift *persönlich* – entsprechend betonte ich den Zusammenhang zwischen Männer-Sprache und Werbung (für den Mann). Die grundsätzliche Argumentierweise sprach viele an; der Text wurde deshalb häufig für Lehrzwecke eingesetzt, besonders in Schulen.

Der dritte Text – ursprünglich abgedruckt in *Psychologie heute* – beleuchtet speziell die sozialpsychologische Motivation feministischer Sprachkritik und -politik und versucht einen Ausblick ins kommende Jahrtausend.

Die drei Teile ergeben, so hoffe ich, einen guten Überblick über feministische Sprachpolitik der neunziger Jahre und ihre Wurzeln in der Arbeit der beiden vorangegangenen Jahrzehnte.

1991: Feministische Sprachpolitik in den neuen Bundesländern?

Im Restaurant. Der Gast zitiert die Kellnerin herbei und herrscht sie an: »Das Ragout schmeckt ja widerlich, und außerdem ist die Portion viel zu klein.«

An diesen Witz fühlt frau sich erinnert, wenn sie den Brief eines männlichen Abonnenten der Zeitschrift *Zweiwochendienst* liest. Er drohte mit Kündigung, weil er sich über das »dämliche« bzw. »dusselige« große *I* – wie in *LeserInnen* oder *EinwohnerInnen* –

ärgerte. Er schimpfte es auch »Ideologie-*I*«, da es auch die PDS benutze. Verblüffenderweise beschloß er seinen Beschwerdebrief mit dem Tadel: »Ich akzeptiere auch nicht, daß Ihr lediglich zu 90% das große *I* benutzt.«

Das große *I* hat den Abonnenten offenbar etwas verwirrt, und nicht nur ihn. Dabei ist diese Lösung eines komplizierten grammatischen, sprachpolitischen und sprachästhetischen Problems gar nicht mal die schlechteste.

Das Problem: Artikel 3, Absatz 2 unseres Grundgesetzes lautet: »Männer und Frauen sind gleichberechtigt.« In der Praxis sind sie es, wie wir wissen, noch lange nicht, und einer der vielen noch ungerecht organisierten Praxisbereiche ist eben die Sprache. 99 Staatsbürgerinnen und ein Staatsbürger sind auf Deutsch 100 Staatsbürger. Die 99 Bürgerinnen können zusehen, wo sie bleiben; sie sind nicht der Rede wert. Wenn ein Mann Hebamme oder Krankenschwester wird, bekommt er sofort seine maßgeschneiderte Berufsbezeichnung und heißt *Geburtspfleger* oder *Krankenpfleger*. Es ist ihm schließlich nicht zuzumuten, als »männliche Hebamme« oder »männliche Krankenschwester« durch die Gegend zu laufen. Frauen aber machen statt einer *kauffraulichen* eine *kaufmännische* Lehre und mußten bis vor kurzem jahrelang prozessieren, wenn sie nicht zum »Amtmann« oder, fast noch widersinniger, zur »Amtmännin« befördert werden wollten. Dabei schrieb schon der große Jacob Grimm 1854 im ersten Band des Grimmschen Wörterbuchs, daß mit *Amtfrau* eine Frau gemeint ist, die ein Amt verwaltet, unter *Amtmännin* hingegen »die Frau des Amtmanns« zu verstehen sei.

Etwa bis Mitte der siebziger Jahre haben die Bürgerinnen in den alten Bundesländern sich das alles klaglos gefallen lassen – in der damaligen DDR sogar noch wesentlich länger. Sprache wurde als Naturgegebenheit angesehen, etwa so wie das Wetter. Frau beklagt sich ja auch nicht über das Wetter, und sei es noch so frauenfeindlich...

Frauen haben die frauenausmerzende oder -verhunzende Sprache sogar noch fleißig selbst verbreitet. Wir wußten es nicht besser und dachten uns weiter nichts dabei. Im Osten etwa erzählte eine Arbeiterin 1984 in einem Interview: »Erst war ich Arbeitsgruppenleiter in einer Obstbaubrigade, danach FDJ-Sekretär, dann brauchten sie mich im Gemüsebau. Ich habe 24 Mann in der Brigade, 23 sind Frauen.« Noch heute kommt es im Westen wie im Osten vor, daß Frauen sagen: »In unserem Betrieb sind drei Mann schwanger.« Kein Wunder, daß wir so reden, wird es uns doch stets und ständig vorexerziert, so u.a. auch vom Gesetzgeber, in der Gesetzessprache. »Im Bürgerlichen Gesetzbuch (BGB) sind sowieso nur schwule Ehen vorgesehen«, scherzte neulich eine Juristin. »Es heißt dort immer ›der eine Ehegatte und der andere‹.«

In den achtziger Jahren aber formierte sich in Westdeutschland immer stärkerer Widerstand gegen die Männersprache Deutsch, und eines der Resultate ist das große *I*. Als im Frühling 1989 in Berlin die rotgrüne Koalition an die Regierung kam, verordnete sie den darob mehrheitlich verstörten Behörden das große *I* als Therapie gegen die verfassungswidrige Bevorzugung des Mannes in der Sprache. Übrigens ist das große *I* nicht, wie viele annehmen, eine Erfindung der *taz*, sondern die Schweizer Frauenbewegung hat es zur Welt gebracht. Die *taz* hat es allerdings bei uns publik gemacht.

Vor dem Siegeszug des großen *I* hatten sprach- und frauenbewußte Alternative mit der sogenannten Schrägstrichlösung experimentiert. Ausdrücke wie *Kolleg/inn/en* oder *Student/inn/en* riefen die Hüter der Sprachästhetik auf den Plan. Das sehe ja scheußlich aus, hieß es, und lesen könne es auch niemand, geschweige denn aussprechen. Mit dem Lesen hapert es übrigens anscheinend auch bei dem oben erwähnten erbosten Abonnenten: Durch das große *I* fühle er sich in seinem Lesefluß gehemmt, teilt er mit. Das ist merkwürdig, denn Großbuchstaben (Majuskeln) mitten im Wort sind doch heute absolut in; sie haben im Zeitalter der Computer die Bindestriche und Schrägstriche weitgehend verdrängt. Es heißt *InterCityExpress*, *InterRegio*, *EuroCity*, *MicroSoft*, *DBase*, *MacPlus*, *MacDraw* usw. Niemand und niemandin fühlt sich da in seinem bzw. ihrem Lesefluß gehemmt; es ist einfach praktisch und spart Bits und Bytes. Bindestriche dagegen gelten mehr und mehr als alte Zöpfe.

Das kann es also nicht sein, denn der Abonnent ist sicher auf der Höhe der Zeit. Vielleicht artikuliert er beim Lesen halblaut mit und weiß nicht, wie er das große *I* aussprechen soll – diese Klage wird jedenfalls auch des öfteren vorgebracht. Nun, auch das sollte kein Problem sein: Jede und jeder, die oder der Abkürzungen wie *bzw.*, *usw.*, *wg.* und *z. B.* korrekt als *beziehungsweise*, *undsoweiter*, *wegen* und *zum Beispiel* über die Lippen bringt, wird mit dem großen *I* auch keine Mühe haben: Es ist ganz einfach eine Abkürzung für die Doppelform. Ein Wort wie *ReferentInnen* wäre demnach auszusprechen als *Referentinnen und Referenten* – möglichst in dieser Reihenfolge, denn trotz des Ladies-first-Geredes herrscht allenthalben die umgekehrte Reihenfolge vor, von *Hänsel und Gretel* über *er, sie, es* bis zu *Herr und Frau Schulze.*

So viel zum großen *I*. Nicht alle mögen diese Lösung, zumal sie auch nur eine Teillösung ist. Was z. B. machen wir mit dem Singular? Folgende Schreibweise scheint sich durchzusetzen:

Die/der PräsidentIn oder seinE/ihrE StellvertreterIn.

Ich sehe förmlich, wie der Abonnent sich die leseflußgehemmten Augen reibt und beschließt, nun erst recht zu kündigen...

Ähnlich wie er denkt auch Niedersachsens Frauenministerin Waltraud Schoppe. In der niedersächsischen Amtssprache sollen Frauen künftig zwar die volle Gleichberechtigung genießen, aber ohne das große *I*. »Klarheit und Lesbarkeit« wurde unlängst nach achtmonatiger Grübelei von einer Arbeitsgruppe mit Vertreterinnen und Vertretern aus dem Justiz- und dem Frauenministerium sowie der Staatskanzlei zum leitenden Prinzip erkoren, und deshalb entschied frau und mann sich gegen Schrägstriche und großes *I* und für die durchgehende Benutzung der Doppelform in der Reihenfolge Frau vor Mann. Gesetze in Niedersachsen werden also künftig etwa so aussehen:

»Beim Ausscheiden eines Mitglieds tritt eine Stellvertreterin oder ein Stellvertreter an dessen Stelle; für diese oder diesen wird eine neue Stellvertreterin oder ein neuer Stellvertreter bestellt. Das Mitglied und seine Stellvertreterin oder sein Stellvertreter wird vom Landtag nach den Vorschlägen der Fraktion gewählt, der das ausscheidende Mitglied angehört.«

Die bestehenden Gesetze werden allerdings nicht umgeschrieben. Die neuen Bestimmungen werden erst dann umgesetzt, wenn neue Gesetze formuliert oder alte novelliert werden. Wir haben also noch ein bißchen Schonfrist bis zur totalen Verdoppelung.

Waltraud Schoppe findet, daß diesem Kabinettsbeschluß auch die niedersächsischen Kommunen und Landkreise folgen sollten. Und in einer Pressemitteilung des Bundesministeriums für Frauen und Jugend [wo bleibt das Ministerium für Männer und Alter??] vom 23. Juli [1991] lesen wir »Unsere Rechtssprache ist eindeutig maskulin geprägt«, und mann gelobt, das alsbald zu ändern. Statt

Unterschrift des Paßinhabers soll es möglicherweise nur noch *Unterschrift* heißen. Wie weise. Die Ehe zwischen dem einen und dem andern Gatten wird dann wohl auch bereinigt. Eigentlich schade, es klang ja fast subversiv.

In Dresden brütet derzeit der sächsische Landtag über seinem Verfassungsentwurf. Am 18. Juli [1991] wurden Gleichstellungsfragen debattiert, u. a. ging es natürlich auch um die sprachliche Gleichberechtigung, und ich war als Sachverständige eingeladen worden. Im Entwurf lautet der entsprechende Artikel (119a) folgendermaßen:

»Wenn in dieser Verfassung, den Gesetzen oder in anderen Rechtsnormen die weibliche oder männliche Form verwendet wird, sind hiermit auch stets die Angehörigen des anderen Geschlechts gemeint, soweit nicht ausdrücklich etwas anderes bestimmt ist.«

Dr. Ralf Donner von der Fraktion Bündnis 90/Grüne, der die Anhörung leitete, eröffnete die Sitzung, indem er den rein männlich besetzten Verfassungs- und Rechtsausschuß freundlich, aber entschlossen mit dem Femininum ansprach: »Liebe Zuhörerinnen..., nach der Anhörung der geladenen Referentinnen [wir waren zwei Männer und drei Frauen] kann jede der Abgeordneten ihre Meinung sagen oder Fragen stellen.«

Trotz dieser ermutigenden Auslegung des Gesetzesentwurfs plädierte ich in meinem Referat für eine Korrektur. Wenn das Maskulinum in seiner alten Funktion weiter benutzt werden darf, werden es die meisten auch so benutzen. Ich schlug statt dessen den ausschließlichen Gebrauch des umfassenden Femininums vor, wie es Donner soeben vorgemacht hatte. Zum Beweis, daß ich hier nicht herumspänne und die kostbare Zeit der Ausschuß-Herren mit feministischer Propaganda vergeude, verwies ich auf das zukunftweisende Beispiel der Gemeinde Hasloh, Kreis Pinneberg, die am 8. Mai 1991 ihre Hauptsatzung im Pinneberger Tagblatt bekanntgab. Die Gemeinde hat 3107 Einwohnerinnen, darunter rund 1500 männliche. Bei der letzten Kommunalwahl im März 1990 erhielt die CDU 8 Sitze, die SPD ebenfalls 8 und die FDP einen. Im Vorwort der Satzung verordnet sich diese erstaunliche Gemeinde folgendes:

»Die Regelungen in der Hauptsatzung beziehen sich gleichermaßen auf Frauen und Männer. Es wird die weibliche Sprachform verwendet. Die männliche Sprachform gilt somit entsprechend.«

Na also. Brava!

Nach dem Rotationsprinzip könnten wir dies als Übergangslösung gut und gern an die zweitausend Jahre so halten. Alsdann könnten sich ja die beiden Geschlechter an einen Tisch setzen und miteinander eine Sprache aushandeln, die für beide Geschlechter gerecht und bequem ist. Für Sprachen mit einem Genus Neutrum wie Deutsch (oder Griechisch) gibt es die Möglichkeit, dieses Genus zu aktivieren und die femininen Endungen abzuschaffen – eine Lösung, die unter dem Namen »der verrückte Pusch-Vorschlag« bekannt wurde.[1] Nach diesem Vorschlag würden deutsche Texte etwa so aussehen:

Birgit ist eine gute Student; ihre Professor ist sehr zufrieden mit ihr. Früher war sie übrigens Sekretär bei einer Architekt und dann bei einer Rechtsanwalt. Für ihre Dissertation suchen wir noch ein zweites Gutachter, am besten ein Dozent, das sich in feministischer Theorie auskennt.

Allerdings werden weder »der verrückte Pusch-Vorschlag« noch die konsequente Feminisierung à la Hasloh bei den derzeit herrschenden Mehrheitsverhältnissen in den Gremien, die sich mit sprachlichen Reformen befassen, durchsetzbar sein. Als Kompromißlösung bleibt also vorerst ein Bündel »gemäßigterer« Maßnahmen aus Differenzierung, Neutralisierung und Abstraktion:

A. Differenzierung

1. als ausgeschriebene Doppelform:
   z.B. *die Präsidentin* oder *der Präsident*; statt wie bisher *der Präsident*
2. als Schrägstrich-Doppelform:
   z.B. *die/der Vorsitzende* statt wie bisher *der Vorsitzende*; Richter/in, Richter/innen
3. als Lösung mit dem großen *I* (Schrägstrich und folgendes *I* fallen graphisch zusammen): z.B. *RichterIn*
4. als Großschreibung variabler Elemente (Ableitung aus der Konvention des großen I):
   z.B. *jedeR RichterIn*

B. Neutralisierung

1. durch Ersatz mittels eines Substantivs, das aus einem Partizip oder Adjektiv abgeleitet ist: z.B. *Studierende* statt *Studentinnen* und *Studenten*

2. durch Pluralbildung:
   die Betroffenen statt *der Betroffene*

C. Abstraktion

   z. B. *Ministerium für Wissenschaft und Kunst* statt *Der Minister für Wissenschaft und Kunst*; *Regie:* statt *Regisseur:*, *Kamera:* statt *Kameramann:* (etwa im Nachspann von Filmen) usw. usw.

Um an einem Beispiel »aus dem Leben« zu zeigen, wie die drei wichtigsten sprachtherapeutischen Maßnahmen **Differenzierung, Neutralisierung** und **Abstraktion** funktionieren, habe ich im Auftrag des Baden-Württembergischen Landtags im September 1990 das Gesetz über Einsetzung und Verfahren von Untersuchungsausschüssen einmal konsequent umgeschrieben. Die Arbeit des Umschreibens hielt sich in Grenzen, und das nunmehr gerecht formulierte Resultat sollte auch für konservative SprachpflegerInnen erträglich sein, die gemeinhin lieber die Sprache vor einem »Unrecht« beschützen wollen als uns Frauen.

Für das sachgerechte Umschreiben braucht es allerdings eine feministisch-linguistisch geschulte Fachkraft, denn so einfach geht das alles auch wieder nicht. Für Gremien, die die entsprechenden nicht unbeträchtlichen Ausgaben scheuen, empfiehlt sich daher der entschlossene Sprung ins 21. Jahrhundert: das Votum für das umfassende Femininum.

1995: Aufklärung für Werbefachleute: Sprache ist Werbung für den Mann – Das war einmal

Der Sprachwandel, den die Frauen in den letzten 25 Jahren in Gang gesetzt haben, ist die bedeutendste und tiefgreifendste sprachliche Neuerung dieses Jahrhunderts. Nicht nur im deutschen Sprachraum, sondern weltweit.[2] Tiefgreifend, weil die Frauen sich nicht lange mit dem Wortschatz aufhielten, dem gewöhnlichen Schauplatz des Sprachwandels, denken wir nur an Neuzugänge wie *Internet, world wide web, web site, home page, email, chatten, downloaden, einloggen, Suchmaschine*, usw. Selbstverständlich haben auch wir mit Begriffen wie ›Sexismus‹, ›sexualisierte Gewalt‹, ›sexuelle Belästigung‹, ›Vergewaltigung in der Ehe‹ usw. zur Erweiterung des Wortschatzes und damit des

Bewußtseins nachhaltig beigetragen. Im übrigen aber gingen wir gleich »ans Eingemachte«, an die patriarchale Grammatik selbst. Denn zuvor gab es für Frauen kaum Raum in dieser Herrberge. Inzwischen aber hat frau sich wohnlich eingerichtet und sich breit gemacht. Dadurch wird es für den Herrn etwas enger und unbequemer. Er hat seither nicht mehr das ganze Terrain für sich allein.

Wir Frauen wußten schon lange, daß wir mit der Feminisierung der Sprache die Menschheit der Menschlichkeit einen Schritt nähergebracht haben. Daß dies inzwischen auch von Männern zugegeben wird, gar von einer so angesehenen Institution wie der Gesellschaft für deutsche Sprache in Wiesbaden, freut die Frau. Denn es ist nicht lange her, da beschieden deutsche Professoren eifrige Studentinnen, die ihre Magistraarbeiten (damals hießen diese allerdings noch Magisterarbeiten) über Sexismus in der deutschen Sprache schreiben wollten, sie sollten das doch lieber lassen, das blöde Thema sei doch nur eine Modeerscheinung. Besser, sie suchten sich ein anständiges Thema wie »Die Morphologie der Adjektive«.

Manchmal fragen Zeitschriften bei mir an, ob ich einen Artikel zum Thema Frauensprache liefern könnte. »Schon möglich«, pflege ich zu sagen, »und was hatten Sie sich da in etwa so gedacht?« »Vielleicht folgendes«, kam neulich die muntere Antwort, »›Ist die Frauensprache am Ende?‹ Denn, finden Sie nicht auch, man hört heute rein gar nichts mehr von dem Thema.« »Und«, fragte ich zurück, »wie ist es mit Skandinavien? Ist Skandinavien auch am Ende? Man hört in letzter Zeit so wenig von Skandinavien.«

Mann hört vielleicht nichts zum Thema Frauensprache, frau dagegen sehr wohl.

An männliche Unmutsäußerungen mußten wir uns ja von allem Anfang an gewöhnen. Früher pflegte mann zu scherzen, wenn mann den durchgedrehten Sprachfeministinnen kampflos das Feld überließe, würden Mansarden bald zu Frausarden, aus *manchmal* würde *frauchmal*, und schließlich käme es noch zu *manchen Gebärmüttern* und *frauchen Gebärvätern*. In den neunziger Jahren sind die Scherzbolde noch immer am Werk, hinzugekommen sind aber zwei neue Register. Einmal die blasierte Klage der Herren aus den Feuilletons und ihrer Nachbeter, daß wir Frauen mit unserem sauertöpfischen Bestehen auf »politischer

Korrektheit« das Recht auf freie Meinungsäußerung beschnitten und einer Sprachzensur das Wort redeten.[3] Zum andern hört frau viel wüstes Schimpfen, nachdem der männliche Witz à la »Frausarde« bei den Frauen anscheinend nichts gefruchtet hat.

Schön, sagt frau sich, die Jungs nehmen das Thema jetzt ernster, weil es allmählich ernst wird. Sogar in Mexico, einer der bockigsten Bastionen des Machismo, soll der sprachliche Machismo in den Schulbüchern auf Regierungsbeschluß nunmehr abgeschafft werden.

Viele politische Gremien, von Stadtparlamenten über Landtage bis hin zum deutschen Bundestag, haben dem Druck der Frauen nachgegeben und beschlossen, daß dem Paragraphen »Männer und Frauen sind gleichberechtigt« des deutschen Grundgesetzes auch hinsichtlich der Sprache Folge zu leisten sei. Sogar Rita Süssmuth verkündete im Bundestag in ihrer Eigenschaft als Gesundheitsministerin, Formulierungen wie »wenn der Arzt im Praktikum schwanger wird« könne sie nicht unterschreiben.

Was tun also? Mann stellt sich gerne dumm und erklärt: »Es heißt ›Er ist Ingenieur, und sie ist Ingenieur; sie sind alle beide Ingenieure‹ – also gleicher als gleich geht ja nun wirklich nicht! Was wollt ihr nur immer mit dem blöden *-in*?«

Nun, frau meint, Gleichheit könnte auch erzielt werden, wenn es hieße, »Sie ist Ingenieurin, er ist Ingenieurin, alle beide sind Ingenieurinnen«.

Diese Idee stößt bei Männern auf wenig Gegenliebe, denn in unserer Herrenkultur bedeutet Feminisierung für den Mann schlicht Deklassierung, weil in dieser Kultur das Weibliche zweitrangig ist. Wenn nicht gar letztrangig – es scheint, daß der typische Mann sein Auto oder die Tierwelt doch viel lieber hat als seine Frau. (Auf Mißhandlung der Ehefrau steht in Kalifornien bis zu ein Jahr Gefängnis und $ 1000 Geldstrafe, Tierquälerei wird mit bis zu einem Jahr Gefängnis und $ 20000 Geldstrafe geahndet.)

Die Frauensprache ist nicht am Ende, sondern immer mehr im Kommen, in vielen Bereichen hat sie sich durchgesetzt, ist die Befolgung ihrer Richtlinien einfach eine Sache des guten Stils und der Höflichkeit. So daß mir schon vor Jahren bei einem Hearing im Niedersächsischen Landtag ein deutscher Professor vorhielt, was wir Frauen denn bloß hätten, die Doppelform (à la *Leserinnen und Leser*) sei doch längst eine Selbstverständlichkeit, wir rennten da bloß offene Türen ein. Daß die Türen noch nicht sehr lange offen sind und daß die »Selbstverständlichkeit« noch vor kurzem von seinen Kollegen als »Modeerscheinung« abgetan wurde, vergaß er zu erwähnen. Diese Taktik ist beliebt. Wenn Frauen etwas mit Mühe erkämpft, den Männern quasi abgetrotzt haben, wird mit schöner Regelmäßigkeit erklärt, das Abgetrotzte besäßen die Frauen doch sowieso seit alters her. Auf diese Weise hat nicht der Mann eine Niederlage erlitten, sondern die Frauen kämpfen hysterischerweise am falschen Ort, rennen wie kopflose Hühner offene Türen ein, offengehalten von Männern, diesen großzügigen Rittern.

Wir halten also mit der Gesellschaft für deutsche Sprache fest: Die Frauensprache ist keineswegs am Ende, vielmehr ist sie auf dem besten Wege. Nachdem dies offiziell zu Protokoll gegeben ist, möchte ich für Neugierige, die die bisherige Diskussion nicht mitbekommen haben, hier noch nachtragen, warum Frauensprache unausweichlich ist:

Die Sprache, die wir ererbt von unseren Vätern haben, ist eine frauenausmerzende Sprache. Vorstellungen werden überwiegend und am nachhaltigsten erzeugt durch Wörter. Daß Wörter über unsere Vorstellungen zu Realität werden, weiß jede, die sich mit den verbalen Therapien auskennt. Das bekannteste Beispiel ist wohl das autogene Training. Sie sagen zu sich: »Mein rechter Arm ist warm«, und nach kurzer Zeit steigt Ihre Temperatur meßbar – wenn Sie das zuvor eine Weile geübt haben.

Das schrecklichste Beispiel ist die Ermordung der europäischen Jüdinnen und Juden. Sie wurden zuerst durch einen perfiden Diskurs, durch Wörter, als Ungeziefer definiert und danach wie Ungeziefer behandelt – vertilgt.

Und wir Frauen? Wir sind bzw. waren buchstäblich nicht der Rede wert, und genauso wurden wir auch behandelt.

Was stellen Sie sich vor, wenn Sie Wörter wie *Schauspieler*, *Dichter*, *Straßenkehrer*, *Leser*, *Passant*, *Schweizer* hören oder lesen? Diese Wörter, so versichert uns die patriarchale Grammatik, sind geschlechtsneutral. Stellen Sie sich also einen geschlechtsneutralen Schweizer vor? Versuchen Sie es doch mal. Sie sehen, es geht nicht – allerdings versichern mir manche Frauen, bei Schweizern ginge es vielleicht noch am ehesten. Dennoch bleibe ich dabei: Sie stellen sich Männer vor. Und weil das so ist, ist die Frau aus den Vorstellungen der Menschen fast verschwunden.

Dazu ein Beispiel aus der Praxis einer Frauenbeauftragten:

Ein Gymnasiallehrer hatte den Projektauftrag bekommen, einen Altenhilfeplan des Landkreises zu entwickeln. Zwei Drittel der im Landkreis lebenden und über 65 Jahre alten Personen sind Frauen. Diese Frauen kamen weder in der Sprache noch inhaltlich mit ihren spezifischen Problemen vor. So wurde überhaupt nicht angesprochen, daß z.B. Witwen mit 60% der Rente ihres Mannes, die sie bekommen, ihre Wohnung nicht halten können. ... Es war immer nur die Rede von »der Senior«, »der alte Mitbürger« oder »der alte Mensch«. ... Zumindest bei den Einkommensverhältnissen wäre eine Trennung notwendig gewesen. Auch pflegen z. B. sehr viele alte Frauen ihre Männer noch und übernehmen die Betreuung der Enkelkinder. Auf all das wurde überhaupt nicht eingegangen. ... Daraufhin bin ich in die Alten- und Seniorenclubs gegangen und habe den Altenhilfeplan systematisch mit den Frauen durchgearbeitet. Da hat's aber dann gekracht und das ganze Ding mußte umgeschrieben werden. Bei all der vielen Arbeit, die der Mann in seinem Projektjahr gemacht hatte, beging er den Fehler, einfach die Frauen auszublenden. Er hatte schön im Einklang mit seiner Sprache vom »Senior« überhaupt nicht bemerkt, daß der Lebensplan und der Lebensalltag von »Seniorinnen« ein anderer ist. Deutlicher hätte eigentlich gar nicht gezeigt werden können, wie mit der Sprache auch Frauen betreffende Inhalte ausgeblendet werden. (Elisabeth Peuser, Frauenreferat des Landkreises Limburg/Lahn[4])

Der Mann ist die Norm, die Frau ist die Abweichung von der Norm – sie ist buchstäblich nicht normal. Das schlägt sich in ihrem Bewußtsein nieder und im Bewußtsein des Mannes, und es ist für beide Geschlechter nicht bekömmlich – von der Ungerechtigkeit einmal abgesehen. Es verzerrt die Wahrnehmung der Realität.

Bekanntlich wurde die Schweizerin bis 1971 vom Wahlrecht ausgeschlossen; die Liechtensteinerin bis 1984. Ein beliebtes Argument gegen das Frauenwahlrecht lautete: »Im Gesetz steht: ›Jeder Schweizer Bürger ist wahlberechtigt‹, von Bürgerinnen steht da nichts.« So viel zur Geschlechtsneutralität der maskulinen Personenbezeichnungen. Die Begriffe werden ausgelegt, wie es dem Herrn gefällt. Geht es um Rechte, wird die Frau ausgeschlossen, geht es um Pflichten oder Strafen, ist sie natürlich mitgemeint.

Es ist das Ziel einer jeglichen Werbung, das jeweils »an den Mann« (sehen Sie, was ich meine?) zu bringende Produkt im Kopf des Konsumenten (sehen Sie hier eine Frau vor Ihrem geistigen Auge? Wenn ja, dann sind Sie nicht normal) fest zu verankern. Dafür bezahlen Industrie und Dienstleistungsgewerbe Unsummen an die diversen Medien.

Das Medium Sprache aber ist grammatisch so organisiert, daß

mit fast jedem Satz, in dem von Personen die Rede ist, die Vorstellung »männliche Person« erzeugt wird. Denn unsere Grammatiken schreiben vor, daß jede noch so große Menge von Frauen symbolisch zu einer Männermenge wird, sobald nur ein einziger Mann hinzukommt.

Sprache ist das Medium aller Medien. Ohne Sprache gäbe es die andern Medien nicht – keine Zeitung, keinen Rundfunk, kein Fernsehen, kein Internet, keine E-Mail, keine Multimedia. Und dieses Medium, das allen anderen zugrunde liegt, ist so beschaffen, daß die Frau darin kaum vorkommt.

Die Männersprache – das ist wissenschaftlich einwandfrei bewiesen[5] – ist eine grandiose, genial konstruierte, völlig kostenlose Werbemaschinerie für den Mann. Die Konkurrentin Frau wurde total an den Rand gedrängt.

Die Propaganda ist allen weitgehend unbewußt, denn sprachliche Mechanismen sind den meisten nicht bewußt und sollen es auch nicht sein, damit die Kommunikation funktioniert. Wie erkannte schon der Propagandaminister Goebbels so klar: »In dem Augenblick, da eine Propaganda bewußt wird, ist sie unwirksam. Mit dem Augenblick aber, in dem sie als Tendenz im Hintergrund bleibt, wird sie in jeder Hinsicht wirksam.«

Daß die Männerpropaganda namens Sprache den meisten unbewußt ist, erkennen wir an den genervten Stoßseufzern vieler Männer und mancher Frauen, ob wir nichts Wichtigeres zu tun hätten, als die Sprache durch feminine Bezeichnungen schwerfällig zu machen bis zur Unbrauchbarkeit.

Wie erfolgreich die Werbemaschinerie die Konkurrentin Frau ins Abseits manövriert hat, erkennen wir an der Lage der Frauen weltweit, die 1995 bei der Weltfrauenkonferenz in China zu Recht wieder ausführlich beklagt wurde. Frauen leisten zwei Drittel der Arbeit auf dieser Welt. Dafür bekommen sie ein Zehntel des Lohns. Und wir besitzen ein Hundertstel des Weltvermögens. 99% aller Güter dieser Welt sind im Besitz von Männern.[6]

Damit das nicht so bleibt, haben wir den Regelkreis unterbrochen. Wir Frauen haben (noch) wenig Zugang zur Macht, aber wir haben Zugang zur Sprache – und nutzen ihn.

Sprache erzeugt Vorstellungen, Vorstellungen beeinflussen unsere Handlungen, Handlungen beeinflussen unsere politische und wirtschaftliche Situation (die sogenannte Realität), diese wiederum beeinflußt die Sprache. Ändern wir die Sprache, so ändern wir unzweifelhaft die Vorstellungen, und damit den ganzen Rest. Er hat es bitter nötig.

1998: Bilanz und Ausblick: Wie geht es nun weiter nach 25 Jahren feministischer Sprachpolitik?

Zur Einleitung eine Anekdote

Juni 1998. Ich höre im Radio ein Interview über ein neues Kinderbuch. Die Autorin erzählt: »Es geht darum, daß zwei Schülerinnen abends einschlafen und in ihrem Traum auf einem Teppich nach Ägypten fliegen.« »Wieso zwei Schülerinnen?« frage ich mich spontan, während ich weiter meiner Hausarbeit nachgehe. Daß zwei Personen haargenau dasselbe träumen, finde ich normal, daß es sich aber um zwei Schülerinnen handelt, finde ich sonderbar, wenn auch erfreulich. Zwei Schüler dagegen wären mir nicht weiter aufgefallen.

Und dann fange ich an, mich über meine Verwunderung zu wundern und zu ärgern – wie schon so oft. Ist denn diese Denkweise, die mit weiblichen Hauptrollen einfach nicht rechnet, nie mehr aus meinem Kopf zu kriegen? Immerhin setze ich mich seit 20 Jahren beruflich dafür ein, daß Heldinnen in Büchern, Filmen und allen anderen Kulturprodukten genauso normal werden wie Helden. Aber in diesem Bemühen, das ich mit so vielen Frauen und etlichen einsichtigen Männern teile, habe ich zwei mächtige Gegnerinnen: Unsere Herrenkultur und ihre in Jahrtausenden gewachsene Männersprache: Schüler sind der Normalfall, *Schüler* ist das Normalwort für den Normalfall. Schülerinnen sind ein Sonderfall, sprachlich daran erkennbar, daß das Wort *Schülerinnen* aus dem Normalwort *Schüler* abgeleitet ist.

Über die Herrenkultur und die Männersprache ist in den letzten 20 Jahren sehr viel geschrieben und geredet worden. Und seit die Frauenbewegung in die Jahre gekommen ist, werden nicht nur allenthalben Jubiläen gefeiert, sondern auch Bilanzen gezogen. Meine persönliche Bilanz anbei in Kürze:

Kleine Bilanz

Wir können mit dem Erreichten durchaus zufrieden sein. Aber wir sind von einer bequemen und für beide Geschlechter gerechten Sprache noch weit entfernt.

Um die Sprache von männlicher Dominanz zu befreien, bedarf es vor allem weiterer feministischer Aufklärung über *alle* Bereiche der Herrenkultur. Die Bevölkerung muß verstehen lernen, daß unsere Kultur eine gründliche Entpatrifizierung braucht, eine demokratische Umorientierung ähnlich der der Entnazifizierung und der »Entkommunistifizierung« nach der Wende. Feministische Sprachkritik ist ein wesentlicher Bestandteil dieser Aufklärung.

Eine Aufgabe, die meist vergessen wird, die ich aber für außerordentlich wichtig halte, ist die Reform der Grammatik, so daß eine gerechte *und* bequeme Sprache überhaupt möglich wird. An einem solchen Ideal läßt sich der Grad der Ungerechtigkeit der herrschenden Sprache leicht ablesen; außerdem ist es immer gut, Modelle und Visionen zu entwickeln, um zu wissen, wohin der Aktivismus letztlich führen soll. Reformbedürftig ist vor allem das System der Personenbezeichnungen einschließlich des Genus-Systems. Die überkommene Männersprache ist bequem, aber ungerecht. Die bisherigen eher halbherzigen Reparaturen haben zu einem Sprachgebrauch der ständigen Verdoppelungen geführt, der *etwas* gerechter und *viel* unbequemer ist. Keine zufriedenstellende Lösung, sondern ein fauler Kompromiß. Aber derzeit noch das einzige, was einigermaßen durchsetzbar ist.

Hildegard Gorny resümiert in ihrem Aufsatz »Feministische Sprachkritik« (1995: 541 f.):

> Der Diskussionsstand heute ist festgefahren. Es scheint eigentlich alles gesagt, was zu dem Thema zu sagen ist; die Argumente wiederholen sich und werden nur an neuen Beispielen demonstriert. Den Argumenten folgen Gegenargumente in fast schon ritualisierter Form. Überdies ist das Lager der Reformerinnen gespalten. Die einen beschränken sich in ihren Forderungen auf realpolitisch Durchsetzbares, die anderen bleiben bei ihrer Forderung nach radikaler Sprachveränderung. …
> Immerhin ist das Thema seit Mitte der achtziger Jahre aus den feministischen und linguistischen Diskussionszirkeln mehr und mehr in die Öffentlichkeit und in die Parlamente wie in die Ministerien gedrungen. Vielfach wird heute vollzogen, was vor zehn Jahren diskutiert wurde.

Genau! Diskutieren und fordern wir also weiter, damit in zehn Jahren vollzogen wird, was heute diskutiert wird.

Ausblick: Radikale Vorschläge zur Entpatrifizierung des Sprachsystems

Bereits im Jahre 1980 schrieb ich (zur Erläuterung meines weiter oben vorgeführten »verrückten Pusch-Vorschlags«): »Nur wenn die Bezeichnungen für Männer gleichzeitig mit geändert werden, ergeben sich gleiche sprachliche Chancen für Frauen und Männer.«

Die leidige Doppelform ist ja nur deshalb nötig, weil das Deutsche kaum wirklich geschlechtsneutrale Personenbezeichnungen besitzt. Das Englische hat es da viel einfacher. Es besitzt weder ein Genus- noch ein Kasussystem. Ausdrücke wie *lawyer* ›Rechtsanwalt‹ und *nurse* ›Krankenschwester/Krankenpfleger‹ sind geschlechtsneutral und können mit *she* oder *he* fortgeführt werden.

Ich habe 1980 meine Bemühungen um eine formal gerechte Grammatik nicht weiter vorangetrieben, weil mir die Zeit für eine so grundlegende Reform noch nicht reif schien. Seit zwei Jahren nun erreichen mich Sendungen von Matthias Behlert, der sich der Lösung des Problems erneut verschrieben hat und inzwischen mit einer hochinteressanten Lösung aufwarten kann.[7]

Seine Idee ist so einfach wie überzeugend: Das Genus wird abgeschafft: Frauenfreundlicherweise ist nur noch *die* vorgesehen, ohnehin der häufigste Artikel im Deutschen. Mangels Opposition zu anderen Genera ist das allein überlebende *die* neutral, wie das englische *the*. Die Kasus (Fälle) aber bleiben erhalten, wenn auch sozusagen auf das Wesentliche abgespeckt – um die für das Deutsche typische relativ freie Wortstellung nicht zu gefährden. Außerdem werden nicht nur die femininen Personenbezeichnungen aus einem Grundwort abgeleitet, sondern auch die maskulinen. Das Paradigma in Pusch 1980 lautete: *die*, *der* und *das Arbeiter*, bei Behlert (1998) heißt es *die Arbeiter* (geschlechtsneutral), *die Arbeiterin* (weiblich) und *die Arbeiteris* (männlich). Der Plural von *Arbeiteris* ist *Arbeiterisse*.

Die flektierten Formen des Artikels lauten: *der* (im Genitiv), *dem* (Dativ) und *den* (Akkusativ). Alle vier Formen gelten sowohl im Singular als auch im Plural. Damit ergibt sich folgendes Beugungsschema, das für alle Substantive gleich ist – unsere ausländischen Mitbürger (das ist: Mitbürgerinne und Mitbürgerisse) werden es uns danken:

Nominativ	*Genitiv*	*Dativ*	*Akkusativ*
die Frau	– *der* Frau	– *dem* Frau	– *den* Frau
die Frauen	– *der* Frauen	– *dem* Frauen	– *den* Frauen
die Mann	– *der* Mann	– *dem* Mann	– *den* Mann
die Männer	– *der* Männer	– *dem* Männer	– *den* Männer
die Kind	– *der* Kind	– *dem* Kind	– *den* Kind
die Kinder	– *der* Kinder	– *dem* Kinder	– *den* Kinder

Behlert erläutert:

Diese Aufteilung ist insofern gerecht, als es sich bei den Artikeln in Nominativ und Genitiv um bisher weibliche, in Dativ und Akkusativ dagegen um bisher männliche Formen handelt. Männern und Frauen wird also ein etwa gleiches Maß an Umgewöhnung zugemutet, und das Ergebnis ist eine Sprache, in der beide Geschlechter formal gleich zur Geltung kommen.
... In der 3. Person Singular [werden] nur noch zwei Personalpronomina benutzt, eine *belebte* und eine *unbelebte* Form (anders gesagt: ein *persönliches* und ein *sächliches Fürwort*). Ersteres wird für alle Lebewesen benutzt, d.h. für Menschen (Frauen, Männer und Kinder gleichermaßen), Tiere und Pflanzen. Dieses Pronomen lautet *sie* und wird dekliniert: *sie* – *ihr* – *ihm* – *ihn*.

die Frau, *die* Mann, *die* Pferd, *die* Tulpe usw. → *sie*
der Frau, *der* Mann, *der* Pferd, *der* Tulpe usw. → *ihr*
dem Frau, *dem* Mann, *dem* Pferd, *dem* Tulpe usw. → *ihm*
den Frau, *den* Mann, *den* Pferd, *den* Tulpe usw. → *ihn*

Ebenso wie das des bestimmten Artikels besteht dieses Beugungsschema aus zwei bisher weiblichen und zwei bisher männlichen Formen. Auch hier wird also Männern und Frauen ein etwa gleiches Maß an Umgewöhnung abverlangt, und das Ergebnis ist sprachliche Gleichbehandlung.

Soweit die Grundideen. Behlert hat sich dazu noch spannende flankierende Maßnahmen ausgedacht, z.B. daß »Geschwister«, »Brüder« und »Schwestern« nunmehr »Schwestern«, »Schwesterinne« und »Schwesterisse« sind, »Kinder« (im Sinne von ›Nachwuchs‹) dafür »Söhne«, »Söhninne« und »Söhnisse«.

Ein Märchen wie die Geschichte vom Däumling liest sich im entpatrifizierten Deutsch à la Behlert wie folgt:

Es waren einmal zwei arme Bauern, die saßen abends beim Herd und schauten dem Feuer zu, wie es tanzte und nach allem Seiten ausleckte. Da sprach die Mann: »Wie ist's so traurig, daß wir keinen Kinder haben! Es ist so still bei uns, und in anderem Häuser ist's so laut und lustig.«

»Ja«, antwortete die Frau und seufzte, »wenn's nur ein einzige wäre, und wenn sie auch ganz klein wäre, nur groß wie ein Daumen, so wollte ich schon zufrieden sein; wir hätten ihn doch von Herze lieb.«
Nun geschah es, daß die Frau kränklich wurde und nach sieben Monate einen Kind gebar, die zwar an allem Glieder vollkommen, aber nicht länger als ein Daumen war.
Da sprachen sie: »Es ist, wie wir es gewünscht haben, und sie soll unser liebe Kind sein«, und nannten ihn nach ihrem Gestalt Däumeling.
Sie ließen's nicht an Nahrung fehlen, aber die Kind wurde nicht größer, sondern blieb, wie sie im erste Stunde gewesen war. Doch schaute sie verständig aus dem Augen und zeigte sich bald als ein kluge und behende Wesen, dem alles glückte, was sie anfing.
Die Bäueris machte sich einer Tag fertig, in den Wald zu gehen und Holz zu fällen. Da sprach sie so vor sich hin: »Nun wollte ich, daß eine da wäre, die mir den Wagen nachbrächte.«
»O Vater«, rief Däumeling, »den Wagen will ich schon bringen, verlaß dich drauf, es soll zum bestimmte Zeit im Wald sein.«
Da lachte die Mann und sprach: »Wie sollte das zugehen, du bist viel zu klein, um den Pferd am Zügel zu leiten.«

Undsoweiter.

Das Behlertsche entpatrifizierte Deutsch ist zweifellos gerecht und bequem, nur etwas ungewohnt. Dafür aber hat es ein viel einfacheres Formenschema als unser hergebrachtes Männerdeutsch, wäre also sehr leicht zu erlernen. Ich hatte mich bereits nach zwei Stunden Lektüre an die neue Sprache gewöhnt! Inzwischen lasse ich die Grimmschen Märchen nach Behlert in meinen Seminaren lesen, damit die Leute sehen, wie gerechte Sprache aussieht und auf ihr Gemüt wirkt. Zunächst schrecken sie meist zurück, und auch diese Reaktion ist heilsam. Ich pflege dann zu sagen: ›An Ihrer Reaktion können Sie sehen, **wie meilenweit** entfernt unser gewohntes Deutsch von einem Deutsch ist, das wirklich beide Geschlechter gerecht behandelt.‹ Und dann lasse ich sie andere Texte »übersetzen« – ein sehr lehrreiches Experiment.

Die GegnerInnen der feministischen Sprachpolitik meinen: »Das Unternehmen Entpatrifizierung der Sprache hat sowieso keine Aussichten. Die Sprache wächst und entwickelt sich autonom. Künstliche Manipulationen sind zum Scheitern verurteilt.«

Dieses beliebte Argument wird zum einen durch das feministisch international bereits Erreichte widerlegt. Zum andern zeigt die Sprachgeschichte überhaupt ein ganz anderes Bild. Jede, auch die unwahrscheinlichste Sprachreform läßt sich durchsetzen, wenn der politische Wille dazu da ist. Das beste Beispiel ist sicher die Wiederbelebung des Hebräischen durch Eliezer Ben Yehuda seit Beginn dieses Jahrhunderts. Obwohl er anfangs ausgelacht wurde, gaben um 1910 die LehrerInnen nach und unterrichteten die junge Generation auf Hebräisch, weil es bei der Unzahl von Sprachen, die die jüdischen ImmigrantInnen nach Palästina mitbrachten, keine bessere Verständigungsmöglichkeit als das Hebräische gab, das den meisten als Gebetssprache vertraut war.[8]

Wenn wir die Männerherrschaft überwinden wollen, brauchen wir eine gerechte, also eine andere Sprache. Die feministische Linguistik hat für diese Position überzeugende Argumente entwikkelt. In letzter Zeit bekommen wir mehr und mehr Schützinnenhilfe auch von Männern, z. B. von dem französischen Soziologen Pierre Bourdieu, der geradezu leidenschaftlich mahnt, daß ohne eine **symbolische Revolution** (also eine Revolution der Symbole) an eine Überwindung der Männerherrschaft, besonders in unseren Köpfen, auch denen von Feministinnen, nicht zu denken ist. Ich erinnere diesbezüglich an meine Einleitungs-Anekdote. Bourdieu plädiert für eine **materialistische Analyse symbolischer Gewalt** und symbolischen Kapitals (und das wohl gewaltigste symbolische Kapital der Männer ist eben die Männersprache!). Er schreibt: »Es ist die relative Autonomie der Ökonomie des symbolischen Kapitals, die erklärt, daß männliche Herrschaft sich trotz Veränderungen in der Produktionsweise perpetuieren kann. Daraus folgt, daß die Befreiung der Frauen nur aus einer kollektiven Handlung hervorgehen kann, die auf einen symbolischen Kampf abzielt, der die unmittelbare Übereinstimmung zwischen inkorporierten und objektiven Strukturen angreift, das heißt also aus einer symbolischen Revolution, welche die Grundlagen der Produktion und Reproduktion symbolischen Kapitals [für Frauen] unterstützen würde.«[9]

Ich denke, daß eine entpatrifizierte, gerechte und bequeme Sprache helfen wird, diese Übereinstimmung aufzubrechen – die Übereinstimmung zwischen der Tatsache, daß Frauen »nicht der Rede wert sind« (symbolische und inkorporierte Struktur) und auch so behandelt werden (objektive Struktur). Eine gerechte Sprache würde in das Unbewußte der Menschen eine Struktur einpflanzen, die uns von Kindheit an und mit jedem Satz, den wir hören, sprechen oder lesen, für Geschlechter-Gerechtigkeit »programmiert«.

(1991-1998)

Anmerkungen

1 Vgl. Pusch 1984: 62-64.

2 Marlis Hellinger und Hadumod Bußmann geben einen Sammelband über Sprachwandel unter dem Einfluß feministischer Sprachpolitik heraus, in dem ca. 30 verschiedene Sprachen behandelt werden; vgl. Hellinger & Bußmann [in Vorb.].

3 Wie mit diesem Gerede umzugehen ist, hat Marlis Hellinger exemplarisch vorgeführt. Vgl. Hellinger 1997.

4 Grabrucker 1993: 41 f.

5 Nachtrag 1998: Von den vielen einschlägigen psycholinguistischen Untersuchungen sei hier stellvertretend als eine der jüngsten Hamilton 1997 genannt, die die zeitlich vorausgegangenen Ergebnisse mit verarbeitet.

6 Vgl. UNESCO 1991.

7 Vgl. Behlert 1998.

8 Vgl. Rochman 1998.

9 Bourdieu 1997: 97.

Nur für Frauen
oder
Warum reden wir eigentlich noch mit denen?

In der Einleitung ihres Buches *Von fremden Stimmen: Weibliches und männliches Sprechen im Kulturvergleich* schreiben Susanne Günthner und Helga Kotthoff: »In Auseinandersetzung mit der negativen Bewertung des weiblichen Gesprächsverhaltens kam die ›Differenz-Hypothese‹ auf: Hierbei wurde betont, daß das zurückhaltendere, dialogischere und höflichere Sprechen der Frauen als Stärke zu interpretieren sei.«

Wurde ja auch mal Zeit – aber trotzdem stimmt hier etwas nicht. Eine Stärke ist doch wohl ein bißchen mehr als eine »Differenz«! Als der weibliche Stil noch als minder eingestuft wurde, war man doch auch nicht zimperlich in der Wahl der Bezeichnung: Diese Idee trägt den Namen ›Defizit-Hypothese‹.

Die sogenannte Differenz-Hypothese müßte also eigentlich Potenz-Hypothese heißen. Aber erstens scheint der Begriff ›Potenz‹ für Männer reserviert, und zweitens gibt es da anscheinend ein Tabu, das weder Patriarchen noch Feministinnen[1] verletzen: Es darf nicht gemerkt und erst recht nicht laut gesagt werden, wenn Frauen in irgendeiner Sache besser sind als Männer. So wird aus einer Stärke – samt komplementärer männlicher Schwäche – eine langweilige »Differenz«. Es erinnert durchaus an die Geschichte von des Kaisers neuen Kleidern. Da der Kaiser die Macht hat, reden ihm alle nach dem Munde, und wenn es noch so haarsträubender Unsinn ist.

Damit ich nicht mißverstanden werde: Die Gründe für die Achtung des Tabus sind natürlich für Feministinnen und Patriarchen ganz verschieden. Bei den Patriarchen ist es der bekannte Höherwertigkeitskomplex, nach dem das Männliche per se das Gute, Wahre, Schöne und Normale ist – in welcher Gestalt auch immer es auftritt. Feministinnen dagegen haben viele gute Gründe, die Gleichheit der Geschlechter zu proklamieren, weil weibliche Überlegenheit ohne weibliche Macht allzu leicht in eine politische Unterlegenheit verkehrt wird, denken wir nur an die weibliche Gebärfähigkeit. Zudem haben Männer bisher weibliche Überlegenheit immer dann beschworen (Marke »Das ewig

Weibliche zieht uns hinan«), wenn wir ausgebeutet werden sollten.

»Grundsätzlich scheint es so zu sein«, resümieren Günthner und Kotthoff die Zusammenhänge zwischen Macht und Gesprächsverhalten, »daß das Sprachverhalten der Männer höher bewertet wird, unabhängig davon, wie sie reden. Reden sie indirekt, gilt es als der ›bessere‹ Stil, reden sie direkt, gilt es ebenfalls als der prestigereichere Stil ... Wer die Macht hat, ist auch im Besitz des ›besseren‹ Stils.«

Günthner und Kotthoff sagen nicht, wer diese Höherbewertung vornimmt, aber wir wissen, es sind beide Geschlechter, und das kommt so: Wer die Macht hat, definiert sowieso alles, also auch, was guter Stil ist. Guter Stil ist, natürlich, der eigene Stil. Diejenigen, die die Macht nicht haben, werden zu der komplementären Ansicht erzogen, die zwar ihrer innersten Überzeugung zuwiderläuft, deren Internalisierung und öffentliche Beteuerung aber überlebenswichtig ist: »Der Stil der andern, die die Macht haben, ist gut, meiner nicht.«

Weil überall die Männer an der Macht sind, wird der männliche Stil von den Mächtigen und den Machtlosen überall als der bessere Stil bewertet, egal, was es für ein Stil ist. Ist doch logisch. Allerdings bleibt die wichtige Frage ausgespart: Besser für wen?

So viel zum Stil und seiner Bewertung. Wir wissen, der Ton macht die Musik – aber neben dem Stil bzw. dem Wie ist auch interessant, *was* gesagt wird, und vor allem: was nicht. Ich möchte deshalb hier auch die altmodische Frage nach dem Was stellen.

Egal wie wir Frauen mit Männern sprechen, ein Thema werden wir, machtlos wie wir sind, in der Regel klüglich aussparen: Was wir über sie denken – es sei denn, wir gehören zur mutigen Avantgarde der wirklich autonomen Frauen (ein stattliches Bankkonto ist auch hilfreich[2]).

Ich reise seit Jahren in der Bundesrepublik und im deutschsprachigen Ausland herum und halte Vorträge zum Thema »Frauensprache – Männersprache«. Meist sind zu diesen Veranstaltungen Frauen und Männer eingeladen. Je nach Veranstalterin (Männer sind mitgemeint) finden sich dann 10 bis 20 Prozent Männer ein. Im Schnitt sind es aber eher 10 Prozent, meist mitgebracht von ihren frauenbewegten Partnerinnen. Früher, Ende der siebziger bis Anfang der achtziger Jahre, haben diese paar Männer dann versucht, die gesamte Diskussion zu bestreiten; obendrein wollten sie mir (ich bin Professorin für Sprachwissenschaft) erklären, wie sich das mit der Sprache in Wirklichkeit verhalte. Turnlehrer, Mediziner, Juristen, Buchhändler, sie alle fühlten sich zu solchen Belehrungen angeregt. Es hat Spaß gemacht, ihre Aufgeblasenheit dann mal schnell anzupieksen – – –

Im Laufe der Jahre haben die Männer, die ja ein feines Gefühl für Machtverhältnisse haben, dann allerdings hinzugelernt. Sie spüren jetzt doch meist an der Stimmung im Saal, daß sie wahrscheinlich von den anwesenden Frauen ausgelacht werden, wenn sie ihrem Höherwertigkeitskomplex zu naiv die Zügel schießen lassen.

Manchmal nun entscheiden sich die Veranstalterinnen dafür, zu einem Abend »nur für Frauen« einzuladen. Dann gibt es jede Menge Probleme.

Schon im Vorfeld protestieren die männlichen Verwalter (Stadt, Stadtbücherei, Volkshochschule, Kirche, Uni oder welche Institution es sonst sein mag), daß solches unzulässig sei. Öffentliche Gelder und Räume könnten nur zur Verfügung gestellt werden, wenn die Veranstaltung auch öffentlich sei. Die Frauenbeauftragte der Stadt Göttingen erzählte mir, es hätte sie zwei Jahre gekostet, den Herren klarzumachen, daß Veranstaltungen »nur für Frauen« nötig und normal und berechtigt seien. Aber die meisten Männer sind noch nicht so weit wie die Männer der Göttinger Stadtverwaltung.

Ein weiteres Problem sind die Frauen, die mit ihren Partnern an der Abendkasse erscheinen und schmollend wieder abziehen, statt den Partner für zwei Stunden sich selbst zu überlassen. Meine eigene Schwester sagte zu mir: »Nö, zu einer Veranstaltung, wo mein Guter nicht reindarf, will ich auch nicht. Das mußt du schon verstehen.«

Dann gibt es die unflätigen Randalierer, die sich mit Gewalt Zugang verschaffen wollen. Zum Glück finden sich meist ein paar couragierte Frauen, die ihnen auf die eine oder andere Weise klarmachen, daß sie unerwünscht sind.

In der Diskussion wird mit schöner Regelmäßigkeit die Frage aufgeworfen, warum die Typen denn nicht reindürften. Ob denn nicht grade sie solche Veranstaltungen besonders nötig hätten? Ob wir damit nicht genau das praktizierten, was wir den Männern vorwerfen – Ausgrenzung?! Schließlich könnten wir die Verhältnisse doch nur gemeinsam mit den Männern verändern. Ein genervtes Stöhnen der Mehrheit begleitet solche Reden. Ich brauche meist gar nichts zu sagen, das übernehmen andere Frauen. Entweder rufen sie der verschreckt oder verstockt dreinblickenden Dissidentin zu, sie wären diese dämliche Frage jetzt aber allmählich leid. Oder sie erklären ihr geduldig, daß Frauen sich anders verhalten, wenn Typen dabei sind. Es gehe mithin gar nicht um die Typen, sondern um uns. Bei Frauen löse die Anwesenheit von Männern halt eine automatische Reaktion aus, nicht unähnlich einer allergischen Reaktion: MADness (*m*ale *a*pproval *d*esire), zu deutsch: der Wunsch, von Männern anerkannt zu werden.

Ein auffälliger Widerspruch ergibt sich aus der Tatsache, daß Männer so erbittert um die Zulassung zu Frauenveranstaltungen kämpfen, aber von ihrem Recht so selten Gebrauch machen, wenn sie zugelassen sind (wie gesagt, 10 Prozent, und die meisten von ihnen sind wahrscheinlich auch noch eher mitgeschleift als -gebracht worden). Es scheint, daß Männer sich gar nicht dafür interessieren, was Frauen ihnen zu sagen haben (dies ist auch ein zentrales Ergebnis der feministischen Gesprächsanalyse). Sie interessieren sich vielmehr dafür, was die Frauen einander zu sagen haben, bzw. sie wollen kontrollieren, was die Frauen sagen, und verhindern, daß Frauen einander etwas sagen, das nicht den Stempel männlicher Genehmigung trägt.

Frauen können nur dann wirklich miteinander sprechen, wenn das Phänomen »Feind hört mit« wirksam ausgeschaltet ist. Der durch jahrzehntelange weibliche Sozialisation internalisierte männliche Beurteiler als »Schere im Kopf« ist schon schwer genug zu überwinden.

Wenn ich, als ich noch an der Männeruniversität studierte, später: angestellt war, meinen durchweg männlichen Prüfern und später Kollegen und Vorgesetzten erzählt hätte, was ich von ihnen und dieser Institution hielt, hätte ich bald meine Sachen packen können. Und als ich es ihnen dann sagte, mußte ich tatsächlich meine Sachen packen. Ich hatte »die Harmonie am Fachbereich gestört«. Harmonie ist demnach, wenn Männer reden und Frauen schweigen. Einer meiner damaligen Kollegen, Arnim von Stechow, äußerte sich über das ähnlich unbotmäßige Verhalten meiner Kollegin Senta Trömel-Plötz wie folgt (ich zitiere aus dem Gedächtnis): »Das ist wirklich dumm von Senta, so gegen die Männer zu Felde zu ziehen. Schließlich haben wir die Macht, und sie ist von unserem Wohlwollen abhängig.« Daß sie die Macht hatten, haben sie uns dann auch empfindlich spüren lassen.[3]

Wegen der Machtverhältnisse im Patriarchat brauchen wir Frauen männerfreie Zonen – Frauenräume, *womanspace, rooms of our own* –, um frei und öffentlich aussprechen zu können, was wir über Männer wissen und denken. Weil es aber die Macht der Männer bedroht, wenn wir uns offen über ihre Schwächen austauschen können, widersetzen Männer sich massiv. Sie befürchten nicht nur ein sie beschämendes Ergebnis dieses Austausches à la »des Kaisers neue Kleider«, sondern auch die Solidarisierung der Frauen. Die Frauen könnten herausfinden, daß sie die Männer gar nicht brauchen, ja, daß es ihnen ohne sie viel besser geht. Tatsächlich finden immer mehr Frauen genau das heraus. Die ständige Zunahme der Ein-Personen-Haushalte und der von Frauen eingereichten Scheidungen ist wohl das auffälligste und bedeutsamste sozialpolitische Faktum unserer Zeit.

Ich überlasse es natürlich den Veranstalterinnen meiner Lesungen und Vorträge, ob sie Männer zulassen wollen oder nicht. Besser ist die Stimmung allerdings meist in den Veranstaltungen »nur für Frauen«. Denn Frauen sind, von wenigen Ausnahmen abgesehen, die bei weitem »höflicheren«, »dialogischeren« (s. o.), einfühlsameren und interessanteren Gesprächspartnerinnen. Sie haben einfach den besseren Gesprächsstil.

Besser für wen? Für mich natürlich. Und darauf kommt es schließlich an, denn das Leben ist kurz.

(1991)

Anmerkungen

1 Bemerkenswerte und kühne Ausnahmen sind Christa Mulack (1990 u. a.) und natürlich die amerikanische Philosophin Mary Daly (1981 u. a.). Uta Enders-Dragässer und Claudia Fuchs diskutieren in ihrer Studie *Jungensozialisation in der Schule* (1988) mutig die diversen Defizite der Knaben.

2 Ingeborg Bachmann (1991:59) hat einmal gesagt: »Ich brauche Freiheit. Viel Freiheit. Man müßte aber sehr viel Geld haben, um wie Karl Kraus zu leben.«

3 Derselbe Kollege bemerkte übrigens auch anläßlich der Bewerbung einer Frau auf eine C-3-Professur an unserem Fachbereich: »Die können wir

nicht nehmen, sonst werden wir hier noch ein Frauenladen.« Es gab zwar am ganzen Fachbereich keine einzige Professorin, nur zwei habilitierte Frauen, aber aus seiner Sicht hatte der Mann recht, denn das waren tatsächlich mehr habilitierte Frauen als in allen anderen Fachbereichen. Das war 1978. Bis heute hat sich an der »Reformuniversität« Konstanz diesbezüglich fast nichts geändert.

Queer Studies

Ein Streit um Worte?
Eine Lesbe macht Skandal im Deutschen Bundestag[1]

... wenn du in dieser Welt lebst und Anerkennung erwartest, such lieber im Wörterbuch danach.[2]

Evander Smith,
schwuler Anwalt für Schwule,
zitiert in Marcus 1993: 159

Wovon man nicht sprechen kann, darüber muß man schweigen.

Ludwig Wittgenstein,
schwuler Philosoph, 1921[3]

1. Überblick

Ich bringe einen Bericht über einen Fall von Sprachzensur im Deutschen Bundestag aus dem Jahr 1988-89. Die Auseinandersetzung geht darum, wie Lesben und Schwule bzw. »Homosexuelle« genannt werden sollen. Die politisch aktive, organisierte Avantgarde der Lesben und Schwulen in Deutschland favorisiert die Bezeichnungen *Lesben* und *Schwule*. Der Bundestag hielt diese Bezeichnungen für »Ausdrücke aus der Gosse« und wollte sie in offiziellen Verlautbarungen nicht zulassen.

Ein großer Teil der linguistisch-politischen Analyse dieses Lehrstücks wurde von den Zensierten – hauptsächlich von der offen lesbischen Abgeordneten der Grünen, Jutta Oesterle-Schwerin – bereits geleistet und ging in die Dokumente ein, die insofern weitgehend für sich selbst sprechen. Kaum artikulationsfähig scheinen die Offiziellen im Bundestag. Ihre Position bleibt verschwommen; deshalb versuche ich im Anschluß an die Präsentation der Dokumente klar herauszupräparieren, was diese Abgeordneten – und sicher auch die durch sie vertretene schweigende Mehrheit »draußen im Lande« – im Innersten dumpf bewegt.

Der Vorgang ermöglicht einen tiefen Einblick in die deutsche Bürokraten-Mentalität, die »Untermenschen« schon immer gerne auf anmaßend-bürokratische Art ihren Platz zuwies. Deshalb habe ich die Dokumente auch nur behutsam gekürzt; es war mir wichtig, die selbstzufriedene Arroganz »meiner« VolksvertreterInnen und anderer Amtsorgane und die Scheinheiligkeit, mit der sie unter dem Vorwand, Lesben und Schwule vor Diskriminierung schützen zu wollen, genau dies tun (nämlich diskriminieren), in voller Länge öffentlich zu machen. Die heroische Standfestigkeit der ersten offen lesbischen Bundestagsabgeordneten, Jutta Oesterle-Schwerin, verdient es ohnehin, ungekürzt in die Annalen der Lesben- und Schwulengeschichte einzugehen.

Wichtig ist der Vorfall natürlich auch für die (Emanzipations-) Geschichte der Lesben und Schwulen in Deutschland und somit als Gegenstand einer *Queer Theory*, die im und für den deutschsprachigen Raum erst noch rezipiert und entwickelt werden muß.

2. Methodisches

Es geht, wie gesagt, in diesem Artikel unter anderem darum, wie die »Homosexuellen« genannt werden sollen. Und welche Ausdrücke wähle ich nun für meine Darstellung dieses »Streits um Worte«? Ich benutze – je nach Mitteilungszusammenhang – alle drei Bezeichnungen, *Lesben*, *Schwule* und *Homosexuelle*, nicht jedoch das Wort *Lesbierin*, das vom Bundestag ebenfalls empfohlen wurde. Dieses Wort ist in der deutschen Lesbenbewegung völlig »out«.

Für die Zwecke dieser Untersuchung einer Gesellschaft im Übergang unterscheide ich zwischen den beiden Entwicklungsstufen »homophobische Gesellschaft (HPG)« und »tolerante Gesellschaft«. Eine emanzipierte Gesellschaft ist das Ziel, aber soweit sind wir noch nicht. Wir können uns eine solche Gesellschaft aber ausmalen, auch zu Modellzwecken.

3. Inwiefern ist Homosexualität auch ein Sprachproblem?

3.1 Homosexuelles Stigma-Management ist weitgehend Informationsmanagement

Da Homosexuelle in homophobischen Gesellschaften geächtet sind und verfolgt werden[4] und, anders als etwa Schwarze in einer Mehrheit von Weißen, ihr Stigma auch verbergen können, leben die meisten im Versteck, hinter einer Fassade der größtmöglichen Unauffälligkeit/Angepaßtheit.[5] Aus der Diskrepanz zwischen subjektiver schwuler Wirklichkeit und vorgetäuschter bürgerlicher »Normalität« ergeben sich vielfältige Informations- und Kodierungsprobleme im Alltag – also: Sprachprobleme. Ob ich es will oder nicht, meine Mitmenschen gehen davon aus, daß ich heterosexuell bin, solange ich nichts anderes mitteile und mich »unauffällig/normal« benehme. Ich selbst gehe übrigens ebenfalls davon aus, daß meine Mitmenschen heterosexuell sind, solange sie mir nichts anderes zu verstehen geben.

Wie gebe ich mich als Lesbe oder Schwuler in der HPG einer Frau oder einem Mann zu erkennen, von denen ich nur vermute, daß sie ebenfalls lesbisch oder schwul sind? Hier ein Beispiel:

Wir begannen den Andeutungsprozeß, der gewöhnlich zwei bis drei Briefe beanspruchte. Man deutete etwas an, indem man etwa sagte, man interessiere sich für Philosophie, Gedichte und Biographien, aber nicht für Sport, außer vielleicht Gehen und Schwimmen. Man konnte auch Tennis, Tischtennis oder Minigolf erwähnen. Und dann erwähnte man einige neuere Biographien oder Dichter, die man so gelesen hatte. Man fing nicht gleich mit Wilde oder Whitman an, aber Bacon oder andere, die nicht so speziell festgelegt waren, konnte man schon erwähnen. Und schließlich sprach man »es« an. (Marcus 1993: 46)

3.2 Das Sprechen über Homosexualität ist kein normaler Sprechakt

3.2.1 Abwehrstrategien gegen den Verdacht der Homosexualität

Eigentlich spricht man ja »darüber« am besten überhaupt nicht. Und wenn man »darüber« spricht, läuft man Gefahr, sich zu verraten und, ob zu Recht oder Unrecht, als lesbisch oder schwul angesehen zu werden. Denn da »darüber« nicht geradeheraus gesprochen werden kann wie über andere Themen, kommt das Sprechen über Homosexualität – auch ohne reguläres »Bekenntnis« – bereits einem Bekenntnis gleich, denn der »normale Mensch« hat ja gar kein Bedürfnis, kein Interesse und keinen Anlaß, »darüber« zu sprechen.[6]

Komme ich dennoch in die Verlegenheit, Homo- oder Heterosexualität thematisieren zu müssen, so muß ich in der HPG, um meinem Publikum keine unliebsamen Schlüsse nahezulegen, geeignete Vorkehrungen treffen. Ich muß mich von der Homosexualität überzeugend distanzieren und meine Heterosexualität dezent unter Beweis stellen. Die vulgäre Art der Distanzierung ist die Beschimpfung oder sonstige Herabsetzung der Homosexualität und der Lesben und Schwulen, an der sich oft sogar Lesben und Schwule selbst beteiligen, um nicht entlarvt zu werden. Die HPG hat ein wirkungsvolles Beschimpfungs-Vokabular für Schwule und Lesben entwickelt. Die feinere Art der Distanzierung – die der Bundestag in unserem »Streit um Worte« mit allen Mitteln gewahrt sehen will – ist die Benutzung eines Fachvokabulars.

Sogar wenn ich nur das Wort *heterosexuell* verwende, mache ich mich des Lesbischseins verdächtig, riskiere ich ein ungewolltes Coming Out.[7] Denn der »normale Mensch« in der HPG hat keinen Anlaß, Heterosexualität zu thematisieren. Sexualität ja, aber Heterosexualität ergibt nur dann als Thema einen Sinn, wenn ich zugleich Homosexualität im Sinn habe. Und wie könnte ich das, wenn ich nicht selber – – –? Undsoweiter.

Was für eine Art Sprechakt ist dann meine Verwendung des Wortes *heterosexuell*?

Wie spreche ich über Homosexualität, ohne die »eindeutigen« Wörter *schwul*, *lesbisch*, *homosexuell* etc. zu verwenden? Hier ein Beispiel – Jim Kepner berichtet, unter welchen Bedingungen er in den fünfziger Jahren für das Schwulenmagazin *One* recherchierte:

> Man konnte die meisten Zeitungen jahrelang lesen ohne irgendwelche Nachrichten über Schwule zu finden, es sei denn, man verstand zwischen den Zeilen zu lesen. Sie schrieben vielleicht nicht von einer Razzia in einer schwulen Bar, aber von »einem Haus mit schlechtem Ruf«. Und wenn mehrere Männer verhaftet wurden und von Frauen dabei keine Rede war, konnte man davon ausgehen, daß es sich nicht um ein Bordell handelte. In dem Artikel hieß es vielleicht auch, daß ein Mann »auf weibliche Art« gekleidet war. Wenn das *Time Magazine* das Thema erwähnte, benutzten sie gewöhnlich Wörter wie »zwitterhaft« (*epicene*), um jemanden zu beschreiben. Wenn sie – mit zugehaltener Nase – Tennessee Williams oder Carson McCullers rezensierten, benutzten sie den Ausdruck »dekadent«. Nach solchen Wörtern hielt man Ausschau und las dann die ganze Sache genau. Und dann fing man an zu recherchieren. Ich schrieb dann zum Beispiel einem unserer Abonnenten aus der Gegend, wo die Geschichte sich abgespielt hatte, und fragte ihn: »Ist das eine schwule Geschichte?« (Marcus 1993: 51)

3.2.2 Der erzwungene Exhibitionismus beim Coming Out

Viele Lesben und Schwule machen die niederschmetternde Erfahrung, daß ihr heroisches Coming Out von den anderen trivialisiert und verkehrt wird zu einem Akt unerwünschter, peinlicher Vertraulichkeit oder gar exhibitionistischer Belästigung. Wie oft hören wir Reaktionen folgender Art: »Warum erzählst du mir das? Was du im Bett machst, ist doch deine Privatsache, interessiert doch sowieso niemanden. Ich belästige dich doch auch nicht mit meinen Bettgeschichten.« Man wirft uns vor, wir »gingen mit unserer ›Sexualität‹ hausieren«, auf Englisch: »we are flaunting our sexuality«.

Um auf gleicher Ebene zu reagieren, müßten wir auf einen Satz wie »Darf ich Ihnen meine Frau vorstellen?« leichthin sagen: »Ach lassen Sie nur. Was Sie im Bett machen, ist doch Ihre Privatsache.«

Die ganz ungewöhnlichen Bedingungen des Sprechakts »Coming Out« werden von den Nichtbetroffenen, den Heterosexuellen, in der Regel nicht verstanden. Vor allem wird übersehen, daß es sich nicht um eine unnötige, »unmotivierte« und daher peinlich aufdringliche Mitteilung über meinen »Intimbereich« handelt, sondern um eine **notwendige Korrektur** irriger Annahmen über meine **Identität**. Da alle meine Mitmenschen dieselben irrigen Annahmen über mich hegen, solange ich sie nicht korrigiere, muß ich bei jeder neuen Begegnung entscheiden, ob sich die Quälerei des Coming Out lohnt.

Zum Teil liegt die Mißinterpretation auch an dem hybriden Wort *homosexuell* und seinen Derivaten selbst mitsamt seinen Problemen der Polysemie. *Homosexuell* von griechisch *homoios* ›gleich‹ und *lateinisch* sexus ›Geschlecht‹ bedeutet eigentlich: ›Angehörigen des gleichen bzw. eigenen Geschlechts zugeneigt‹. Von Sexualität ist also eigentlich keine Rede, nur von den beiden Geschlechtern. In der deutschen Umgangssprache ist aber das Wort *sexuell* weniger assoziiert mit den beiden Geschlechtern als vielmehr mit genitaler Sexualität.

Sexualität ist aber in unserer Kultur tabu. Die meisten tun »es« zwar gerne und denken viel daran, aber das *Reden* darüber unterliegt vielfältigen Beschränkungen. Ein Code der Umschreibungen hat sich herausgebildet.

Da angenommen wird, daß der Mensch heterosexuell ist, es sei denn, das Gegenteil stellt sich heraus, braucht über die Sexualität der Heterosexuellen weiter kein Wort verloren zu werden. Eve Kosofsky Sedgwick knüpft daran die berechtigte Frage, ob Heterosexualität überhaupt etwas mit Sexualität zu tun habe:

... wenn wir Foucaults Verständnis der modernen Sexualität als des intensivsten Schauplatzes der Nachfrage nach der Wahrheit der individuellen Identität, ihrer Entdeckung und diskursiven Produktion zugrunde legen, scheint es, daß diese schweigende, normative, unhinterfragte »reguläre« Heterosexualität überhaupt nicht als Sexualität funktioniert. Man bedenke nur, wie ein zentrales Konzept der Kultur wie öffentlich/privat so organisiert ist, daß es die Problemlosigkeit, die scheinbare Natürlichkeit der freien Wahl zwischen Zurschaustellung und Verbergen für die Heterosexualität reserviert: »öffentlich« ist jener Raum, wo heterosexuelle Paare Zuneigung zum Ausdruck bringen können, wann immer ihnen danach ist, während homosexuelle Paare sie immer geheimhalten müssen. ... Somit wird also Heterosexualität bestätigt als das Gegenteil von »Sex«, dessen Geheimnis, wie Foucault sagt »verborgen werden mußte, was ... nur ein anderer Aspekt der Pflicht war, es zuzugeben«. (1993: 10; zitiert wird Foucault 1978: 38-40)

Die peinliche Assoziation des Fickens, um einmal einen »schockierend bildhaften« Ausdruck zu gebrauchen, kommt daher im Alltag nicht auf, wenn von Menschen-Kategorien die Rede ist, sogar dann nicht, wenn, wie in toleranten Gesellschaften zunehmend üblich, Heterosexualität thematisiert und nicht einfach vorausgesetzt wird. Nur bei der Kategorie *homosexuell* denken alle an Sex, obendrein an »widernatürliche« Geschlechtsakte wie Anal- oder Oralverkehr.[8]

Lesben und Schwule, die nur ihre Identität klarstellen wollen, sehen sich daher zu einem exhibitionistischen Akt gezwungen. Wenn sie politisch verantwortlich handeln und aus ihrem Versteck herauskommen wollen, *müssen* sie sich bloßstellen. Diese unselige Kopplung des einen an das andere ist für Außenstehende/Heterosexuelle schwerlich nachvollziehbar.

Im Englischen wurde, wegen der verwirrenden Doppeldeutigkeit des Wortes *sex* (›Geschlecht‹ und ›Geschlechtsverkehr‹, wie in *the female sex* vs. *oral sex*) das Wort *gender* eingeführt, das wir mit *soziales Geschlecht* übersetzen oder oft auch unübersetzt lassen.

Nach meinem Selbstverständnis als Lesbe, und nach meiner Kenntnis anderer Lesben, verlieben wir uns in Angehörige des eigenen »gender«, des eigenen »sozialen Geschlechts«.

3.2.3 »The love that dare not speak its name«[9] und die Zweiteilung der Linguistik

Üblicherweise unterscheiden wir in der Sprachwissenschaft zwischen der »reinen« oder Systemlinguistik, die sich mit Grammatik und Wortschatz befaßt, auf der einen und der Pragmalinguistik/Gesprächsanalyse auf der anderen Seite, deren Gegenstand das sprachliche Handeln ist. Der »Problemkomplex« Homosexualität in homophobischer Gesellschaft fällt in beide linguistische Disziplinen – ja er läßt diese Zweiteilung recht künstlich aussehen, denn »the love that dare not speak its name« hat nicht nur Probleme mit dem »*Nennen/Aussprechen* des Namens«, das in die Zuständigkeit der Pragmalinguistik fällt. Die Schwierigkeit des *Nennens/Aussprechens* liegt an dem oder den *Namen* selbst, für die Lexikologie und Semantik – Unterabteilungen der Systemlinguistik – zuständig sind. Das Aussprechen des Wortes *schwul* zum Beispiel ist schwer – für viele unmöglich, s. u. –, eben wegen der ungewöhnlichen Geschichte und den semantischen und pragmatischen Eigenschaften des Wortes *schwul*.

3.3 Die Bezeichnungen für Homosexuelle sind linguistisch nicht »normal« hinsichtlich ihrer Denotation, Konnotation, Intension und Extension, von ihrer Geschichte ganz zu schweigen

3.3.1 Konnotationen: Wir sind wie häßliche kleine Entlein, nur andersrum

Eve K. Sedgwick schreibt in ihrem Aufsatz »Queer and Now«: »Ein so belastetes Wort wie ›queer‹ (*schwul*) – belastet mit einer so langen gesellschaftlichen Geschichte und so vielen persönlichen Geschichten des Ausgeschlossenseins, der Gewalt, des Widerstands, der Erregung – kann niemals nur denotieren, und es kann auch nicht nur konnotieren ...« (1993: 9). Es kommt hinzu, daß das, was diese Wörter »denotieren« sollen, selbst fraglich und umstritten ist. Ich beziehe mich hier auf die Auseinandersetzung zwischen den sogenannten »essentialists« und den »social constructionists« über die Frage, ob es Homosexualität und Homosexuelle schon immer gegeben hat oder erst seit es diese Begriffe gibt.[10]

Die »Geschichte des Ausgeschlossenseins und der Gewalt«

macht die Identifikation mit Bezeichnungen, die einmal Schimpfwörter waren (*Schwule*, *queer*) und von vielen noch heute so verstanden und/oder gebraucht werden, psychisch quälend. Bevor eine »Lesbe« oder ein »Schwuler« überhaupt erkennen und akzeptieren kann, daß sie/er der Gruppe der Lesben und Schwulen angehört, hat die HPG ihnen in aller Regel beigebracht, daß Homosexuelle das Letzte sind, der Inbegriff des Abartigen, Unanständigen und Perversen. Mit einem Wort: menschlicher Abschaum, weit schlimmer als Kapitalverbrecher, »niedriger als die Tiere, als die Schlangen, die auf dem Boden kriechen« (Marcus 1993: 137). So galten etwa bei den Gefangenen der Konzentrationslager die Homosexuellen als unterste Kategorie: »... das Vorurteil gegen Homosexuelle, jahrhundertelang so sorgfältig genährt in der westlichen Zivilisation, bewies seine Stärke sogar unter den Verdammten, und die Heuchelei, ein notwendiger Bestandteil des Vorurteils, triumphierte sogar in dieser modernen, von Menschen gemachten Hölle« (Haeberle 1989: 377).

Falls das übertrieben oder überholt klingt – leben wir nicht schließlich in den »schwulen Neunzigern«? –, anbei als Beleg ein paar ganz normale Haßtiraden aus diesen Neunzigern. Es gibt »einen beständigen Strom homophobischer Tiraden in Usenet newsgroups... Homophobiker betrachten die bloße Existenz von Schwulen als Bedrohung«.[11] Hier zum Beispiel eine christliche Botschaft von Reverend Jeffrey S. Kish:

An alle anständigen Christenmenschen in den U.S.A.:
Wir, die Eltern der kommenden Generation, müssen uns jetzt vereinigen für die gemeinsame Sache des Kampfes gegen diese Bedrohung unserer Gesellschaft. Wir müssen die schmutzigen, ekelhaften Praktiken der Homosexualität und Hurerei, des Anal- und Oralverkehrs, Ehebruchs, Schwangerschaftsabbruchs und der Masturbation aus unserer großen Nation ausrotten. Nur dann wird unsere Welt für unsere Kinder ein sicherer Ort sein. Tut ihr das Eure, indem ihr die schwulen Säue bekämpft, die unsere Familien zerstören und unsere Welt in eine dekadente, chaotische Hölle verwandeln wollen. Sie sollen auf ewig verdammt sein für ihre Verderbtheit. Sie sind wirklich die Brut des Leibhaftigen. Sie sollen in Feuerstürme geworfen werden, während wir uns im Königreich unseres Herrn Jesus Christus ewiger Seligkeit erfreuen. Viel Glück, meine rechtschaffenen Brüder und Schwestern in Jesus Christus. Amen.[12]

Und hier ein paar Auszüge aus der endlosen und typischen Suada eines anonymen Web-surfers:

DON'T CALL ME A HOMOPHOBE, CALL ME A HOMOHATER
FAGS MUST DIE OF AIDS!! FUCK YOU FAGOT!! I HOPE YOU ALL DIE...
FAGS ARE SINNERS!!!
FAGS SHOULD ALL HAVE AIDS AND DIE FUCK YOU!!
GAY = GOT AIDS YET? GET FUCKED FAGS!! GO TO HELL HOMOS!!
GOT AIDS YET FAGGOT? HEY FAG, GOT AIDS YET?
HOMOS SHOULD ALL DIE SLOW AIDS...
KILL A FAG AND GO TO HEAVEN!! READ THIS FAGGOT!!
THANK GOD FOR AIDS!! YOU FUCKIN' FAGS ARE SICK AS HELL
YOU FUCKIN' STUPID DYKES SUCK... YOU HOMOS MUST DIE!!

Kein Wunder, daß viele Lesben und Schwule Mühe haben, sich »eigenhändig« unter dieser Rubrik einzuordnen, selbst wenn sie wissen, daß es – als kollektives Unternehmen – politisch sinnvoll, ja lebensnotwendig ist.

3.3.2 Extension

3.3.2.1 Geschichtliche Dimension

Sexualgeschichtlich und soziologisch interessant sind die Probleme der Definition: Wie Halperin (1989: 482 f.) ausführt, wurde das Wort *Homosexualität* 1869 von K. M. Kertbeny erfunden und 1892 ins Englische eingeführt. »Vor 1892«, so Halperin (in einer leicht anglozentrischen Version von Nominalismus) »gab es keine Homosexualität, nur sexuelle Inversion.« Die Frage ist also, ob der Homosexuelle und die Homosexuelle auch Erfindungen des vorigen Jahrhunderts sind oder ob es sie schon früher gegeben hat. Oder gab es vielleicht nur »homosexuelle Akte« von Personen, die aber nicht aufgrund solcher Akte als Sondergruppe definiert und behandelt wurden? Der Seigneur de Brantôme (1540-1614) etwa berichtet in seinem *Leben der galanten Damen*, die lesbische Liebe sei eine »Methode« (1981: 162), von einer Italienerin nach Frankreich eingeführt. Bisweilen nennt er sie auch »eine Leibesübung« (1981: 160). Wie auch immer – beides klingt nicht gerade nach »Veranlagung« oder »angeboren«, auch nicht nach »Krankheit« – Begriffe, mit denen lesbische Liebe später konzeptualisiert wurde.

War die »romantische Freundschaft« zwischen so vielen Frauen der Mittelschicht im 18. und 19. Jahrhundert »lesbische Liebe«

oder nicht? Die Diskussion dieser Frage innerhalb der historischen Lesbenforschung, eingeleitet von Carroll Smith-Rosenberg und Lillian Faderman in ihren bahnbrechenden Studien, dauert noch an.

3.3.2.2 Geschlechterdimension

Sexualwissenschaftlich und feministisch interessant ist auch die Frage, was Lesben und Schwule miteinander gemeinsam haben, abgesehen von der »Eigenschaft«, das eigene Geschlecht zu lieben und deshalb gesellschaftlich verfolgt und geächtet zu werden. Mit anderen Worten: Faßt der Begriff »Homosexuelle« vielleicht Individuen zusammen, die nichts miteinander gemeinsam haben – außer eben, daß sie wegen ihrer »sexuellen Orientierung« verfolgt werden? Unter meinem Pseudonym Judith Offenbach habe ich dazu 1983 folgendes verkündet:

> Unsere Vorstellungen über »normale« Heterosexualität und »abweichende« Homosexualität sind, genau wie die über »Weiblichkeit« und »Männlichkeit«, Produkte von Männern und auf männliche Bedürfnisse zugeschnitten: voreilige Verallgemeinerungen einer rein männlichen Weltsicht, die sich, soweit sie weibliche Belange »mit erfassen« wollen, zunehmend als unhaltbar erweisen. ... Weibliche Heterosexualität ist etwas ganz anderes als männliche: Sie ist in dem Maße abwählbar, wie ihre Unvereinbarkeit mit genuin weiblichen Interessen erkannt wird. Weibliche Homosexualität ist etwas ganz anderes als männliche: Sie ist wählbar in dem Maße, wie sie als der Ausweg, als konsequente Absage an patriarchalische Herrschaftsansprüche erkannt wird (1983: 213).

Diese Sicht scheint mir heute noch ziemlich plausibel[13], u.a. als Erklärung für das häufige problemlose Wechseln der Frauen von der Heterosexualität zur lesbischen Lebensweise. Julia T. Wood stellt in einer empirischen Untersuchung über Krisenmanagement in lesbischen und in schwulen Beziehungen fest, daß zumindest in dieser Hinsicht kaum Gemeinsamkeiten der beiden Gruppen feststellbar sind, im Gegenteil: die »männlichen« Verhaltensweisen potenzieren sich bei schwulen Paaren sozusagen, ähnlich wie die »weiblichen« bei lesbischen Paaren.

Viele assoziieren *Homosexualität* und *Homosexuelle* sowieso nur mit Männern – wofür der ehemalige Bundestagspräsident Jenninger ein schönes Beispiel abgibt (s. u.). Das allgemeine Strukturgesetz patriarchalischer Sprachen – MAN = Male As Norm – gilt also auch im »subkulturellen« Bereich: Bezeichnungen für den männlichen Teil der Subkultur können den weiblichen mit einschließen, aber nicht umgekehrt. Wir haben weibliche und männliche Homosexuelle und Schwule, aber nicht weibliche und männliche Lesben. Im Englischen ebenso: *Gay(s)* und *homosexual(s)* referieren auf Frauen und Männer, *lesbian(s)* referiert nur auf Frauen. Dabei wurde laut Judy Grahn (1984: 24f.) das Wort *gay* 1922 von Gertrude Stein für Lesben umgemünzt. In ihrer Erzählung »Miss Furr and Miss Skeene« benutzte Stein *gay* als Code- oder Deckwort, um lesbische Inhalte an der Zensur vorbeizuschmuggeln, was ihr auch gelang.

3.4 Teil-Zusammenfassung

Der Terminus *homosexuell* ist also irreführend in vieler Hinsicht insofern er
- an Geschlechtsverkehr denken läßt
- an das biologische Geschlecht der »Liebesobjekte« denken läßt statt an das soziale Geschlecht (*gender*)
- wegen der Prototypizität des Mannes, auch des schwulen Mannes, in unserer Kultur sowieso eher an Männer denken läßt
- an *homo* = Mann denken läßt
- Individuen in eine konzeptuelle Gruppe zwängt, die eher aufgrund äußerlicher als inhärenter Merkmale in eine Gruppe gehören. Wäre es sinnvoll, ZeugInnen Jehovas und »Homosexuelle« in einem Wort zusammenzufassen, etwa als »Jehosexuelle«, weil beide Gruppen von den Nazis verfolgt wurden?

Kommen wir damit nun zu jener Auseinandersetzung zwischen Lesben und Schwulen auf der einen und dem Deutschen Bundestag auf der anderen Seite, in der Lesben und Schwule gezwungen werden sollten, sich als Homosexuelle zu bezeichnen.

4. Ein Streit um Worte: Ein deutsches Lehrstück

4.1 Vorspiel

Im Frühjahr 1988 wies die Deutsche Postreklame GmbH eine Anzeige des Feministischen Frauengesundheitszentrums in Berlin (FFGZ) zurück. Der Text lautete:

Feministisches Frauengesundheitszentrum: Beratung und Kurse zu allen Fragen der Frauengesundheit, u. a. zu: Blasen- und vaginalen Infektionen, Verhütung, Ernährung, Menstruation, Wechseljahre. Kurse auch für Mädchen und Lesben.

Die Deutsche Postreklame begründete die Ablehnung mit dem Hinweis, daß das Wort *Lesbe* in einer Postreklame einen Verstoß gegen die »guten Sitten« darstelle. Wenn ich mich in das gesunde Volksempfinden hineinversetze, in dem ich ja sehr gut unterrichtet worden bin, so finde ich schon allein die öffentliche Erwähnung der Wörter *Vagina*, *Blase* und *Menstruation* unanständig. Solche »schmutzigen« Dinge erwähnt man nicht in der Öffentlichkeit – Tabu! Aber es läßt sich nicht leugnen, daß diese Dinge zur Gesundheit von Frauen gehören. Also braucht es einen anderen Grund zur Ablehnung. Dieser nun ist in dem Wort *Lesbe*, das ohnehin den Gipfel des Obszönen darstellt, gegeben.

Eine Klage des FFGZ gegen die Deutsche Postreklame GmbH wurde vom Amtsgericht Frankfurt abgewiesen. Ich zitiere aus der Urteilsbegründung[14]:

Der Text ... verstößt ... durch die Verwendung der an der Grenze zwischen Jargon- und Vulgärsprache angesiedelten saloppen Formulierung »Lesbe« gegen das ... als Grundrecht deklarierte Recht auf freie Persönlichkeitsentfaltung derjenigen Frauen, die in ihrem erotischen Empfinden sich zu weiblichen Partnern hingezogen fühlen.
Die Zahl dieser Frauen ist nach durchaus ernstzunehmenden Schätzungen relativ hoch [es werden Kinsey und Hite zitiert].
Dieser erhebliche Anteil erwachsener Frauen hat ... einen Anspruch auf entsprechende Achtung in der Öffentlichkeit. Dieses Grundrecht wird hier durch die Formulierung »Lesbe« verletzt.
Die »lesbische Liebe« mit der bislang üblichen Bezeichnung »Lesbierin« für eine Frau mit gleichgeschlechtlichem Empfinden ist von der griechischen Insel Lesbos abgeleitet. Die Formulierung »Lesbierin« hat eine sehr ernstzunehmende und achtbare Herkunft. Wegen des zu geringen Streitwerts ist eine Revision nicht zugelassen.

Die deutsche Gerichtsbarkeit als Streiterin für Lesbenrecht und Lesbenwürde? Gegen das Feministische Frauengesundheitszentrum Berlin? Die Welt scheint auf den Kopf gestellt, und die selbstgerechte Gerichtsbarkeit scheint es nicht einmal zu merken, denn sie ist lesbenpolitisch ignorant – und sie kann es sich leisten.

Am 14. Januar hatte das Landgericht Rottweil per Beschluß festgestellt, daß das Wort *schwul* nicht gegen die guten Sitten verstoße, und widersprach damit der Auffassung des Amtsgerichts Freudenstadt, das mit dieser Begründung eine Eintragung der »Schwulengruppe Freudenstadt« abgelehnt hatte.

Das Landgericht Rottweil hatte sich dabei auf ein Gutachten der Duden-Redaktion gestützt, die sich wiederum auf Wiedemann berief, der wie folgt argumentiert:

Das Wort »schwul« ist das alte niederdeutsche Wort für »schwül« und wurde unter dem Diktat der Rollenfixierungen (männlich = hart, kühl; weiblich = weich, warm) im 19. Jahrhundert umgangssprachlich für homosexuell gebräuchlich (vgl. warmer Bruder). Es ist in weiten Kreisen bis in die Schule hinein ein diskriminierendes Schimpfwort, wird aber heute allgemein in emanzipatorischen Gruppen verwendet, um es in seiner Wertung umzukehren. Das ist auch zum Teil gelungen und hat zahlreiche Vorbilder (vgl. »black« in der Parole »black is beautiful«)... (1982: 21).

Die linguistische Auseinandersetzung der Lesben- und Schwulengruppen mit dem deutschen Amtsschimmel bringen die Abgeordneten Oesterle-Schwerin, Briefs und Hoss und die Fraktion der Grünen in einer »Kleinen Anfrage« dem Bundestag zur Kenntnis. Nach Unterbreitung der Fakten folgt ein Katalog von 19 Fragen, von denen ich die linguistisch relevanten zitiere:

1. Wird die Bundesregierung ihren Einfluß bei der Deutschen Postreklame geltend machen, um ein Erscheinen der Anzeige zu ermöglichen? Falls nein, warum nicht?
2. Kann die Anzeige erscheinen, wenn das Wort »Lesbe« durch »lesbische Frau« oder »Lesbierin« ersetzt würde? Wenn nicht, warum nicht?
3. Das Wort »Lesbierin« ist ... die weibliche Form von Lesbier[15], männlicher Bewohner von Lesbos. Wie beurteilt die Bundesregierung die Verwendung des Wortes »Lesbe« von seiten der Frauenbewegung und ihrer Institutionen vor dem Hintergrund ... der ... »männlichen Provenienz« des Wortes »Lesbierin«?
4. Ist der Bundesregierung bekannt, daß die lesbischen Selbsthilfegruppen das Wort »Lesbe« im Namen führen?
5. Ist der Bundesregierung bekannt, daß der bundesweite Dachverband der bundesdeutschen Lesbenbewegung der Lesbenring e. V. ist?
6. Ist die Bundesregierung bereit, ... das Recht auf Selbstbezeichnung im Sinne einer emanzipatorischen Meinungsäußerung für Schwule und Lesben ggf. zu garantieren?

Kommentar: Die Grünen verfolgen das Ziel, die Diskriminierenden als solche dingfest zu machen. Wenn sie emanzipationsfördernde Maßnahmen ablehnen, sollen sie sagen, warum. Die Grünen vermuten, daß die Beanstandung des Wortes nur ein Vorwand ist. Beanstandet wird eigentlich die

»Dreistigkeit«, mit der die FFGZ-Frauen so tun, als seien Lesben etwas ganz Normales und nicht Menschen, die sich zu verstecken haben. Wenn sie aus dem Versteck herauskommen, erregen sie öffentliches Ärgernis. Denn dann muß man sie zur Kenntnis nehmen, mit ihnen irgendwie umgehen, und das wollte man durch das Tabu ja gerade vermeiden.

4.2 *Hauptakt*

Etwa zur gleichen Zeit, am 1. Juli 1988, schreibt der Präsident des Deutschen Bundestages, Jenninger, an die »sehr verehrte Frau Kollegin Oesterle-Schwerin«, daß er ihren Antrag zum Thema »Beeinträchtigung der Menschen- und Bürgerrechte von Schwulen und Lesben durch die ›Clause 28‹ in Großbritannien nur in

etwas geänderter Fassung zulassen kann. In der Überschrift muß die Wendung ›Schwulen und Lesben‹ ... durch die Wendung ›Homosexuellen und Lesbierinnen‹ ersetzt werden.

Seine Begründung:

Nach ständiger Übung des Bundestages sind Überschriften und Themen, die wie die Überschrift dieses Antrags in die Tagesordnung des Plenums übernommen und damit dem ganzen Parlament zugerechnet werden können, so zu fassen, daß sie von allen Mitgliedern des Hauses akzeptiert werden können. Mir ist bekannt, daß die Begriffe »Schwule« und »Lesben« von nicht wenigen Kolleginnen und Kollegen nicht als Bestandteile der Hochsprache, in der die Tagesordnung des Plenums abgefaßt wird, anerkannt werden.

Hier ist besonders das »anerkannt« bzw. »akzeptiert werden« interessant. Wann sind die Mitglieder des Hauses bereit, die Formulierungen zu akzeptieren? Gibt es u. U. eine Möglichkeit, sie zum Akzeptieren zu zwingen? Etwa, wenn die umstrittenen Ausdrücke von berufener Seite als »Bestandteile der Hochsprache« eingestuft werden? Und wer entscheidet, welche zur Entscheidungshilfe eventuell herangezogenen Sachverständigen »akzeptabel« sind? Interessant ist auch, daß Jenninger sich das Recht zu einer Sprachzensur anmaßt, obwohl er die Sprache nicht beherrscht. Er weiß nicht, daß »die Hochsprache« den Begriff »Lesbierin« als Unterbegriff von »Homosexuelle« einordnet.

Oesterle-Schwerin, die als Jüdin noch einer weiteren diskriminierten Gruppe angehört, gibt Jenninger in einem langen Antwortbrief vom 12. Juli 1988 linguistische Nachhilfe:

Die Worte »Lesbe« und »schwul« sind die Bezeichnungen, unter denen sich der größte Teil der homosexuellen Frauen und Männer in der Bundesrepublik selbst definiert. Der Dachverband der homosexuellen Frauen ... heißt nicht »Lesbierinnenring«, sondern »Lesbenring«. Die homosexuellen Männergruppen, die es heute fast in jeder Stadt gibt, tragen mehrheitlich die Bezeichnung »schwul« in ihren Vereinsnamen. Der Bundesverband »Homosexualität« hat das Wort »schwul« nur deswegen nicht in seinem Vereinsnamen integriert, weil zur Zeit seiner Gründung versucht wurde, einen gemeinsamen Verband für Schwule und Lesben ins Leben zu rufen und weil heute auch einige gemischte Gruppen von Lesben und Schwulen in diesem Verband sind.
Ihr Vorschlag, anstelle der Wendung »Schwulen und Lesben« die Wendung »Homosexuellen und Lesbierinnen« zu verwenden, ist völlig unakzeptabel. Erstens weil das Wort »Homosexuelle« sowohl Lesben als auch Schwule umfaßt – unser Antrag würde ihrem Vorschlag entsprechend sinngemäß heißen »Beeinträchtigung der Menschen- und Bürgerrechte von Schwulen und Lesben und Lesbierinnen...« und zweitens weil das Wort »Lesbierin« von den meisten Lesben als altmodisch empfunden wird und sie sich in ihm nicht wiederfinden.[16]
Aber auch die Beschränkung auf das Wort »homosexuell« ... kommt für uns nicht in Frage.
Die Abneigung gegen die Worte »Lesbe« und »schwul«, die Sie bei einem Teil der Mitglieder des Bundestags vermuten, beruht darauf, daß diese Begriffe mitunter als Schimpfwörter[17] gelten und zur Beleidigung betroffener oder auch nichtbetroffener Personen verwendet werden. Es gehört jedoch zu der Politik von Lesben- und Schwulen-Organisationen, die negative Befrachtung dieser Begriffe abzulegen und sie als Bestandteil der Emanzipation von Lesben und Schwulen offensiv und stolz zu verwenden.
Ihr Verbot, die Worte »Lesbe« und »schwul« in den Überschriften unserer Anträge erscheinen zu lassen, empfinde ich als Teil einer permanenten Diskriminierung von Lesben und Schwulen. Wenn die Bezeichnungen »schwul« und »Lesbe« für die Bundestagsdrucksachen nicht gut genug sind, wie ungemein schlecht [i. e. widerlich für Sie und Ihre Gesinnungsgenossen, LFP] muß es dann erst sein, als Schwuler oder als Lesbe zu leben... Es sind nicht die Worte, an denen Sie und ein Teil der Kollegen sich stören, sondern eine bestimmte Lebensform, die abgelehnt wird und die an ihren offensiven Emanzipationsbestrebungen gehindert werden soll...
Eines werden Sie aber auf jeden Fall nicht erreichen: Ich werde im Hohen Haus weiterhin von Lesben und Schwulen und nicht von homosexuellen Mitbürgern und Mitbürgerinnen reden.

Ich wurde später, auf dem Höhepunkt der Debatte im Spätherbst 1988, von etlichen Zeitungen, Zeitschriften und Rundfunkstationen gebeten, als feministische Linguistin meinen Kommentar zu der Sprachgroteske im Bundestag abzugeben. Ich habe jeweils auf diesen Brief von Oesterle-Schwerin an Jenninger verwiesen, der alles Notwendige dazu enthält. Besser konnte ich den Standpunkt der Lesben und Schwulen damals auch nicht begründen. Heute interessieren mich darüber hinaus vor allem die wohl weitgehend unbewußten Motive der homophobischen Mehrheit. Schließlich geht es doch »nur« um Wörter! Was ist es, das diese Wörter für manche so schrecklich macht?

Aber die Groteske geht noch weiter. Jetzt wird es erst richtig lustig.

Am 12. Oktober schreibt Oesterle-Schwerin erneut an den Bundestagspräsidenten.

> ... Da die Begriffe »homosexuell« und »Homosexueller« bzw. »Homosexuelle« einen wissenschaftlich-pathologisierenden Charakter haben, lehnen wir diese Ausdrücke in bestimmten Zusammenhängen als Bezeichnungen für Schwule und Lesben ab. Wir bitten Sie daher erneut, unseren Antrag in der vorgelegten Form zuzulassen, sind jedoch bereit, um eine baldige Befassung unseres Antrags zu ermöglichen, folgende hochsprachliche Fassung als Antragsüberschrift zu akzeptieren: »Beeinträchtigung der Menschen- und Bürgerrechte von homosexuellen Menschen durch die ›Clause 28‹ in Großbritannien sowie vergleichbare Angriffe auf die Emanzipationsbestrebungen der Schwulen- und Lesbenbewegung in Bayern«. Die Wortbildungen »Schwulenbewegung« und »Lesbenbewegung« sind nach Duden, das große Wörterbuch der deutschen Sprache (6 Bde., 1976, siehe unter Schwulen-Bewegung) hochsprachliche Ausdrücke. Da das Wort »schwul« von der Umgangssprache in die Hochsprache überwechselt, ist bereits die Mehrzahl der Wortbildungen mit dem Begriff »schwul« hochsprachlich. Ausnahmen hiervon bilden allein die Begriffe »Schwulenszene«, »Schwulentreff«.[18]

Auf diesen Brief antwortet am 21. November die amtierende Bundestagspräsidentin Renger. Der ursprüngliche Adressat Jenninger hatte nämlich in der Zwischenzeit selbst durch unbedachte Äußerungen in einer Bundestagsrede zum 50. Jahrestag der sogenannten Kristallnacht einen Skandal verursacht und mußte sein Amt niederlegen. Die skandalösen Äußerungen wären übrigens dem »Hohen Hause« nicht weiter aufgefallen, wenn die Jüdin Oesterle-Schwerin nicht durch einen Zwischenruf ihre Empörung geäußert hätte.

Renger schreibt noch eine Spur kühler und herablassender als Jenninger, finde ich:

Für die Zulassung des Betreffs in seiner Ursprungsfassung besteht kein Anlaß. Seit seiner Zurückweisung am 1. Juli 1988 haben sich keine neuen Umstände ergeben, die eine Überprüfung der damaligen Entscheidung nahelegen würden.
Nach einer weiteren Erörterung dieser Angelegenheit im Präsidium kann ich auch den hilfsweise vorgeschlagenen Betreff nicht zulassen. Die Begriffe »Schwulen-« und »Lesbenbewegung« mögen zwar inzwischen von der Umgangs- in die Hochsprache übergegangen sein, sie können aber trotzdem nicht von allen Mitgliedern des Hauses akzeptiert werden. Ich darf daran erinnern, daß sich auch der Ältestenrat[19] am 29. September mit breiter Mehrheit dagegen ausgesprochen hat, die Verwendung derartiger Begriffe zuzulassen.

Jenninger hatte sich noch genötigt gesehen, einen Grund für das Mißfallen einiger Bundestagsmitglieder anzugeben: Die beanstandeten Wörter gehörten nicht der Hochsprache an. Nachdem Oesterle-Schwerin nun als Kompromiß Ausdrücke verwenden will, die laut Duden der Hochsprache angehören, wird dies Argument nicht mehr benutzt. Es genügt jetzt die Behauptung, die Ausdrücke könnten nicht von allen Mitgliedern des Hauses akzeptiert werden.

»Nicht von allen« – das bedeutet, einer genügt. Und einer, der CSU-Abgeordnete Wittmann, hatte sich in der Tat schon im Mai in einem Protestschreiben an Jenninger heftig über die »Verwilderung der Sprachkultur« entrüstet, für die die Abgeordnete Oesterle-Schwerin verantwortlich sei, die in mehreren Anfragen an die Regierung betreffs der rechtlichen Behandlung homosexueller Paare »der Gosse zugehörige Vokabeln« wie *Lesben* und *Schwule* »genüßlich ausgewalzt« habe. Beide Vokabeln seien daraufhin nicht nur in die offizielle Bundestagsdrucksache, sondern »zu allem Überfluß« auch noch in die Parlamentsberichterstattung aufgenommen worden, obwohl sie »des Hohen Hauses unwürdig« seien (Nordpresse). – Frau beachte das enorme Gefälle zwischen einer Gosse und dem Hohen Hause!

Wir kommen nunmehr zum Höhepunkt und Eklat unserer linguistischen Horror-Story: Oesterle-Schwerin und einige Getreue gegen den Deutschen Bundestag, so geschehen am 24. November 1988. Ich zitiere aus dem Protokoll der 110. Sitzung der 11. Wahlperiode.

Oesterle-Schwerin: ... Ich möchte hier zwei Anträge verlesen, die leider noch nicht schriftlich vorliegen. Erster Antrag: ... In der Abteilung »Fami-

lie und Soziales« soll eine Dienststelle »Schwulenreferat« eingerichtet werden.
(Zuruf von der CDU/CSU: Was ist denn das?)
Im Arbeitsstab »Frauenpolitik« soll eine Dienststelle »Lesbenreferat« eingerichtet werden.
(Dr. Hoffacker, CDU/CSU: Das ist ja wohl nicht wahr!)
... Begründung: Im Bereich Lesben- und Schwulenpolitik zeichnet sich die Bundesregierung durch völlige Untätigkeit aus.
(Heiterkeit und Beifall bei der CDU/CSU – Dr. Rose, CDU/CSU: Gott sei Dank!)
... Es wäre gar nicht notwendig gewesen, das hier zu verlesen, wenn das Präsidium diesen Antrag wegen der kleinen Wörtchen »Lesbe« und »schwul« nicht abgelehnt hätte. Aber ich mache das ja gerne. Wie der Herr Wittmann von der CDU ja schon sagte: Die Wörter »Lesbe« und »schwul« werden von mir gerade in diesem Hause immer wieder genüßlich ausgewalzt.
Vizepräsidentin Frau Renger: Meine Damen und Herren, ich darf dazu vielleicht eine Bemerkung machen, die die Angelegenheit dann klärt.
In den Anträgen, die eben begründet wurden, werden *Begriffe* verwendet, die sprachlich von der überwiegenden Mehrheit der Mitglieder des Hauses nicht akzeptiert werden können.
(Beifall bei der CDU/CSU).

(Bisher hieß es immer nur »nicht von allen Mitgliedern des Hauses«, jetzt ist es plötzlich »die überwiegende Mehrheit« – also mindestens 60-70%. Eine Umfrage wurde m.W. nicht durchgeführt. Der Ausgang der Abstimmung gibt Renger dann allerdings insofern recht, als die Mehrheit der zu dem Zeitpunkt Anwesenden gegen die Wörter *Lesbe* und *Schwule* stimmte. Renger weiter:)

Die Anträge sind deshalb nach ständiger Parlamentspraxis unzulässig. Würden sie angenommen, würde ihr Text ... nicht nur der Fraktion DIE GRÜNEN, sondern dem ganzen Deutschen Bundestag zugerechnet werden.
(Frau Schoppe (GRÜNE): Das ist doch mittelalterlich, was sich hier abspielt!)
Ich darf daran erinnern, daß sich der Ältestenrat am 29. September 1988 mit breiter Mehrheit dagegen ausgesprochen hat, die Verwendung derartiger Begriffe zuzulassen...

(Die Bundestagsvizepräsidentin **schreibt** zwar die Wörter *Lesben* und *Schwule*, aber sie nimmt sie nicht in den Mund. Sie sagt nur *diese* bzw. *derartige Begriffe*. Renger weiter:)

Selbstverständlich werden die Anträge zugelassen, wenn statt der von den Antragstellern verwendeten Begriffe die Begriffe »Homosexuellenbewegung« und »Homosexuellenreferat« verwendet werden. Kann sich der Antragsteller damit einverstanden erklären?

(*Der* Antragsteller ist Jutta Oesterle-Schwerin bzw. die Partei DIE GRÜNEN.)

Oesterle-Schwerin: Nein, natürlich nicht!
Renger: Bitte Herr Kleinert, zur Geschäftsordnung.
Kleinert (GRÜNE): ... Wir sehen uns nicht imstande, diesem Vorschlag des Präsidiums zu entsprechen. Es geht nicht darum, daß hier die Gefühle irgendeiner Seite des Hauses verletzt werden sollen, aber es kann umgekehrt auch nicht darum gehen, daß die Gefühle von anderen durch eine bestimmte Wortwahl verletzt werden... Ich beantrage deshalb, ... darüber abzustimmen, ob diese Anträge in der vorliegenden Form hier zur Abstimmung gestellt werden oder nicht.
...
Becker (SPD): ... Ich glaube, es gibt eine breite Übereinstimmung in diesem Hause, daß wir es bei den Homosexuellen mit einer Gruppe in der Bevölkerung zu tun haben, mit der wir uns auseinanderzusetzen und der wir auch zu helfen haben. Aber es kann doch nicht darum gehen, daß hier jetzt ein Streit über Worte entfacht wird, die man im Parlament gebrauchen will oder nicht. Wir sind in der Sache völlig einverstanden damit, daß man sich gründlich mit diesem Thema beschäftigt. Aber dann geben Sie doch bitte zu – nicht um der Schau willen – daß Sie Begriffe verwenden, die eine breite Mehrheit nicht will, ... die selbst Mitglieder der Szene, dieser Bevölkerungsgruppe nicht wollen. Das ist doch ein Streit um Worte.
(Frau Beck-Oberndorf (GRÜNE): Worte haben ihre Bedeutung. Die stehen doch für Tabuisierung. Das kann jeder Sprachwissenschaftler [*sic*] erklären!)
Nun noch ein Zweites: Warum machen Sie denn nicht von dem nach der Geschäftsordnung vorgesehenen Verfahren Gebrauch?
(Kleinert (GRÜNE): Das machen wir doch!)
... Warum machen Sie denn formal schon alles falsch? ... Warum wollen sie einen solchen Schaueffekt hier im Hause?
(Zuruf von der CDU/CSU: Hysterie!)
Aus diesem Grunde können wir ihnen bei dem, was Sie vorhaben, leider nicht helfen ...
(Beifall bei ... der SPD sowie bei der CDU/CSU und der FDP.)
Bohl (CDU/CSU): ... Ich glaube, Frau Präsidentin, daß es völlig richtig ist, wie Sie hier entschieden haben: Ich möchte nur in Ergänzung zu Herrn Kollegen Becker darauf hinweisen, daß man sich mit dieser Thematik befaßt.

(Frau Beck-Oberndorf (GRÜNE): Aber sprachlich muß die tabuisiert werden!)
Sie versuchen, vor der deutschen Öffentlichkeit zu günstiger Fernsehzeit den Eindruck zu erwecken, als würde von dem Deutschen Bundestag ... die Homosexualität sozusagen tabuisiert und als befaßte man sich politisch nicht damit.
(Oesterle-Schwerin: Wenn man Dinge nicht beim Namen nennen darf, werden sie tabuisiert!)
Das Gegenteil ist gegeben. Wenn Sie hier nicht bereit sind, auf die Anregung der Frau Präsidentin einzugehen, geben Sie solchen Verdächtigungen, nämlich daß es Ihnen im Grunde genommen nicht um die Sache, sondern um den politischen Schaueffekt geht, nur zusätzliche Nahrung. Das können wir natürlich nicht mitmachen. ...
Beckmann (FDP): ... Das Thema Homosexualität ist auch für meine Kolleginnen und Kollegen in der FDP-Bundestagsfraktion ein Thema, das angesichts der Bedeutung in der Bevölkerung nur mit größtem Ernst und seriös diskutiert werden kann. Nur unter diesem Aspekt ist der betroffenen Bevölkerungsgruppe, ist diesen Menschen, die zum Teil ein sehr schweres Schicksal haben, zu helfen. Wir wehren uns dagegen, daß in diesem Zusammenhang im Deutschen Bundestag Kampfbegriffe eingeführt werden; damit ist den betroffenen Menschen nicht geholfen ... Wir werden uns für die Sache weiterhin einsetzen, aber seriös und ernsthaft.
...
Kleinert (GRÜNE): ... Ich will noch einmal in aller Deutlichkeit sachlich richtigstellen: Daß wir uns hier heute morgen damit befassen müssen, liegt daran, daß sich die Bundestagsverwaltung unter Bezugnahme auf das Präsidium geweigert hat, Anträge überhaupt auszudrucken, die die Begriffe »Schwule« und »Lesben« enthalten.
(Zuruf der CDU/CSU: Das ist richtig!)
Das nenne ich eine Sprachzensur der Fraktion DIE GRÜNEN.
(Bohl [CDU/CSU]: Nein, das ist nicht richtig!)
...
Renger: Hier wurde seitens der ... GRÜNEN der Antrag gestellt, das Haus möge entscheiden, ob der Antrag in dieser Form zulässig ist oder nicht. Ich lasse darüber abstimmen ob dieses Haus den Antrag mit diesen Bezeichnungen, die hier genannt worden sind, akzeptiert. (Wieder: Renger nimmt die Wörter *Lesben* und *Schwule* nicht in den Mund.) Es geht also um die Zulässigkeit des Antrags in der eingebrachten Form. Wer ist dafür? – Gegenprobe! – Dieses ist abgelehnt.

Noch am selben Tag informiert Oesterle-Schwerin die Öffentlichkeit in einer Pressemitteilung über das Ergebnis:

Mit ... den Begriffen »Schwule und Lesben« hat die neuere deutsche Schwulen- und Lesbenbewegung ihren Anspruch auf Emanzipation und

Akzeptanz statt bloßer Integration oder Toleranz – zu deutsch: Duldung – geltend gemacht. Dieser emanzipatorische Anspruch ... stößt nun auf Widerspruch im Bundestag.
Der uns vorgeschlagene Begriff »Homosexuelle« ... beinhaltet eine bestimmte Haltung gegenüber Schwulen und Lesben: Wer Homosexuelle sagt, spricht von einer »Gruppe, der wir zu helfen haben« ... oder die ein »schweres Schicksal« haben. ...
Letztlich geht es um folgendes: Akzeptiert man oder frau selbstbewußte Schwule und Lesben, so wie sie sind und wie sie sich selbst bezeichnen ... oder spricht man/frau *über* arme, vom Schicksal geschlagene Homosexuelle.
Wie sehr der CDU/CSU der Anspruch der Schwulen und Lesben nach Emanzipation zuwider ist, wurde deutlich, als auf ihre Intervention hin das Telefon des »Schwulenreferats« unserer Fraktion am 11. November 1988 wegen seines Namens von der Bundestagsverwaltung abgeschaltet wurde. Die Bekämpfung der Emanzipation ist einem also durchaus eine Rechtsverletzung gegenüber einer Parlamentsfraktion wert.

Am 29. November meldet die Deutsche Presseagentur:

Bei der Abstimmung über die Zulässigkeit der Grünen-Anträge hielten sich viele SPD-Abgeordnete nicht an die Empfehlung ihrer parlamentarischen Geschäftsführung. Während die Prominenz in der ersten Reihe gegen die Anträge stimmte oder sich enthielt, wurde auf den hinteren Bänken fast durchgehend für die Behandlung der Anträge auch mit den Worten »schwul« und »lesbisch« gestimmt. Das sei »bemerkenswert« und »symptomatisch« für den inneren Zustand der SPD«, sagte der CDU-Familienpolitiker ... Hoffacker.

Am 8. Februar 1989 schreiben die Vorstandsfrauen des Deutschen Lesbenrings an die neue Bundestagsvorsitzende Rita Süssmuth:

... Bitte teilen Sie uns mit, wie Sie es mit der von Ihren Vorgänger/inne/n abgelehnten Bezeichnung für uns Lesben halten wollen.
Die Zensur der Worte Lesbe/lesbisch ... durch das Präsidium des Deutschen Bundestages können wir Lesben (nicht Lesbierinnen!!!) nicht hinnehmen. Diese Begriffe müssen von den Mitgliedern des Deutschen Bundestages akzeptiert werden, weil wir als Betroffene so bezeichnet werden wollen. Wir Lesben sind nicht gemeint, wenn von Homosexuellen und Lesbierinnen die Rede ist; wir können auch nicht akzeptieren, daß das Präsidium des Deutschen Bundestages darüber befindet, wie wir benannt werden wollen.
Wir sind und bleiben Lesben!
Mit freundlichen Grüßen, Lesbenring e. V.

Jutta Oesterle-Schwerin teilte mir am 20. 10. 1993 mit, daß Süssmuth sich ihres Wissens zu diesem Brief nicht geäußert hat. Sie hat sich überhaupt in dieser Frage nicht engagiert, sondern sich »neutral« verhalten.

4.3 *Kehraus*

Nachdem alle Bemühungen der Grünen um die Durchsetzung einer emanzipatorischen Sprachpolitik gescheitert waren, gingen sie sozusagen von der Offensive in die Subversive und bezeichneten Lesben und Schwule nunmehr als Urninden und Urninge. »Der Unbefangene glaubt, ein mittelhochdeutsches Wort zu hören«, bemerkt dazu die FAZ vom 11. 2. 89 und fährt fort:

Der Antrag der Grünen klärt aber auf, daß der Pionier »schwuler Emanzipation«, der Jurist Karl-Heinrich Ulrichs, den Begriff »Urninge« in Umwandlung des Götternamens Uranus als erste Selbstbezeichnung für »Schwule« und »Urninden« für »Lesben« eingeführt habe (in der Schrift »Vindex«, Leipzig 1864) (Herles).

Der erneut eingereichte Antrag bezieht sich nunmehr also auf die »Beeinträchtigung der Menschen- und Bürgerrechte von Urningen und Urninden durch die ›Sektion 28‹ der Local Government Bill in Großbritannien sowie vergleichbare Angriffe auf die Emanzipation der Urninge und Urninden in Bayern«. Die Grünen begründen diese Wortwahl damit, daß sie eher auf eine antiquierte Selbstbezeichnung zurückgreifen wollten, als die pathologisierende Fremdbezeichnung »Homosexuelle/r« zu übernehmen.

Heute ist die ganze Sache nur noch ein Fall für die Lesben- und Schwulen-Geschichte und die Sprachgeschichte, nachdem der Bundestag 1991 klein beigeben mußte. Die Grünen stellten die weiterhin fremdelnden Abgeordneten vor die Wahl, den gängigen Sprachgebrauch der Lesben und Schwulen entweder endlich zu akzeptieren oder mit der ungeliebten Sache wieder durch alle Instanzen befaßt zu werden, einschließlich maximaler Beteiligung der Medien. Der Bundestag entschloß sich zum Einlenken, und die Grünen teilten am 4. Juni 1991 der Öffentlichkeit unter der Überschrift »Das Parlament erweitert seinen Sprachschatz« folgendes mit:

Im Gegensatz zu den vergangenen Jahren, in denen die Begriffe »Lesbe« und »schwul« in den Überschriften von Bundestagsdrucksachen nicht zugelassen wurden, bekamen wir gestern vom Parlamentssekretariat die Nachricht, daß unsere Anträge auf die Einrichtung eines Lesbenreferats im

Frauenministerium und eines Schwulenreferats im Familienministerium ... zur Abstimmung zugelassen wurden.
Der Zulassung, die diesmal ebenfalls zunächst verweigert werden sollte, gingen längere Beratungen auf verschiedenen Ebenen voraus. Das Verbot, durch das sich der Bundestag republikweit sowie im Ausland lächerlich gemacht hat, soll nicht mehr aufrechterhalten werden.

5. Linguistisch-pragmatische Analyse und Beurteilung des »Streits um Worte«

5.1 Analyse

Die beiden Parteien stehen einander unversöhnlich gegenüber. Die Grünen haben einige Kompromißvorschläge gemacht, die das Bundestagspräsidium nicht akzeptiert hat. Das Präsidium hat einen Kompromißvorschlag gemacht, den die Grünen nicht akzeptiert haben.

Die Grünen haben zahlreiche Argumente vorgetragen, weshalb Lesben und Schwule auf ihre Selbstbezeichnung nicht verzichten wollen. Der Bundestag bleibt dagegen eigentümlich blaß in seiner Begründung: »Nicht alle Mitglieder des Hohen Hauses können diese Wörter akzeptieren.« Warum – das wird eigentlich nicht gesagt. Das schwache Argument mit der »Hochsprache« zieht ja nicht mehr, seit Oesterle-Schwerin nachgewiesen hat, daß zumindest *Schwulenbewegung* vom Duden bereits als hochsprachlich abgesegnet ist.

Mein Eindruck ist, daß die Mitglieder des Bundestags, die schließlich gegen den »offiziellen« Gebrauch der umstrittenen Wörter gestimmt haben, gegen diese Wörter eine heftige und tiefsitzende Abneigung haben, die sie aber nicht weiter begründen können. Sie wollen sie übrigens auch nicht begründen, und anders als die antragstellenden Grünen »haben sie das auch nicht nötig«. Mit der einfachen Ablehnung durch Handhochheben haben sie ihrer Pflicht genügt.

Ich möchte zunächst versuchen, die Gründe für diese Abneigung linguistisch-pragmatisch zu analysieren. Wenn die Gründe deutlicher werden, läßt sich besser dagegen argumentieren.

Etliche Mitglieder des Bundestags waren anscheinend peinlich berührt, wenn Oesterle-Schwerin die Ausdrücke benutzte, aber sie konnten nichts dagegen unternehmen. Was sie aber ganz entschieden ablehnen, ist die Übernahme der Ausdrücke in Texte, für die das gesamte Haus zeichnet. Sie wollen gegenüber der Öffentlichkeit nicht den Eindruck erwecken, als ob **sie selbst** solche schmutzigen, obszönen Ausdrücke »aus der Gosse« verwendeten. Mögen sich die Grünen damit bloßstellen, was für die »Würde des Hohen Hauses« schon schlimm genug ist – sie aber wollen sich damit nicht die Finger schmutzig machen.

Zugrunde liegt hier eine pragmatische Implikation etwa der Art: **Wer »schmutzige« Ausdrücke benutzt, ist selbst schmutzig.** Der Bundestag hat also ein Image-Problem. Er möchte auf die Öffentlichkeit nicht schmutzig wirken, sondern sachlich-klinisch-kompetent. Das Wort *Homosexuelle* – aus der medizinisch-pathologischen Fachsprache, wie Oesterle-Schwerin immer wieder geduldig ausführt – ist deshalb gerade das richtige.

(Das Parlament gibt erst nach, als das eine Image-Problem von einem anderen überschattet wird: Man macht sich mit der deutschen Sturheit »republikweit und im Ausland« einfach lächerlich!)

Was aus linguistischer Sicht an diesem Streit besonders seltsam anmutet, ist, daß keine der Parteien auf die Idee gekommen ist, die beliebten Gänsefüßchen als Kompromiß vorzuschlagen. Die Springerpresse behandelte einen ähnlichen Konflikt zwischen Selbst- und Fremdbezeichnung jahrzehntelang stur mittels Gänsefüßchen. Sie setzten die für sie unakzeptable Selbstbezeichnung der DDR, *DDR*, stets in Anführungszeichen.

Die eigentlich relevanten linguistischen Fragen sind aber:

a) Welche seltsame Kraft bewirkt, daß manche Ausdrücke »schmutzig« sind und manche nicht? Schließlich bezeichnen die Wörter *Homosexuelle* auf der einen und *Lesben* und *Schwule* auf der anderen Seite doch genau dieselben Leute, was auch von keiner Seite bestritten wird!

b) Trifft es zu, daß der Bundestag die Interessen der meisten Lesben und Schwulen besser vertritt als Oesterle-Schwerin und ihre MitstreiterInnen, wenn er sie mit dem »würdigen, seriösen« Wort *Homosexuelle* bezeichnet – und dann endlich zu den dringenden Sachfragen kommt? Es stimmt doch, daß sehr viele Lesben und Schwule diese Wörter als Selbstbezeichnung ablehnen, weil für sie der verletzende Schimpfwort-Charakter im Vordergrund steht.

5.2 Welche Ausdrücke sind schmutzig und welche nicht und warum?

Anscheinend sind Wörter wie Kleidungsstücke. Kleidung nimmt den Geruch ihrer Umgebung an, wie jede Nichtraucherin weiß, die längere Zeit in verräucherter Umgebung verbracht hat. Oder jede Frau, die Mottenpulver im Kleiderschrank hat. Die Kleidung riecht noch lange nach Mottenpulver.

Das Wort *schwul* ist – so sehen wir Lesben und Schwule es – behaftet mit der üblen Ausdünstung derjenigen, die es zur Demütigung der Schwulen erfunden haben. Trotzdem haben es die Schwulen angezogen, wobei sie sich sozusagen gegen den Gestank die Nase zuhalten mußten. Aber allmählich hat es den eigenen Geruch angenommen. Es ist jetzt ihr persönliches Kleidungsstück geworden. Das gilt aber nicht für alle Schwulen, sondern nur für die politische Avantgarde.

Für das »Hohe Haus« ist die Sache einfacher: Das Wort *Schwule* riecht übel nach Schwulen, und was die für Schweinereien machen, weiß man ja. Für Lesben gilt – *mutatis mutandis* – dasselbe.[20]

Wir sehen hier eine zweite pragmatische Implikation am Werk:

Die Sprache des menschlichen Abschaums (Stichwort: Gosse) ist selber Abschaum, schmutzig, insbesondere auch die Wörter, mit denen diese Personen bezeichnet werden und mit denen sie sich selbst bezeichnen.

Ähnlich gilt: Bestimmte Tätigkeiten sind schmutzig, ganz besonders alles, was mit Sexualität zusammenhängt und erst recht mit »abweichender Sexualität«. Daraus folgt, die Sprache zur Bezeichnung dieser Tätigkeiten ist auch schmutzig, ausgenommen die klinische und die Verwaltungssprache, denn die ist legitimiert durch **ihren** Gebrauchskontext (s. u.).

Wörter nehmen den Geruch ihres Kontextes an. Diese Aussage ergibt, umgedreht, folgendes: **Ein Wort, das als »schmutzig« eingeordnet wird, stammt aus einem – für die Einordner – »schmutzigen« Kontext.** Um genau dies geht es, und genau dies darf natürlich nicht gesagt, nicht zugegeben werden. Es muß unter dem Teppich bleiben – denn man ist ja soo tolerant, liberal und aufgeklärt! (Daß man es nicht ist, zeigen überdeutlich die Zwischenrufe »Was ist denn das?«, »Das ist ja wohl nicht wahr!« und »Gott sei

Dank!« zu den Vorschlägen, Lesben- und Schwulenreferate einzurichten, bzw. zu dem Vorwurf gegen die Regierung, sie sei lesben- und schwulenpolitisch untätig.) Deswegen (u.a.) bleibt der Bundestag in seiner Ablehnung so unklar und verwaschen. Wenn der Gebrauchskontext (und das heißt: die bezeichneten Personen) nicht schmutzig wären, wären auch die von ihnen gewählten Selbstbezeichnungen nicht schmutzig, und dann könnte auch das »Hohe Haus« nicht durch sie beschmutzt werden.

Medizin, Verwaltung, Polizei und ähnliche ehrbare Institutionen haben sich von Berufs wegen auch mit »menschlichem Abschaum« zu befassen; sie tun es in ihrer eigenen Verwaltungs- und medizinischen Fachsprache. Sie reden in dieser Sprache **über** den betreffenden menschlichen Abschaum. Die Institutionen sind würdig und objektiv; sie enthalten sich aller Emotionen und folglich auch emotionaler abwertender Begriffe, wie *Schwule* und *Lesben*. Diese spezielle Sprache gehört zu ihrer Corporate Identity, um einen heute beliebten Begriff zu benutzen, genau wie ihre streng codierte Berufskleidung. Die Sprache stellt sicher, daß die Grenze zwischen den besprochenen frag- bzw. unwürdigen Subjekten und ihren Verwaltern klar markiert ist, damit Verwechslungen ausgeschlossen werden. Die wichtigste Funktion der fachsprachlichen Ausdrücke ist die der **Isolierung** und **Distanzierung.** Denn es gibt eine weitere pragmatische Implikation: **Wer die Sprache einer Gruppe benutzt, gibt sich als Mitglied der Gruppe zu erkennen.**[21]

Oesterle-Schwerin ist so gesehen wirklich ein Ärgernis, ein Pfahl im Fleische des Bundestags. Sie verwischt die Grenzen nicht nur durch ihre unerhörten Anträge, sondern schon insofern, als sie sowohl »diesem Hohen Hause« angehört als auch jenem Abschaum – und damit die Mitgliedschaft im Hohen Hause selbst gewissermaßen ein für allemal besudelt.

Es gibt im Deutschen die Redewendung »Den würde ich nicht mal mit der Kohlenzange anfassen«. Das Wort *HomosexuelleR* ist wie so eine Kohlenzange, oder wie ein Gummihandschuh (vielleicht ein passenderer Vergleich im Zeitalter von Aids). Es verhindert den direkten Kontakt zwischen mir und dem ekligen Objekt. Es verhindert Kontamination, die mich zu einem der Ihren machen könnte.

Der Bundestag fürchtet sozusagen, gemeinsam mit den Lesben und Schwulen in der Gosse zu sitzen, wenn er nachgibt, während

Oesterle-Schwerin »nur« als genauso »normal« geachtet werden will wie die andern Abgeordneten.

Ich komme nun zur Beantwortung der zweiten Frage von oben: Trifft es zu, daß der Bundestag die Interessen der Lesben und Schwulen besser vertritt als Oesterle-Schwerin, wenn er sie mit dem würdigen, seriösen Begriff *Homosexuelle* bezeichnet? Zur Beantwortung dieser Frage möchte ich etwas ausholen.

Der Vertriebenenpolitiker Wittmann beanstandete in seinem Beschwerdebrief über die »Gossenausdrücke« auch noch »sprachliche Erosionserscheinungen« auf einem ganz anderen Gebiet. Es gäbe immer mehr amtliche Schriftstücke, in denen die Bundesrepublik im Sinne der DDR »abwertend« bezeichnet werde, und zwar durch die Adjektive *bundesdeutsch* und *bundesrepublikanisch* (statt dessen möchte er lieber lesen: *deutsch*).

Die Lesben und Schwulen sollen sich gefälligst so nennen, wie er sie nennen will. Aber er möchte nicht so genannt werden, wie die DDR ihn bezeichnet. Mit anderen Worten: Das Recht auf Selbstbezeichnung verlangt er für sich selbst, und alle anderen sollen ihm folgen, aber er gesteht es den Lesben und Schwulen nicht zu.

Die Frage, wer die Interessen der Lesben und Schwulen besser vertritt, läßt sich leicht beantworten. Es handelt sich um Personen, die überwiegend im Versteck leben. Diejenigen, die sichtbar sind, und vor allem die, die sich politisch zu einer Gruppe formiert haben, nennen sich Lesben und Schwule. Es wäre also, wie Oesterle-Schwerin ganz richtig feststellt, ein Akt der Diskriminierung, sie mit einem Wort zu benennen, das sie explizit ablehnen. Die Unsichtbaren (die eventuell die Worte *Homosexuelle* und *Lesbierinnen* besser finden, was aber niemand herausfinden und somit exakt nachweisen kann, da sie eben unsichtbar sind) können die Grünen ohnehin nicht vertreten, weil sie von diesen Unsichtbaren kein Mandat haben, nicht haben können.

Es kommt außerdem hinzu, daß die Proponentin des Antrags, Oesterle-Schwerin, selber der besprochenen Gruppe angehört – im Gegensatz zu Jenninger, Renger und den Abgeordneten, soweit sie nicht Lesben und Schwule im Versteck sind. Renger, Jenninger und die Abgeordneten benehmen sich etwa so anmaßend wie mein Doktorvater, dem es beliebte, eine ehemalige Studentin und inzwischen arrivierte Professorin in den siebziger Jahren trotz ihres Protests weiterhin mit *Fräulein* anzureden, solange sie nicht verheiratet sei.

6. Ausblick

Eine der wichtigsten Entwicklungen im Bereich des Komplexes »Sprache und Homophobie« scheint mir der immer häufiger werdende Gebrauch des Wortes *heterosexuell*, bedingt wohl hauptsächlich durch den Aids-Diskurs. Das ist – trotz der Tragik des Anlasses – für Lesben und Schwule eine positive Entwicklung. Der Idealzustand, die einleitend angesprochene emanzipierte Gesellschaft, ist diesbezüglich verwirklicht, wenn nicht nur Homosexuelle ihr Coming Out machen müssen, sondern auch Hetero-, Bi-, Trans- und Asexuelle und was es noch für »Bindestrich-Sexualitäten« geben mag. Kurz, wenn die Kategorie »sexuelle Orientierung« etwa den Status der Kategorie »Religionszugehörigkeit« in einer multikulturellen Gesellschaft erreicht hat: Es ist nicht gleichgültig, welcher Religion/Präferenzgruppe eine angehört, es ist aber keine bestimmte Religion, keine Religionszugehörigkeit und keine Gender-Präferenz vorgeschrieben, und daher ist Religionszugehörigkeit/Gender-Präferenz auch nicht festgelegt und vorhersagbar, zumal die Gender-Präferenz auch wie die Religion gewechselt werden kann.

7. Nachschlag

Eine vorläufige Fassung dieses Aufsatzes bot ich im Dezember 1993 der Zeitschrift *Das Plateau* zum Druck an, nachdem man sich sehr bemüht hatte, mich als Autorin des Hauptbeitrags – über ein Thema meiner Wahl – für eine der nächsten Ausgaben zu gewinnen. »*Das Plateau*«, so hieß es in dem Einladungsschreiben, »will ... eigenständige Standpunkte und Entwürfe präsentieren, will Auslöser sein für neue Wahrnehmungen.« Und man garantierte »sorgfältigsten Druck, feinstes Papier, einen schön gestalteten Rahmen und einen anspruchsvollen Leserkreis«. Meine Abhandlung über schmutzige Wörter und Schwulitäten auf feinstem Papier – das fand ich apart, deshalb sagte ich zu.

Lange Zeit hörte ich nichts von den Herausgebern und hatte die Sache schon fast vergessen, da bekam ich mein Paper zurück mit einer höflichen Absage. Der Entschluß sei ihnen nicht leichtgefallen, aber der zeitliche Abstand zwischen den Vorgängen, die ich analysierte, und dem möglichen Erscheinungstermin wäre allzu groß – auch wenn das Thema selbst mit Sicherheit noch aktuell sei und wohl weiterhin bleiben werde. In jedem Fall aber danke man mir für das Vertrauen, das ich ihnen entgegengebracht hätte.

Wohl selten wurde der Inhalt eines Artikels durch ein Ablehnungsschreiben so schön bestätigt. Gossenausdrücke wie *Lesben* und *Schwule* gehören nicht ins Hohe Haus, und ein Aufsatz über Lesben und Schwule gehört nicht auf das »Plateau« erhoben, hier nicht und noch nicht. Aber das kann man nicht offen sagen, deshalb nennt man einen anderen Grund. Allzu viel Mühe muß man sich mit der Begründung aber auch wieder nicht geben. Plausibel muß sie nicht sein, nur den wahren Grund irgendwie verdecken helfen.

Hätte ich den Herren einen Beitrag über feministische Metapherntheorie, Bachmanns Libretti oder über sonstwas Ordentliches geschickt, hätten sie ihn vielleicht auch abgelehnt. Aber sie hätten mir nicht so einfühlsam für mein Vertrauen gedankt.

Denn das Schreiben über Homosexualität kommt einem Coming Out gleich. Weshalb es denn auch meistens vermieden wurde und wird. Aber das Klima erwärmt sich langsam, sogar in Deutschland. Dennoch – dieser Aufsatz erscheint nicht zufällig zuerst in den USA.

(1992-1994)

Anmerkungen

1 Überarbeitetete Fassung eines Aufsatzes, von dem ich am 30. 10. 93 bei der Jahrestagung der *Women in German* in Great Barrington, Massachusetts, eine gekürzte Version vorgetragen habe. Den Frauen der Bostoner Gruppe der *Women in German*: Lisa Gates, Joey Horsley, Barbara Hyams, Monika Totten, Martha Wallach, Margaret Ward und Christiane Zehl-Romero danke ich herzlich für die hilfreiche Diskussion einer vorläufigen Fassung und Jeanette Clausen für ihre sorgfältige Editionsarbeit und konstruktive Kritik.

2 (... if you live in this world expecting appreciation, you would do better to look in the dictionary for it.) Alle engl. Zitate übersetzt von Luise F. Pusch, soweit nicht anders angegeben.

3 Die Idee, diesen berühmten Schluß-Satz des *Tractatus logico-philosophicus* im Sinne der Closet-Problematik zu interpretieren und hier als Motto zu verwenden, verdanke ich Joey Horsley.

4 In vielen Ländern gilt Homosexualität noch heute als Verbrechen und steht unter Strafandrohung.

5 Erving Goffman unterscheidet in seinem Buch *Stigma* (1963) zwischen »diskreditierten« Gruppen mit einem sichtbaren Stigma und »diskreditierbaren« mit einem unsichtbaren Stigma. Seine Überlegungen über die Besonderheiten unserer Situation fand ich schon in den 60er Jahren sehr hilfreich und erhellend.

6 Die Psychologin Dr. Evelyn Hooker, die 1956 die berühmte Studie »The Adjustment of the Male Overt Homosexual« vorlegte, die schließlich dazu führte, daß Homosexualität nicht mehr als psychische Krankheit definiert wurde und 1973 aus dem *Diagnostic and Statistical Manual of Mental Disorders* gestrichen wurde, lehnte es ab, ihre Untersuchung auf Lesben auszudehnen (die damals *female homosexuals* »weibliche Homosexuelle« hießen). Eine solche Ausdehnung auf ihr eigenes Geschlecht, meinte sie, hätte sie selbst als »befangen« gebrandmarkt und die ganze Studie unglaubwürdig gemacht und in Mißkredit gebracht. Es reichte nicht aus, daß Hooker verheiratet war. Vgl. Marcus 1993: 16-25 und 172f.

7 Dies machte mir die feministische Linguistin und Aktivistin für Lesbenrechte Julia Penelope in einem Gespräch bewußt.

8 Um die eine komplizierte Situation noch zusätzlich komplizierenden Assoziationen an sexuelle Akte zu umgehen, bevorzugte man zeitweise den Terminus *homophil*, der sich allerdings nicht hat durchsetzen können. Karen Peper spricht, sicher aus ähnlichen Gründen, von »affectional preference« statt von »sexual preference« (1994: 195).

9 Lord Alfred Douglas (1870-1945), *Two Loves*, zit. nach Grahn (1984: 1).

10 Einen sehr instruktiven und klaren Artikel über diese Debatte und ihre Implikationen für eine »gay history« schrieb James Boswell (1989).

11 Quelle: The Bibble Pages, Copyright © 1996 Christian Molick, mollusk@bibble.org.

12 Quelle: jsk15@po.CWRU.Edu (Jeffrey S. Kish) Newsgroups: alt.homosexual, alt.feminism. Subject: We must protect our children from the evils of homosexuality. Date: 10 Jan 1995 19:43:28 GMT.

13 Allerdings kenne ich etliche Feministinnen, die heterosexuell und mit ihren Partnern glücklich sind und andere heterosexuelle Feministinnen, die mit ihrer Gender-Präferenz unglücklich sind und lieber lesbisch wären, dies aber zu ihrem Bedauern nicht »hinkriegen«.

14 Die folgenden Zitate stammen, soweit nicht anders angegeben, aus einer vereinsinternen Dokumentation, die mir Brigitte Adler vom Deutschen Lesbenring zugestellt hat. Weitere Dokumente verdanke ich Jutta Oesterle-Schwerin.

15 Die *Lesbierin* gleicht insofern der *Wöchnerin*, als es zu der »abgeleite-

ten« Form kein semantisch äquivalentes maskulines Simplex gibt – naturgemäß, sozusagen.

16 Das gilt sicher erst recht von dem Wort *Urninden*, auf das sie schließlich listig ausweichen.

17 Das gilt für *Lesbe*, eine Eigenschöpfung der Frauen- und der Lesbenbewegung, nicht. Es ist nur so gebaut wie andere Schimpfwörter für Frauen (*Putze*, *Tippse*, *Emanze*).

18 Linguistisch ist das Unsinn. Wenn *Schwulenbewegung* hochsprachlich ist, dann auch *Schwulenszene* und *Schwulentreff*, weil *Treff* und *Szene* zweifellos »hochsprachliche« Ausdrücke sind.

19 Der Ältestenrat (die GeschäftsführerInnen der Parteien) regelt parlamentarische Protokollfragen u. ä.

20 In der Mottenkugel-Metapher steht »Ausdünstung« für die Gesamtheit des jeweiligen Gebrauchskontextes. Ich möchte das an einem weniger kontroversen Beispiel erläutern. Das Wort *lebenslänglich* bedeutet zunächst nichts anderes als »ein Leben lang«. Verwendet wird es allerdings vor allem bei Verurteilungen von KapitalverbrecherInnen, die »lebenslänglich bekommen«, d. h. zu einem Leben im Zuchthaus verurteilt werden. Wenn ich jetzt sage: »Sie ist lebenslänglich Beamtin« statt »Sie ist verbeamtet auf Lebenszeit« so suggeriere ich damit, daß das BeamtInnendasein dem Knast vergleichbar ist. Um diese unerwünschte Assoziation an den Knast zu vermeiden, werden in allen Äußerungen über Verhältnisse, die ein Leben lang andauern, die Worte sorgfältig gewählt. Vgl. auch das Wort *Maid*, das wegen seines extensiven Gebrauchs durch die Nazis unakzeptabel geworden ist, obwohl wir dringend eine feminine, nicht-diminutive Bezeichnung bräuchten.

21 Das bekannteste Beispiel hierfür ist die Jugendsprache mit ihrem ständigen Zwang zur Erneuerung, weil die Jugend jeweils älter wird und die neue Jugend sich sprachlich gegen die Alten abgrenzen will.

Homophobische Diskurse, Dekonstruktion, *Queer Theory*: Eine feministisch-linguistische Kritik

> Universitäten sind nicht unabhängig von unserer Gesellschaftsordnung, sondern werden dafür bezahlt und sind so organisiert, daß sie diese Ordnung aufrechterhalten und legitimieren. Allerdings sind nicht alle Arten unseres Involviertseins augenfällig. Manche strukturieren uns so subtil, daß der Versuch, sie zu verändern, dem Versuch gleichkommt, aus den eigenen Knochen herauszukriechen.
>
> *Esther Newton (1979: xvi)*[1]

> Das Grundmuster der schwullesbischen Lebensweise und somit auch des schwullesbischen Aktivismus ist dasselbe wie das des Feminismus, nämlich: Das Infragestellen der überlieferten Geschlechtsrollen. *Adrienne J. Smith 1989: 47*

Vorbemerkung

Ich widme diesen Vortrag Norbert Elias, der in diesem Jahr [1997] 100 Jahre alt geworden wäre. In seiner Theorie über den Prozeß der Zivilisation fehlt zwar die Kategorie Geschlecht, aber der Mann konnte wirklich gut und verständlich schreiben – was der Bedeutung und Reichweite seiner Theorie natürlich keinen Abbruch tat. Daß Zugänglichkeit und hoher Anspruch einer Theorie keine Gegensätze sind, wird in der postmodernen Theoriebildung des öfteren vergessen und führt bei vielen zu schweren Verdauungsstörungen. Auch ihnen widme ich die folgenden Ausführungen.

Das Thema »Sprache und Homophobie« als Forschungsgegenstand in Deutschland und in den USA: Allgemeine und persönliche Bemerkungen

Die Probleme von Lesben und Schwulen waren immer auch Sprach- und Kommunikationsprobleme. Aber Sprach- und KommunikationswissenschaftlerInnen haben sich aus Berührungsangst lange kaum um diesen Forschungsgegenstand gekümmert. Ich wollte im Jahr 1980 meine Antrittsvorlesung an der Universität Konstanz über das Thema »Verschweigen, Leugnen, Verschleiern: Sprache und Homosexualität« halten. Ich hatte auch viele Ideen dazu, aber ich habe mich schließlich doch nicht getraut. Das Aufgreifen dieses Themas hätte damals und an jenem Ort beruflichen Selbstmord bedeutet.

Inzwischen haben wir die »gay nineties«, und die Kulturszene der USA erlebt geradezu eine Explosion von Arbeiten zur Homosexualität unter dem Etikett *Queer Theory*. »Mein« früher ängstlich gemiedenes Thema ist nicht nur »gesellschaftsfähig« geworden, sondern sozusagen mega-in. Über Homosexualität zu theoretisieren bedeutet, an der Spitze der postmodernen kritischen Theorie mitzumarschieren, zumindest in den USA. (Die deutsche Männer-Universität ist dagegen, soweit ich weiß, noch immer weitgehend ignorant, nachdem sie bereits die Explosion der feministischen Theorie während der letzten zwanzig Jahre getrost verschlafen hat.)

Buchtitel wie: *Queer Words, Queer Images: Communication and the Construction of Homosexuality* (Ringer 1994), *Queerly Phrased: Language, Gender, and Sexuality* (Hall & Livia 1997), *Beyond the Lavender Lexicon: Authenticity, Imagination and Appropriation in Lesbian and Gay Languages* (Leap 1995) – um nur einige zu nennen – belegen das breite Spektrum der Fragestellungen und machen die ungeheure Produktivität auf einem Gebiet deutlich, das bis vor wenigen Jahren nicht einmal existierte, weil lesbische und schwule Linguistinnen und Linguisten durch das hochtoxische homophobe Universitätsklima erfolgreich zum Schweigen gebracht worden waren.

Wir leben im Zeitalter von Aids; das Leben ist zu kurz und zu kostbar, um es im Versteck zu verbringen. Allenthalben haben sich Schwule organisiert und – angesichts der Untätigkeit der Regierungen – zunehmend radikalisiert. Sie haben nichts mehr zu verlieren, wenn sie aus dem »Closet« herauskommen, um endlich auch ihre BürgerInnenrechte zu fordern wie alle anderen diskriminierten Gruppen: »Lesben und Schwule sind die letzte verbliebene Gruppierung, gegen die öffentlich zur Schau gestellte Diskriminierung in Ordnung ist, von der High School bis zum US-Senat. Wir sind eine Gruppe, deren Recht zu lieben, wie wir wollen, in der Hälfte der Staaten der Union kriminalisiert wird, und unsere Regierung diskriminiert uns ganz offiziell«, schreibt Larry Gross in *Contested Closets: The Politics and Ethics of Outing*« (1993: 172f.).

Um meine eigene Geschichte kurz zu Ende zu erzählen: Beruflichen Selbstmord habe ich damals dann doch noch begangen durch mein Engagement in der feministischen Linguistik.[2] Also kann ich nun getrost noch einen Schritt weitergehen und mich dem öffentlichen Nachdenken über die vielschichtigen Zusammenhänge zwischen Homophobie, *Queer Theory* und meinem Fachgebiet Linguistik widmen.

Foucault, Halperin und Sedgwick über den homophobischen Diskurs und was dagegen zu tun ist

Warum Foucault lesen – und wie?

Ich hatte – von dem her, was ich über Foucault gelesen hatte – schon immer das Gefühl, daß seine Arbeiten überaus wichtig für die *Queer Theory* sind, das heißt – und so würde ich es genannt haben, bevor *Queer Theory* entstand – für den Versuch, meine Situation wenigstens theoretisch »in den Griff zu bekommen«, die Art von Leben, die ich zu leben gezwungen wurde, wenigstens intellektuell zu »meistern«. Aber ich war unfähig, Foucault zu lesen; ich konnte in seine hermetisch-verworrene Schreibweise einfach nicht eindringen, konnte nicht verstehen, was er mir vielleicht Wichtiges zu sagen hatte. Foucault-Lektüre machte mich entweder ärgerlich, oder sie langweilte und deprimierte mich.

Daher bin ich hocherfreut, Ihnen mitteilen zu können, daß ich einen glühenden Anhänger, ja (selbsternannten) Hagiographen Foucaults gefunden habe, der die wichtigsten Ideen des Theoretikers darüber, wie mit Homophobie umzugehen sei, zu einem lesbaren Text für die gewöhnliche LeserIn destilliert hat. Die Rede ist von David Halperin und seiner Studie *Saint Foucault* (1995).

Zunächst werde ich Halperin übersetzend zitieren – in einiger Ausführlichkeit, wie ich zugeben muß –, um Ihnen einen Eindruck von Foucaults Ideen zu diesem Thema zu geben. Halperins Ausführungen zusammenzufassen, hätte nicht viel gebracht, weil er selbst ja Foucault schon zusammenfaßt. Danach möchte ich einige dieser Ideen aus linguistischer Sicht kritisieren. Was ich letztlich vorhabe, ist eine grundsätzliche Kritik des gesamten sprachbasierten Theoretisierens, wie es die französischen Feministinnen und US-amerikanische Theoretikerinnen wie Butler (1990), Sedgwick (1990, 1993) und andere DekonstruktionistInnen praktiziert haben. In diesem Vortrag kann ich allerdings nur grob die Umrisse meines Projekts skizzieren, das mich sicher noch einige Zeit beschäftigen wird.

Halperin referiert Foucaults Ideen zum homophobischen Diskurs wie folgt:

... Foucaults Untersuchung ... der politischen Ökonomie des sexuellen Diskurses ... ermöglicht es uns, einige wirksame Strategien zu entwickeln, wie den diskursiven Operationen des zeitgenössischen homophobischen Diskurses entgegenzutreten und zu widerstehen sei. ... Foucault ... lehrt uns, einen Diskurs strategisch zu analysieren, nicht hinsichtlich dessen, was gesagt wird, sondern hinsichtlich dessen, was der Diskurs tut und wie er funktioniert. (30)

Der Effekt der politischen Herangehensweise an den Diskurs à la Foucault ist es, den Focus zu verlagern... von Fragen der Wahrheit zur Frage der Macht. Diese Verlagerung hat sich für die Analyse des homophobischen Diskurses als äußerst nützlich erwiesen. Sie hat sich als wesentlich erwiesen auch für das größere Projekt der Delegitimierung heterosexistischer Anmaßung und der Stärkung schwuler Praktiken des Wissens und der Gemeinschaft. (31)

... wir haben uns zu wehren ... gegen universelle und vielfältige Strategien der Homophobie, die den öffentlichen wie den privaten Diskurs bestimmen, das gesamte Feld der kulturellen Repräsentation durchdringen und ... überall sind. Die Diskurse der Homophobie ... können durch rationale Argumente nicht widerlegt werden ...; ihnen kann nur Widerstand entgegengesetzt werden. Weil nämlich homophobische Diskurse nicht reduzierbar sind auf eine Menge von Aussagen mit einem bestimmten Wahrheitsgehalt, die rational überprüft werden können. Homophobische Diskurse fungieren vielmehr als Teil einer allgemeineren und systematischen Strategie der Delegitimierung. Wenn ihnen Widerstand entgegengesetzt werden soll, so muß es strategischer Widerstand sein. Das heißt, die eine Strategie muß mittels einer anderen Strategie bekämpft werden. (32f.)

Homophobische Diskurse setzen sich zusammen aus potentiell unendlich vielen untereinander austauschbaren Aussagen, so daß, wann immer eine der Aussagen falsifiziert oder disqualifiziert worden ist, eine andere hübsch und effektiv an ihre Stelle treten kann, selbst wenn sie der ursprünglichen Aussage exakt widerspricht. (33)

»Homophobische Diskurse sind also inkohärent, aber ihre Inkohärenz macht sie nicht etwa wirkungslos – sie stärkt sie vielmehr. Tatsächlich operieren homophobische Diskurse strategisch mittels logischer Widersprüche. Die logischen Widersprüche, die den homophobischen Diskurs ausmachen, erzeugen eine Reihe von Doppelbindungen, die – inkohärent, aber nichtsdestoweniger effektiv und systematisch – dazu dienen, das Leben von Lesben und Schwulen zu beschädigen. (34)

Halperin illustriert dann diese letztere Behauptung mit den gängigen Definitionen der Homosexualität als entweder einer »unabänderlichen Eigenschaft« oder eines »Verbrechens« und mit Sedgwicks Analyse des homosexuellen Verstecks (*closet*) als eines »unmöglichen, widersprüchlichen Ortes« (34). Laut Sedgwick ist es ebenso unmöglich, im Versteck zu sein wie außerhalb des Verstecks zu sein, und das Herauskommen (*coming out*) ist immer sowohl zu früh als auch zu spät (34 f.).

Halperin fährt fort:

»So wie ›der/die Homosexuelle‹ vom homophobischen Diskurs konstruiert wird, handelt es sich in der Tat um eine unmöglich widersprüchliche Kreatur. Denn ›der/die Homosexuelle‹ ist gleichzeitig
(1) sozial unangepaßt
(2) ein unnatürliches Monster, ein Freak
(3) einE moralischeR VersagerIn
(4) sexuell pervers.
Nun ist es natürlich nicht möglich, all diese Dinge auf einmal zu sein, jedenfalls im Rahmen einer nachkantischen Ethik. Zum Beispiel kann eineR nicht krank und tadelnswert zugleich bezüglich desselben Defektes sein – aber das macht nichts: solche Attribute mögen sich nach logischen Regeln gegenseitig ausschließen. Nach praktischen, d.h. politischen Regeln sind sie vollkommen kompatibel. Sie schließen sich nicht nur gegenseitig nicht aus, sondern sie verstärken sich gegenseitig auch noch. Sie wirken zusammen und erzeugen, wieder und immer wieder denselben Effekt: die Ablehnung ›der Homosexuellen‹.« (46)

Kritik

a) Diese schrecklichen Dichotomien (engl.: binarisms)...
Ich stimme Halperins auf Foucault gestütztem Rat von Herzen zu, daß Lesben und Schwule nicht zu viel Zeit damit verschwenden sollten, gegen homophobische oder heterosexistische Rede zu argumentieren. In der Regel lohnt sich das wirklich nicht. Statt gegen HomophobikerInnen zu argumentieren, sollten wir die Zeit dafür nutzen, uns selbst und unsere Gemeinschaft zu stärken.

Ich stimme Halperin jedoch nicht zu hinsichtlich seiner Analyse des Wortes/Konzeptes »homosexuell« – wie ich überhaupt mit den meisten sprachlichen Analysen des poststrukturalistischen akademischen Feminismus und der *Queer Theory* in den USA nicht einverstanden bin und ihre sprachlichen Sorgen und Streitigkeiten meist überflüssig, weil unbegründet finde.

Der akademische Feminismus der USA verdankt vieles dem französischen Feminismus von Theoretikerinnen wie Kristeva, Irigaray, Cixous, Wittig. Der französische Feminismus verdankt vieles dem Strukturalismus, Poststrukturalismus und Dekonstruktionismus (Lévi-Strauss, Barthes, Lacan, Derrida). Beide Schulen gehen zurück auf Ideen de Saussures und einiger anderer Linguisten/Strukturalisten wie Jakobson und Trubetzkoy, ohne sie unbedingt verstanden zu haben. Sie haben sich einfach einige Werkzeuge der europäischen strukturalistischen Linguistik ausgeliehen (z.B. aus der Phonologie die Begriffe ›Markiertheit‹ und ›Unmarkiertheit‹) und benutzten sie für Aufgaben, für die sie nie gedacht waren. Wenn ich als Linguistin all diese hochtheoretischen Elaborate lese, habe ich nicht selten den Eindruck, einer Blinddarmoperation beizuwohnen, durchgeführt von einem beherzten Team von PsychologInnen, HistorikerInnen, AnthropologInnen, LiteraturwissenschaftlerInnen und PhilosophInnen, die bedeutungsvoll mit einem Operationsbesteck herumhantieren, das eigentlich für Gehirnchirurgie gedacht war.

Ich denke, es ist an der Zeit, daß die feministische Linguistik eine professionelle Kritik dieser Art Rhetorik und dieses mystifizierenden Jargons vorlegt. Hören Sie sich mal diese Kostprobe einer »linguistischen Analyse« an, dargebracht von Halperin (einem Professor der Literaturwissenschaft am Massachusetts Institute of Technology, dem berühmten MIT):

Die Dichotomie ›heterosexuell/homosexuell‹ ist selbst ein Produkt der Homophobie, genau wie die Dichotomie ›Mann/Frau‹ ein Produkt des Sexismus ist. Jede besteht aus zwei Termen, wobei der erste jeweils unmarkiert und unproblematisiert ist, der zweite dagegen markiert und problematisiert: er bezeichnet eine Kategorie von Personen, die etwas unterscheidet von normalen, unmarkierten Leuten. Der markierte (oder *queer*) Term fungiert letztlich nicht als ein Mittel zur Bezeichnung einer realen oder bestimmten Klasse von Personen, sondern als ein Mittel, den unmarkierten Term zu begrenzen und zu definieren – durch Negation und Opposition. Obwohl der unmarkierte Term eine Art Präzedenz oder Priorität über den markierten Term beansprucht, folgt aus der Logik der Supplementarität die Abhängigkeit des unmarkierten Terms vom markierten: Der unmarkierte Term braucht den markierten, um sich selbst als unmarkiert hervorzubringen. ... ›Homosexuell‹ ist wie ›Frau‹ kein Name, der sich auf einen natürlichen Gegenstand bezieht; es ist eine diskursive und homophobische Konstruktion, die als Gegenstand fehlidentifiziert wurde unter dem erkenntnistheoretischen Regime des Realismus. (45)

Mir scheint, der größte Fehler dieser Art des Räsonierens, die einen Großteil der heutigen hochmodernen *gender studies* und *queer studies* durchzieht, ist die Konzentration auf linguistische Mikro- oder aber Makrostrukturen unter Auslassung jeglichen »linguistischen Bindegewebes« dazwischen, wie etwa der Gegenstandsbereiche der Grammatik, Pragmatik und Semantik. Tausende von Seiten wurden verfaßt über den Inhalt bzw. die Definition isolierter Wörter wie *woman*, *man*, *sex*, *gender*, *heterosexual*, *homosexual*, *lesbian*, *gay*, *queer* – oder über verschiedene Arten von Diskursen, wie etwa den homophobischen Diskurs, wobei *Diskurs* auf praktisch unabsehbare Massen von Texten und Äußerungen referiert. All diese analytische Arbeit über Wörter und Textmassen wird unternommen ohne irgendeinen Bezug auf die moderne feministische Linguistik oder auch nur auf die moderne linguistische Theorie. Sogenannte »Binärismen« (Dichotomien wie ›Frau/Mann‹ oder ›homosexuell/heterosexuell‹ werden aufgefaßt als Produkte der Hölle und müssen mittels Dekonstruktion unschädlich gemacht werden.

Die feministische Linguistik hat sich mit diesen Binärismen seit bald 30 Jahren ausführlich beschäftigt und z. B. gezeigt, daß die beiden »binären« Wortpaare *woman/man* und *homosexual/heterosexual,* obwohl sie einiges gemeinsam haben, doch für eine feministische Sprachpolitik zwei sehr unterschiedliche Probleme darstellen.

Erstens: Markiert im technischen Sinn ist nur *woman* in bezug auf *man*, weil *man* ›Mann‹ nicht nur als der Oppositionsterm zu *woman* fungieren kann, sondern zugleich als übergeordneter oder generischer Term [in der Bedeutung ›Mensch‹]. Auf der einen Seite haben wir Ausdrücke wie »When a man loves a woman« auf der anderen Sätze wie »All men are equal«, die Frauen einschließen sollen.

Der Term *heterosexual* dagegen wird niemals als generischer Term für Homo- und Heterosexuelle verwendet. Wenn nun beide »Binärismen« in denselben Topf geworfen werden, nur weil Homosexuelle und Frauen unterdrückte Gruppen sind und sowohl Homophobie als auch Sexismus unterdrückerische Ideologien oder Einstellungen sind, so *muß* das Konfusion erzeugen. Wenn man behauptet, daß *homosexual* der markierte Term ist, wie läßt sich dann die Tatsache erklären, daß homosexuelle Frauen in bezug auf homosexuelle Männer »markiert« sind: Die Wörter *gay* und *homosexual* sind selber unmarkiert, d. h. generisch verwendbar, können auf Männer und Frauen referieren, nicht aber das Wort *lesbian*. Wir haben es hier mit ziemlich verschwommenem Denken zu tun.

Außerdem muß, um die Binärismen erfolgreich zu bekämpfen, ein **Sprachgebrauch** etabliert werden, der den generischen Term seiner »Unmarkiertheit« beraubt. Genau das haben Feministinnen getan, indem wir Richtlinien gegen sexistischen Sprachgebrauch entwickelt und durchgesetzt haben, so daß heute das alte »generische« oder »unmarkierte« Maskulinum durch eine neutralere Ausdrucksweise ersetzt wird, meistens die Doppelform (*Studentinnen und Studenten* statt bloß *Studenten* wie ehedem; *he or she* anstelle von *he*).

Im Deutschen ist diese sprachtherapeutische Arbeit sehr viel schwieriger als im Englischen, aber insgesamt haben wir doch erfolgreich dafür gesorgt, daß das Maskulinum nunmehr fast so markiert ist wie das Femininum (vgl. Pusch 1984 und 1990; Hellinger 1985; Fuchs & Müller 1993; Samel 1995). Das Resultat unserer Bemühungen wird zusammengefaßt in dem handlichen Slogan: »Das Maskulinum ist nicht mehr das, was es einmal war« – was bedeutet: Es hat seine Unmarkiertheit verloren, die Möglichkeit, als generischer Term für beide Geschlechter stehen zu können. Der maskuline Term wird automatisch markiert, wenn er zusammen mit dem femininen Term benutzt wird.

Zweitens: Das Problem mit dem »Binärismus« ›Homo- und Heterosexualität‹ hat nichts mit Markiertheit zu tun, sondern mit Prototypizität. Heterosexualität ist die prototypische Sexualität, und männliche Homosexualität ist die prototypische Homosexualität. Die Kategorien ›homosexuell‹, ›heterosexuell‹, ›gay‹ und ›lesbisch‹ wie auch ›Mann‹ und ›Frau‹ sind radiale Kategorien im Sinne von Lakoff (1987), genau wie die Kategorie ›Mutter‹, die er ausführlich analysiert, um den Begriff ›radiale Kategorie‹ zu erklären. Typisch für radiale Kategorien ist, daß sie eine oder mehrere *zentrale* Subkategorien haben sowie nichtzentrale Erweiterungen, meist Varianten der zentralen Subkategorie. Die Beziehungen zwischen der oder den zentralen Subkategorie(n) und ihren nichtzentralen Varianten sind meist nicht logisch, sondern pragmatisch motiviert.

b) Wörter und Identität

Eine Konsultation der Theorien von Rosch und Lakoff über Prototypen-Effekte in der Sprache hätte die erbitterten »Identitäts-Debatten« zwischen »Minderheits-Frauen« (Afro-Amerikanerinnen, Chicana-Frauen, Latina-Frauen, asiatisch-amerikanischen Frauen) und weißen US-amerikanischen Feministinnen der Mittelschicht leicht beruhigen können, Debatten, die um die Frage kreisten, worauf genau sich der Ausdruck *Frau* eigentlich beziehe. Weißen Feministinnen, die den Begriff ›Frau‹ benutzten, ist sicherlich vorzuwerfen, daß sie die Perspektive ihrer eigenen Schicht und Rasse verallgemeinert haben und nicht genügend an Frauen anderer Schichten und Ethnien gedacht haben – ein typischer Prototypen-Effekt. Männer haben die Angewohnheit, sich selbst als Repräsentanten der Gattung Mensch zu betrachten – ein anderer Prototypen-Effekt, den die feministische Linguistik ziemlich erfolgreich bekämpft hat. Wir erreichten dies durch – auch und vor allem sprachliche – Sichtbarmachung der Frauen und durch erhöhtes politisches Engagement. Prototypen-Effekte in der Sprache haben zu tun mit Häufigkeit des Vorkommens und Sichtbarkeit. In Nordeuropa ist der Apfel das prototypische Obst, in Südeuropa ist es die Apfelsine, noch weiter südlich die Banane.

Die meisten – meines Erachtens völlig unnötigen – Sprachquerelen der *Gender Theory* und der *Queer Theory* liegen daran, daß ihre Begriffsanalysen auf Aristoteles' klassischer Kategorienlehre fußen und somit davon ausgehen, daß alle Mitglieder einer Kategorie eine Reihe von definierenden Eigenschaften gemeinsam haben. Wenn eine Entität eine der definierenden Eigenschaften nicht besitzt, kann sie nach dieser Lehre kein Mitglied der betreffenden Kategorie sein. Wenn Heterosexualität eine definierende Eigenschaft der Kategorie ›Frau‹ ist, dann gilt, per definitionem, der berühmte Satz von Monique Wittig: »Lesben sind keine Frauen« (Wittig 1992: 32).

Wenn eine an die Richtigkeit der klassischen Kategorienlehre glaubt – wie es die meisten anscheinend tun –, dann muß sie in der

Tat verzweifeln, wenn sie sich in und von bestimmten Diskursen systematisch ausgeschlossen sieht:

- als Frau ausgeschlossen aus der Menschheit im patriarchalen Diskurs
- als starke, unabhängige Frau ausgeschlossen aus der Klasse der Frauen im patriarchalen Diskurs (vgl. Beauvoir)
- als Afro-Amerikanerin ausgeschlossen aus der Klasse der Frauen im feministischen Diskurs in den USA der 70er und 80er Jahre
- als Lesbe oder Schwuler ausgeschlossen aus der Menschheit im heterosexistischen Diskurs
- als Lesbe, die Lippenstift benutzt oder S/M praktiziert, ausgeschlossen aus der Klasse der Lesben im lesbisch-feministischen Diskurs

Eine solcherart ausgeschlossene Person oder Gruppe wird die Wörter und Kategorien ablehnen, die sie auszuschließen scheinen, weil sie an die Alles-oder-nichts-Bedingungen der Kategorienmitgliedschaft glaubt, wie die klassische Kategorienlehre sie vertritt.

Linguistisch bewiesen ist jedoch, daß Kategorien keineswegs einen gemeinsamen Kern, eine Essenz, zu haben brauchen. Vielmehr haben sie eher eine Familienähnlichkeits-Struktur. Diese von Wittgenstein inspirierte Konzeptualisierung der Kategorien als eher »verschwommen« (*fuzzy*), besagt, daß Kategorien für gewöhnlich Eigenschaften gemeinsam haben, daß aber diese Eigenschaften nicht unbedingt notwendig oder hinreichend sind für Mitgliedschaft in der Kategorie. Zum Beispiel fliegen die meisten Vögel und bauen Nester, aber der Vogel Strauß tut weder das eine noch das andere. Nicht alle Mitglieder der Kategorie sind gleich repräsentativ für die Kategorie. Zum Beispiel denken die meisten Leute, daß ein Spatz ein besseres Beispiel für einen Vogel ist als eine Ente. Ein weiteres Problem ist, daß für viele Begriffe nicht einmal ExpertInnen in der Lage sind, definierende Eigenschaften anzugeben.

c) »Inkohärenz« und »Widersprüchlichkeit« sind normale Eigenschaften von Begriffen

Wenn *gender*-TheoretikerInnen und *queer*-TheoretikerInnen diese Erkenntnisse sowie Lakoffs grundlegende Theorie der Kategorisierung in natürlichen Sprachen berücksichtigt hätten, hätten sich die Sprachdebatten wahrscheinlich vermeiden lassen. Die

Voraussetzungen, auf denen sie basieren, sind einfach falsch. Wenn zum Beispiel gezeigt werden kann, daß der Begriff ›Mutter‹ genauso ›inkohärent‹ und ›widersprüchlich‹ ist wie der Begriff ›homosexuell‹, dann erscheint es nur noch wenig sinnvoll, die Inkohärenz der Homophobie zur Last zu legen, wie Halperin und Sedgwick es tun. »Inkohärenz« und »Widersprüchlichkeit« sind einfach normale Eigenschaften von Kategorien in natürlichen Sprachen. Der Begriff ›Mutter‹ wird typischerweise konzeptualisiert als ›eine Frau, die ein Kind geboren hat‹, aber wir haben auch das Wort *Stiefmutter* – eine Stiefmutter hat per definitionem das Kind **nicht** geboren, dessen Stiefmutter sie ist. Sie ist vielmehr die Ehefrau des Vaters. Nach Lakoff ist ›Mutter‹ ein Begriff, der sich auf ein komplexes Modell gründet, das mehrere individuelle kognitive Modelle vereint, die zusammen ein Cluster-Modell bilden. Die Modelle in dem Cluster sind: Das Geburtsmodell, das genetische Modell, das Fürsorgemodell, das Heiratsmodell und das Abstammungsmodell (Lakoff 1987: 74). Die Stiefmutter ist Mutter nach dem Heiratsmodell.

Wenn wir Lakoffs Theorie der idealisierten kognitiven Modelle (ICMs) auf die Sprachprobleme der feministischen und *queer*-Theorie der letzten Zeit anwenden, werden die Dinge sehr einfach und eignen sich nicht mehr so hübsch für hochgestochenes Herumtheoretisieren. Der Begriff ›Homosexualität‹ gehört demnach zu einem Cluster, das sich aus den folgenden ICMs zusammensetzt:

- Das Modell der Objektbeziehungen: Homosexuelle sind Menschen, deren sexuelle Orientierung auf Personen des eigenen Geschlechts gerichtet ist
- Das »transsexuelle« Modell der Sexualwissenschaft des 19. Jahrhunderts: Homosexuelle sind Menschen, die im Körper des »entgegengesetzten« Geschlechts gefangen sind
- Das psychotherapeutische Modell, das in den USA bis 1974 offiziell gültig war: Homosexuelle sind Menschen, die an einer Perversion des Geschlechtstriebs leiden
- Das christlich-fundamentalistische Modell: Homosexuelle sind Menschen im Sumpf eines sündigen und perversen Geschlechtslebens
- Das kriminologische Modell (gültig in Deutschland bis 1969): Ein homosexueller Mann ist jemand, der kriminelle sexuelle Akte begeht

– Das lesbisch-feministische Modell: Eine Lesbe ist eine Frau, die weiß, was sich gehört, und nicht mit dem Feind schläft
– Das Modell der *Queer Theory*: Eine »queer person« ist eine Person, die »quer steht zum Normalen, zum Legitimen und Dominanten« (Halperin 1995: 62)

Es ist wichtig zu verstehen, daß die Koexistenz von ICMs, die einander widersprechen, kein hinterhältiges Charakteristikum des homophobischen Diskurses ist, sondern vielmehr eine typische Eigenschaft von Wörtern natürlicher Sprachen.

Wie können wir Homophobie effektiv bekämpfen: Foucaultsche Strategien und ein bescheidener feministischer Vorschlag

Halperins und Foucaults Vorschläge

Gegen Ende seiner Zusammenfassung der Foucaultschen Ideen über Homophobie fragt Halperin: »Wenn nun also Macht überall ist ... welche Art antihomophobischer Strategien ermöglicht dann der Apparat der Homophobie?« Und er benennt drei Hauptstrategien, die Foucault vorgeschlagen hat (1995: 48-52):

1. Kreative Aneignung und Resignifikation (wie wenn z. B. eine schwule Disco *Hypothalamus* genannt wird, nachdem Wissenschaftler das »schwule Gen« im Hypothalamus lokalisiert haben).

2. Aneignung und Theatralisierung (Beispiel: Als *Newsweek* eine »Lesbennummer« mit dem Slogan herausbrachte »Was sind die Grenzen der Toleranz?« konterte die *Bay Times* in San Francisco mit einer »Heteronummer«, geschmückt mit demselben Slogan).

3. Vorführung (*exposition*) und Demystifizierung: »Wenn, wie Foucault feststellt, ›der Erfolg der Macht proportional ist zu ihrer Fähigkeit, ihre eigenen Mechanismen zu verbergen‹, dann mag die Vorführung dieser Mechanismen etwas dazu beitragen, ihre Machenschaften zu frustrieren. Genau das war ja die Aufgabe, die Foucault sich als Wissenschaftler gestellt hatte.« Halperin schließt mit den Worten: »Eine Methode, die Homophobie zu bekämpfen, wäre demnach die Vorführung der Mechanismen des homophobischen Diskurses, so wie ich es hier versucht habe (...)« (1995: 52).

Ein bescheidener Vorschlag, ausgehend von bewährten feministisch-linguistischen Strategien

Als Feministinnen und feministische Linguistinnen haben wir alle drei genannten Strategien, besonders die Vorführung und die Demystifizierung, von Anfang an erfolgreich angewandt; das ist aber Foucault und Halperin natürlich nicht weiter aufgefallen.

Wie ich aber in meiner Kritik zu zeigen versucht habe, sind manche der »Mechanismen des homophobischen Diskurses«, die Halperin identifiziert zu haben glaubt, nichts weiter als normale Eigenschaften natürlicher Sprachen. Wenn dies so ist, wenn die sogenannten Binärismen nicht wirklich Teufelszeug sind, und wenn die widersprüchlichen und inkohärenten Begriffe nicht hinterhältig-homophobischen Ursprungs sind, wo und wer ist dann der Feind, und wie können wir ihm beikommen?

Ich meine, daß wir es bezüglich des homophobischen Diskurses mit exakt zwei Feinden zu tun haben, nämlich:

1) Die durchgehende Annahme der Heterosexualität, prägnanter gesagt: die heterosexistische Anmaßung

2) die weitverbreitete Verleumdung der Homosexualität

Der Kampf gegen diese beiden Feinde hat, wie leicht zu erkennen ist, große Ähnlichkeit mit dem feministischen Programm, **Frauen sichtbar und stark** zu machen und läßt sich wie folgt umreißen:

Lesben und Schwule sichtbar machen und stärken.

Die feministische Linguistik hat den patriarchalen Diskurs erfolgreich geschwächt durch eine große Palette von Maßnahmen, von der Durchsetzung neuer Gebrauchsnormen bis zu guter alter Aufklärung gegen sexistische, heterosexistische und homophobische Ideologien. Ein wichtiger Teil der Aufklärungsarbeit geschah mit Hilfe von Richtlinien gegen sexistischen Sprachgebrauch. Wir haben nunmehr auch ausführliche Richtlinien gegen heterosexistischen Sprachgebrauch – eine der denkbar schärfsten Waffen gegen Homophobie. Die Richtlinien wurden formuliert vom *Committee on Lesbian and Gay Concerns* der *American Psychological Association* und wurden im September 1991 in der Fachzeitschrift *American Psychologist* veröffentlicht (S. 973-74). Ich ersuche Sie dringend, die Richtlinien zu befolgen und zu verbreiten.

Schlußbemerkung

Es hat mir Spaß gemacht, zu zeigen, daß bestimmte Spielarten der *Gender Theory* und der noch schickeren *Queer Theory*, die sich in ihrer Begrifflichkeit gern bei der Linguistik bedienen, linguistisch nicht ganz auf der Höhe sind. Wenn mit dem hochtrabenden Jargon dann auch noch gutwillige Mitmenschen eingeschüchtert werden, wie es allenthalben geschieht, wird es Zeit, daß wir altmodischeren Feministinnen diese neueste Abart des akademischen Imponiergehabes, das auch an der deutschen Männer-Universität immer mehr an Boden und Ansehen gewinnt, auf den Teppich zurückholen. Eine Theorie, die wie die feministische und auch die *Queer Theory* erklärtermaßen für die Befreiung unterdrückter Gruppen eintritt, sollte dies doch in einer Sprache tun, die möglichst vielen der Betroffenen zugänglich ist. Sonst wird sie unglaubwürdig und gerät in Verdacht, sich durch ausgrenzende Hochgestochenheit (Stichwort »Herrschaftssprache«) der Männerbastion Universität anzudienen.

Eines meiner Ziele beim Verfassen dieses Vortrags war es, all denen, denen der beschriebene Jargon zum Halse heraushängt, handfeste Gründe zu nennen, weshalb sie sich darüber nicht allzu sehr grämen sollten. Wenn sie die betreffenden Elaborate nicht lesen wollen oder können, verpassen sie wahrscheinlich nicht gar so viel. Wie ich für den Spezialfall »erfolgreiche Bekämpfung des homophobischen Diskurses« gezeigt habe, brauchen wir dazu keine *Queer Theory* und keine *Gender Theory*. Die altbewährten feministischen Strategien tun es auch. Allerdings wurden diese nicht von Männern entworfen oder abgesegnet und genießen deshalb kein akademisches Ansehen. Aber darauf kommt es ja letztlich auch nicht an, oder?

(1996-97)

Appendix: Avoiding Heterosexual Bias in Language

by the Committee on Lesbian and Gay Concerns, American Psychological Association, American Psychologist., September 1991, pp. 973-974
This article presents suggestions for avoiding heterosexual bias in language

concerning lesbians, gay men, and bisexual persons. Problems in language occur when terminology is unclear or when terminology has been associated with negative stereotypes. The article suggests preferred terminology and also presents ways of increasing the visibility of lesbians, gay men, and bisexual persons in language.

The Committee on Lesbian and Gay Concerns (CLGC) has considered issues of heterosexual bias in language since it was founded in 1980. A first draft of the »CLGC Nomenclature Guidelines for Psychologists« was approved at the September 1985 meeting. Comments were solicited from the American Psychological Association's (APA's) Division 44 and from the Association of Lesbian and Gay Psychologists. A revised document was approved by CLGC in October 1985 and by the Board of Social and Ethical Responsibility in Psychology in spring 1987.

Meanwhile, in an independent effort, a corresponding document entitled »Guidelines for Avoiding Racial Ethnic Bias« was developed by the Board of Ethnic Minority Affairs and by an ad hoc committee of the Publications and Communications Board (P & C). Over several revisions by the authors and several reviews by P & C, the racial/ethnic bias guidelines became the model for the several working papers that are being prepared for P & C to be included in an expanded section on language bias in the next edition of the Publication Manual of the American Psychological Association.

CLGC has continued to revise the »CLGC Nomenclature Guidelines for Psychologists« in accordance with the format used in the »Guidelines for Avoiding Racial/Ethnic Bias.« The revisions include a change in the title to »Avoiding Heterosexual Bias in Language.« The guidelines were submitted to P & C in October 1989, and this article includes revisions suggested by P & C.

Because no universal agreement exists on terminology, and because language and culture continually change, the ideas in this article should be considered helpful suggestions rather than rigid rules. Writers should try to understand the rationale for the suggestions offered here, and should be sensitive to social changes that might dictate the use of language not specifically discussed in this article.

Problems of Terminology

Problems occur in language concerning lesbians, gay men, and bisexual persons when the language is too vague or the concepts are poorly defined. There are two major problems of designation. Language may be ambiguous in reference, so that the reader is uncertain about its meaning or its inclusion and exclusion criteria; and the term »homosexuality« has been associated in the past with deviance, mental illness, and criminal behavior, and these negative stereotypes may be perpetuated by biased language.

1. The term »sexual orientation« is preferred to »sexual preference« for psychological writing and refers to sexual and affectional relationships of lesbian, gay, bisexual and heterosexual people. The word »preference« suggests a degree of voluntary choice that is not necessarily reported by lesbians and gay men and that has not been demonstrated in psychological research.
The terms »lesbian sexual orientation,« »heterosexual sexual orientation,« gay male sexual orientation,« and »bisexual sexual orientation« are preferable to »lesbianism« »heterosexuality,« »homosexuality,« and »bisexuality.« The former terms focus on people, and some of the latter terms have in the past been associated with pathology.
2. »Lesbian« and »gay male« are preferred to the word »homosexual« when used as an adjective referring to specific persons or groups, and the terms »lesbians« and »gay men« are preferred to »homosexuals« when used as nouns referring to specific persons or groups. The word »homosexual« has several problems of designation. First, it may perpetuate negative stereotypes because of its historical associations with pathology and criminal behavior. Second, it is ambiguous in reference because it is often assumed to refer exclusively to men and thus renders lesbians invisible. Third, it is often unclear.
The terms »gay male« and »lesbian« refer primarily to identities and to the modern culture and communities that have developed among people who share those identities. They should be distinguished from sexual behavior. Some men and women have sex with others of their own gender but do not consider themselves to be gay or lesbian. In contrast, the terms »heterosexual« and »bisexual« currently are used to describe both identity and behavior.
The terms »gay« as an adjective and »gay persons« as a noun have been used to refer to both males and females. However, these terms may be ambiguous in reference because readers who are used to the term »lesbian and gay« may assume that »gay« refers to men only. Thus, it is preferable to use »gay« or »gay persons« only when prior reference has specified the gender composition of this term.
Terms such as »gay male« are preferable to »homosexuality« or »male homosexuality,« as are grammatical reconstructions (e.g. »his colleagues knew he was gay« rather than »his colleagues knew about his homosexuality«). The same is true for »lesbian« in place of »female homosexual,« »female homosexuality,« or »lesbianism.«
3. »Same-gender sexual behavior,« »male-male sexual behavior,« and »female-female sexual behavior« are appropriate terms for specific instances of same-gender sexual behavior that people engage in regardless of their sexual orientation (e.g., a married heterosexual man who once had a same-gender sexual encounter). Likewise, it is useful that women and men not be considered »opposites« (as in »opposite sex«) to avoid

polarization, and that heterosexual women and men not be viewed as opposite to lesbians and gay men. Thus, »male-female behavior« is preferred to the term »opposite-sex behavior« in referring to specific instances of other-gender sexual behavior that people engage in regardless of their sexual orientation.

When referring to sexual behavior that cannot be described as heterosexual, gay, lesbian, or bisexual, special care needs to be taken. For example, descriptions of sexual behavior among animal species should be termed »male-male sexual behavior« or »male-female sexual behavior« rather than »homosexual behavior« or »heterosexual behavior.«

4. »Bisexual women and men,« »bisexual persons,« or »bisexual« as an adjective refer to people who relate sexually and affectionally to women and men. These terms are often omitted in discussions of sexual orientation and thus give the erroneous impression that all people relate exclusively to one gender. Omission of the term »bisexual« also contributes to the invisibility of bisexual women and men. Although it may seem cumbersome at first, it is clearest to use the term »lesbians, gay men, and bisexual women or men« when referring inclusively to members of these groups.
5. »Heterosexual« as an adjective is acceptable for people who have male-female affectional and sexual relationships and who do not engage in sexual relationships with people of the same gender.
6. The terms »sex« and »gender« are often used interchangeably. Nevertheless, the term »sex« is often confused with sexual behavior, and this is particularly troublesome when differentiating between sexual orientation and gender. For example, the phrase »it was sexual orientation, rather than gender, that accounted for most of the variance« is clearer than »it was sexual orientation, rather than sex, that accounted for most of the variance.« In the latter phrase, »sex« may be misinterpreted as referring to sexual activity. It is generally more precise to use the germ »gender.«

Goals for Reducing Heterosexual Bias in Language

1. GOAL: Reducing heterosexual bias and increasing visibility of lesbians, gay men, and bisexual persons.

   Lesbians, gay men, and bisexual men and women often feel ignored by the general media, which take the heterosexual orientation of their readers for granted. Unless an author is referring specifically to heterosexual people, writing should be free of heterosexual bias. Ways to increase the visibility of lesbians, gay men, and bisexual persons include the following:

   a. Using examples of lesbians, gay men, and bisexual persons when referring to activities (e.g. parenting, athletic ability) that are erroneously associated only with heterosexual people by many readers.

b. Referring to lesbians, gay men, and bisexual persons in situations other than sexual relationships. Historically, the term »homosexuality« has connoted sexual activity rather than a general way of relating and living.

c. Omitting discussion of marital status unless legal marital relationships are the subject of the writing. Marital status per se is not a good indicator of cohabitation (married couples may be separated, unmarried couples may live together), sexual activity, or sexual orientation (a person who is married may be in a gay or lesbian relationship with a partner). Furthermore, describing people as either married or single renders lesbians, gay men, and bisexual persons as well as heterosexual people in cohabiting relationships invisible.

d. Referring to sexual and intimate emotional partners with both male and female terms (e.g., »The adolescent males were asked about the age at which they first had a male or female sexual partner«).

e. Using sexual terminology that is relevant to lesbians and gay men as well as bisexual and heterosexual people (e.g., »When did you first engage in sexual activity?« rather than »When did you first have sexual intercourse?«).

f. Avoiding the assumption that pregnancy may result from sexual activity (e.g., »It is recommended that women attending the clinic who currently are engaging in sexual activity with men be given oral contraceptives,« instead of »It is recommended that women who attend the clinic be given oral contraceptives«).

2. GOAL: Clarity of expression and avoidance of inaccurate stereotypes about lesbians, gay men, and bisexual persons.
Stigmatizing or pathologizing language regarding gay men, lesbians, and bisexual persons should be avoided (e.g., »sexual deviate,« »sexual invert«). Authors should take care that examples do not further stigmatize lesbians, gay men, or bisexual persons. An example such as »Psychologists need training in working with special populations such as lesbians, drug abusers, and alcoholics« is stigmatizing in that it lists a status designation (lesbians) with designations of people being treated.

3. GOAL: Parallelism in comparing lesbians or gay men with other groups.
When comparing a group of gay men or lesbians to others, parallel terms have not always been used. For example, contrasting lesbians with »the general public« or »normal women« portrays lesbians as marginal to society. More appropriate comparison groups might be »heterosexual women,« »heterosexual men and women,« or »gay men and heterosexual women and men.«

Anmerkungen

1 zitiert nach Wafer 1996: 262. Alle Übersetzungen aus dem Englischen sind von mir (LFP), soweit nicht anders angegeben.

2 Nach meiner Habilitation 1978 bekam ich durch ein Heisenbergstipendium fünf Jahre Forschungsfreiheit, die ich für die Weiterentwicklung der feministischen Linguistik nutzte bzw. »zweckentfremdete«. Damit war ich für eine Professur an einer der deutschen Männer-Universitäten disqualifiziert: Meine über 50 Bewerbungen blieben erfolglos. – Die Anzahl der Frauen auf deutschen Professuren beträgt noch immer rund 5 Prozent, in der ranghöchsten Kategorie [C4] 1-2 Prozent.

»Eine gewisse Wehmut«: Homophobie und Sexismus im neuen *Literaturbrockhaus*

Vor einigen Wochen kaufte ich mir die neue achtbändige Taschenbuch-Ausgabe des Literaturbrockhaus[1]; er war in diversen Radio-Literaturjournalen hoch gelobt worden. Ich benutze derartige Nachschlagewerke hauptsächlich zur Vervollständigung meiner frauenbiographischen Datenbank, in der ich von 1982 bis heute 27000 Datensätze zu bedeutenden Frauen aller Epochen und Länder gespeichert habe. Der Literaturbrockhaus gibt u.a. auch Auskunft über 12000 Autoren [sic] aus aller Welt, hatten die Rezensenten berichtet. Und ich konnte befriedigt feststellen, daß die Lebensdaten nicht auf die Angaben der Jahre reduziert sind, wie in so vielen Lexika, sondern daß ordentlich Tag und Monat der Geburt und – gegebenenfalls – des Todes vermerkt sind. Brauchbares Werk, dachte ich.

Durchgearbeitet habe ich bisher die ersten vier Bände, also die Hälfte, und bin dabei auf 418 Frauen gestoßen. Wenn ich hochrechne, sind das 836 Schriftstellerinnen auf 11164 Schriftsteller: 7 Prozent Frauen und 93 Prozent Männer.

Das mag enttäuschend klingen; es ist aber doch schon ein Fortschritt. Als ich vor 13 Jahren das 25bändige Meyer-Konversationslexikon durchforstete, in dem 40000 Personen-Einträge aufgeführt sind, fand ich darunter nur 1606 Frauen, also 4,02 Prozent. Dagegen ist ein Anteil von 7 Prozent schon fast eine glatte Verdoppelung des »Frauenanteils«. – Hat schon mal eine das Wort »Männeranteil« gehört?

Dieses »erfreuliche«[2] Ergebnis – ja, doch – haben wir wohl der internationalen Frauenforschung zu verdanken, die inzwischen selbst in Deutschland nicht mehr völlig ignoriert werden darf. Bis vor kurzem war Ignoranz auf dem Gebiet der Frauenforschung für den deutschen Mann, auch den deutschen Wissenschaftler, noch Ehrensache. Inzwischen ist es nicht mehr ganz so schick, in manchen Kreisen gilt es sogar als unschick. Also wurden diesmal in einem *Malestream* Lexikon ein paar mehr Frauen zugelassen.

Freuen wir uns also über den zahlenmäßigen Zuwachs! Aber wie steht es nun mit dem Inhalt? Dies wollte ich eigentlich gar nicht überprüfen, denn wenn ich neue Nachschlagewerke im Eilverfahren auswerte, geht es mir nur um die Rohdaten, sonst käme ich ja zu gar nichts anderem mehr.

Bei dem Eintrag zu Djuna Barnes geriet ich aber doch in den Text und las mich fest. Über ihren Roman *Nightwood* heißt es da: »Am bedeutendsten ist der psychoanalytische Roman ›Nachtgewächs‹ (1936, dt. 1959); der die Problematik menschl. Zusammenlebens zeigt, und dessen Erfolg durch T. S. Eliots anerkennende Kritik lanciert wurde.« Vielleicht hängt der Erfolg auch ein wenig mit der unerhörten Kühnheit, der »Qualität« dieses Werks zusammen? Kein Wort auch darüber, daß Barnes für das Thema Lesben in der Literatur denselben Rang hat wie Genet zum Thema Schwule.

Ich nahm es hin, wir sind sowas ja gewohnt; wir sind nicht kritiksüchtig, nein.

Kurze Zeit später, in Band 2, stieß ich auf Hilda Doolittle (H. D.), die 43 Jahre lang mit der Schriftstellerin Bryher (Pseudonym für Winifred Ellerman) zusammenlebte. Von Bryher erfahre ich kein Wort, wohl aber, daß H. D. von 1913 bis 1937 mit R. Aldington verheiratet war – eine Ehe, die wegen der Beziehung zu Bryher überwiegend auf dem Papier bestand. Auch Bryher ging im Laufe ihres Lebens zwei Scheinehen ein, aus Rücksicht auf die Konvention. »Postum veröffentlichte Romane behandeln explizit lesb. Themen«, heißt es dann noch. Na immerhin.

Ist der ganze Mumpitz mit Aldington nur »Diskretion« oder Unkenntnis? Ich vermute letzteres, denn Diskretion – wem sollte sie heute nützen? Doch wohl nicht der vor 34 Jahren verstorbenen Dichterin H. D.?

Nun wollte ich es wissen. Ich suchte also aus meiner Datenbank all die Schriftstellerinnen heraus, die im Literaturbrockhaus stehen und unter »Sachkundigen« und »Eingeweihten« als den Frauen innigst zugetan, lesbisch bzw. bisexuell (von »vermutlich doch eher« bis »unzweifelhaft«) bekannt und berühmt sind. Für die Bände 1-4 sind es die folgenden Autorinnen:

Gertrud Bäumer, Djuna Barnes, Elizabeth Bishop, Elizabeth Bowen, Jane Bowles, Karin Boye, Marion Zimmer Bradley, Charlotte Brontë, Willa Cather, Colette, Ivy Compton-Burnett, Marie Corelli, Mazo de la Roche, Lucie Delarue-Mardrus, Hilda Doolittle, Annette von Droste-Hülshoff, Daphne du Maurier, Maureen Duffy, Marie von Ebner-Eschenbach, Irene Forbes-Mosse,

Ilse Frapan-Akunian, Judith Gautier, Charlotte Perkins Gilman, Radclyffe Hall, Lorraine Hansberry, Patricia Highsmith, Sarah Orne Jewett und Helen Keller.

Das Wort »lesbisch« (genauer gesagt: »lesb.«) finde ich nur bei zweien von diesen: Bei Hilda Doolittle besagte »explizit lesb. Themen«, und über Radclyffe Hall, die Verfasserin der lesbischen Klassikerin *Quell der Einsamkeit [The Well of Loneliness]* von 1928, erfahre ich, daß der Roman »das Thema der lesb. Liebe behandelt«, in »ankläger. Ton« geschrieben ist und sich durch »psycholog. Subtilität« auszeichnet.

Bei den Frauen wird immer genauestens mitgeteilt, wann und wen sie geheiratet haben; die Ehen der Männer hingegen sind meist nicht der Rede wert. Eine der wenigen Ausnahmen: Bei Klabund wird vermerkt, daß er mit Carola Neher verheiratet war.

Hanna Johansen, die längst von Adolf Muschg geschieden ist, lebt im Literaturbrockhaus immer noch mit Muschg am Kilchberg. Aber sie wird in seinem Eintrag immerhin auch genannt.

Besonders enervierend sind die Auskünfte zu Milena Jesenská. Kafka und ihre Ehemänner nehmen fast den ganzen Raum ein. Kein Wort über ihr Werk.

Sarah Orne Jewett wird eine enge Bindung an den Vater und an ihre Heimat Maine attestiert. Nichts über ihre Freundin Annie Fields.

Daß Colettes erster Mann Willy ihre *Claudine*-Romane unter seinem Namen veröffentlichte (nach dem Motto »du schreibst, ich kassiere«), wird wie folgt beschrieben: »[Colette wurde] durch ihren ersten Mann, den Schriftsteller Willy (eigtl. Henri Gauthier Villars [1859-1931]), zu den erfolgreichen ›Claudine‹-Romanen (4 Bde., 1900 bis 1903) veranlaßt«. Ihre zwei weiteren Ehemänner sind ebenfalls namentlich vermerkt, der dritte wieder mit seinen Lebensdaten. Dagegen finden wir in dem Eintrag zu Marguerite Yourcenar kein einziges Wort über ihre Lebensgefährtin Grace Frick, mit der sie 42 Jahre lang in Maine zusammenlebte.

Gertrud Bäumer lebte über 30 Jahre lang mit Helene Lange zusammen. Darüber erfahre ich im Literaturbrockhaus folgendes: »Setzte sich zusammen mit Helene Lange und F. Naumann für die Gleichberechtigung der Frau ein; mit H. Lange Hg. des ›Handbuchs der Frauenbewegung‹.«

Über Daphne du Mauriers lesbische Neigungen erfahren wir nichts, wohl aber, daß sie die Enkelin von Georges du Maurier war. In Georges' viel kürzerem Eintrag hingegen steht nichts darüber, daß er der Großvater der viel berühmteren Daphne war. Bei den Mann-Brüdern, die wohl als »gleichwertig« eingestuft werden, steht bei Heinrich, daß er der Bruder von Thomas war, und bei Thomas: »Bruder von Heinrich M.«. Ähnlich wird bei den Brüdern Jünger verfahren. Wer wem zugeordnet wird, zeigt, wer als höherrangig gilt. Erika und Klaus Mann werden als Tochter und Sohn von Thomas vorgestellt, Thomas aber nicht als ihr Vater. Es muß schließlich alles seine (Rang-)Ordnung haben. Immerhin – in einem verblüffenden Anfall von Gerechtigkeitsdrang werden uns Jane und Paul Bowles als »verh. mit Paul B.« bzw. »verh. mit Jane B.« vorgestellt. Dito bei den Geschwistern Geno und Felix Hartlaub.

Über Homosexualität wird in unserer homophobischen Gesellschaft bekanntlich am liebsten gar nicht geredet; man deutet da höchstens dezent etwas an, daß manche Mitmenschen »so« bzw. »anders« sind. Ich untersuchte die Literaturbrockhaus-Mitteilungen über unsere lesbischen und schwulen AutorInnen also auf unterschwellige Botschaften und wurde fündig:

Djuna Barnes »zeigt die Problematik menschlichen Zusammenlebens«; Elizabeth Bishop war nicht nur »befr. mit M[arianne] Moore«, ihr wird auch »ironische Distanzierung vom eigenen Gefühl« bescheinigt. Ist doch auch kein Wunder, wenn niemand dieses »eigene Gefühl« haben will! Elizabeth Bowen gelang »treffende Porträtierung insbes. von ... Frauengestalten aus dem Bürgertum sowie Darstellung von deren zumeist desillusionierenden Erfahrungen«. Desillusionierend, jawoll! Ähnlich Jane Bowles, die uns »den Verlust der Sicherheit im Alltagsleben« zeigt.

In Karin Boyes »Werk spiegelt sich vor allem die persönl. Problematik« (welche, wird nicht verraten), und Willa Cather wird »eine gewisse Wehmut« nachgesagt. Mehr Konturen hat Ivy Compton-Burnett; sie »stellt Probleme menschl. Existenz mit erbarmungsloser Offenheit dar«, und Marie Corelli neigte gar »zu melodramat. Ausgestaltung erot. Themen«. Lucie Delarue-Mardrus »trat mit sehr persönl. geständnishaften Gedichten hervor«. Daß sie prominentes Mitglied des lesbischen Literaturzirkels um Natalie Barney war, wird nicht preisgegeben. Mitgeteilt wird die Ehe mit dem Orientalisten Joseph Charles Mardrus und die Freundschaft mit Gabriele d'Annunzio.

Und unsere verehrte Droste? »Innere Leidenschaftlichkeit« besaß sie sowie »Spuren eines vielfach geteilten und gepreßten Gemüts«. Maureen Duffy »schreibt ... über menschl. Einsamkeit und Ruhelosigkeit, häufig in Verbindung mit dem Thema Sexualität.« Sehr verdächtig das!

Ilse Frapan-Akunian »verfaßte Novellen über schwierige psycholog. und soziale Probleme, ... z. T. bittere Anklagen gegen die zeitgenöss. Gesellschaft«. Ja da haben Lesben aber auch allen Grund zu!

Den bedenklichsten Ausrutscher fand ich im Eintrag über Audre Lorde: »Ihre Gedichte sind Ausdruck ihrer feminist. Einstellung, die die Führungsrolle des Mannes selbst in der schwarzen Bürgerrechtsbewegung kritisiert.« Dieses *selbst* ... frau glaubt es nicht, aber es steht da tatsächlich.

Alice B. Toklas, 45 Jahre lang die Lebensgefährtin von Gertrude Stein, konnte wohl nicht übergangen werden und findet denn auch kurz Erwähnung. Auch bei Genet, Gide, Whitman, Wilde und Tennessee Williams ist am Rande von ihrer Homosexualität die Rede; über Gides Autobiographie heißt es z. B., sie enthalte »bis dahin in der Literatur in dieser Form unübl. Schilderungen [homo]sexueller Erlebnisse«.

Kein Wort über Homosexualität bei W. H. Auden, James Baldwin, William Burroughs, Truman Capote, Jean Cocteau, E. M. Forster, Michel Foucault, Allen Ginsberg, Christopher Isherwood, Audre Lorde, Marcel Proust, Adrienne Rich, Lytton Strachey, kein Wort über die Homosexualität von Erika, Klaus und Thomas Mann (dafür werden aber Erikas zwei »Ehen« mit Gustaf Gründgens und W. H. Auden penibel vermerkt).

Ich denke, die kleine Stichprobe reicht. Sie hat gezeigt, daß lesbische Autorinnen und schwule Autoren auf ihr Coming Out im Literaturbrockhaus und wir auf ein nicht-sexistisches und nicht-homophobisches Literaturlexikon noch weiter warten müssen.

Nachbemerkung: Das Berliner Schwulenmagazin »Magnus« druckte eine Kurzfassung dieses Artikels ab und stellte dem Mitherausgeber des Literaturbrockhauses, Wolf-Dieter Lange, einige Fragen. Er meinte, die Zurückhaltung liege natürlich nicht daran, daß man über die Homosexualität der Betreffenden nicht Bescheid wisse. Aber man wolle die Autoren [*sic*] nicht diskreditieren. Er sei beispielsweise auch dagegen, daß man den Selbstmord eines Autors erwähne, denn das gehöre zu den Dingen, die ein Autor für sich selbst entscheide.

Zu diesem Bescheid habe ich ein paar Fragen und Anmerkungen:

1) Wie ist es dann mit den Eheschließungen? Weshalb werden uns nur die Ehen der Frauen verraten? Ist die Eheschließung für einen Mann diskreditierend? (Antwort: Nein, natürlich nicht. Hier greift ein anderes Prinzip. Ob ein Mann verheiratet ist oder nicht, ändert nichts an seinem Status. Einer Frau hingegen verleiht der Ehemann den Status der Normalität, selbst wenn sie sich in eine männliche Domäne wie das Verfassen von Literatur verstiegen hat.)

2) Am Ende des 20. Jahrhunderts meint Wolf-Dieter Lange noch immer, daß Schwulsein und Lesbischsein ein Makel ist; LexikographInnen sollten besser großzügig darüber hinweggehen. Langes Mitteilung, man wolle die lesbischen Autorinnen und schwulen Autoren (die ja überwiegend längst verstorben sind) nicht »diskreditieren«, ist nicht nur eine dürftige Ausrede, sondern eine Beleidigung für alle Lesben und Schwulen.

(1996)

Anmerkungen

1 Der Literaturbrockhaus. Grundlegend überarbeitete und erweiterte Taschenbuchausgabe in 8 Bänden. Hg. von Werner Habicht, Wolf-Dieter Lange und der Brockhaus-Redaktion. 1995. Mannheim; Leipzig; Wien; Zürich. B.I.-Taschenbuchverlag.

2 Nachtrag 1998: Nach Durchsicht von weiteren 2 Bänden habe ich insgesamt 663 Frauen ermittelt, das sind hochgerechnet 884, also sogar 7,36 Prozent von 12000 »Autoren«.

Lesbenstudien an der Universität von Massachusetts in Boston

Boston bildet mit der Nachbarstadt Cambridge das akademische Zentrum der USA. Hier gibt es neben der berühmten Harvard University und dem nicht minder berühmten Massachusetts Institute of Technology (MIT), die einen steten Strom von NobelpreisträgerInnen produzieren, noch viele andere Universitäten und Colleges, u. a. auch das Boston College, an dem Mary Daly lehrte. All diese Institutionen sind privat; nur die Universität von Massachusetts in Boston (kurz: UMass Boston) ist staatlich. Besucht wird sie von den weniger betuchten StudentInnen der Region; das Durchschnittsalter ist 25, weil viele erst eine Weile jobben oder zum Militär gehen, um ihr Studium finanzieren zu können. Viele Studentinnen sind Familienfrauen und/oder haben (erwachsene) Kinder.

Vor einiger Zeit hat die Universität, um ihrer bunt gemischten Klientel ein angemessenes Lernklima zu garantieren, »Diversity Requirements« erlassen, was vielleicht mit »Integrations-Richtlinien« zu übersetzen wäre. JedeR StudentIn muß die Teilnahme an zwei Seminaren zur »Diversity Awareness« nachweisen. Es geht um das Bewußtmachen der zahllosen Diskriminierungskategorien unserer Kultur: Geschlecht, Rasse (Ethnie), Klasse, Alter, Aussehen, Religion, sexuelle Identität (bzw. Präferenz bzw. Orientierung), körperliche und geistige Befähigungen, usw.

Im Jahre 1994 entwickelte das Women's Studies Program der UMass Boston, auf Anregung lesbischer Studentinnen und unter Berufung auf die Integrations-Richtlinien, ein Proseminar »Lesbian and Bisexual Studies«, das seit 1995 von Joey Horsley durchgeführt wird. Es sei an der Zeit, hieß es in dem Begründungsantrag an die Verwaltung, daß frau sich akademisch mit der stetig anwachsenden wissenschaftlichen Literatur der Lesbenforschung auseinandersetze. Außerdem müsse der spezifischen Benachteiligung lesbischer Studentinnen und schwuler Studenten aktiv entgegengewirkt werden: Um intellektuell wachsen und die eigene Leistungsfähigkeit voll ausschöpfen zu können, sei positive Bestätigung der Identität und der lesbischen Perspektive in einer Atmosphäre der Sicherheit und des Respekts unabdingbar.

Professorin Joey Horsley lehrt seit Anfang der siebziger Jahre deutsche Sprache und Literatur an der UMass Boston. Ihre Spezialgebiete sind: deutsche Literatur des 20. Jahrhunderts, mit Schwerpunkt Frauen der Weimarer Republik, und die Hexenverfolgung in Europa. Seit 20 Jahren ist sie auch Mitglied des Lehrkörpers für Frauenstudien. Im Deutsch-Department war sie zehn Jahre lang die einzige Frau unter bis zu sieben männlichen Kollegen – die Machtstrukturen der deutschen Universität wurden sogar im fernen Boston in unheimlicher und peinlicher Weise nachgebildet. Auf Pionierinnenarbeiten wie Horsleys frühe feministische Analysen zu Ingeborg Bachmann oder Goethes Iphigenie reagierten die Kollegen lange mit Unverständnis oder Spott. Da war es erholsam und gesundheitsfördernd, mit dem rein weiblichen Stab des Frauenstudienprogramms zusammenarbeiten zu können.

An der UMass Boston gibt es inzwischen etliche offen lesbische Professorinnen, unter ihnen Joey Horsley. Sie wurde vor 10 Jahren (nach 25 Jahren Ehe, der zwei inzwischen erwachsene Töchter, engagierte Feministinnen, entsprossen) lesbisch und hatte ihre verdutzten Kollegen und (teils) neidischen Kolleginnen alsbald frohgemut von ihrem Übertritt in Kenntnis gesetzt. Mit ihrer 20jährigen Erfahrung in feministischer Lehre und Forschung war sie die erste Wahl, um das erste Lesbenstudienseminar an der UMass Boston zu unterrichten. Sie schrieb mit dem Vorbereitungsteam den Antrag auf Forschungsgelder – schließlich mußte das neue Fach erstmal von Grund auf erarbeitet und etabliert werden – und gewann dafür die erkleckliche Summe von 5000 Dollar: ein deutliches Zeichen, daß sie wichtige EntscheidungsträgerInnen überzeugt hatten.

Die bewilligten Gelder finanzierten u.a. eine Assistentinnen-Stelle für eine junge Lesbenforscherin, die sich monatelang durch die Literatur fraß, Abstracts samt Empfehlungen erarbeitete, Filme und Videos sichtete und anschaffte. Filme sind natürlich beliebter als theoretische Werke – die folgenden fanden bei den Studentinnen besonderen Anklang: *Juggling Gender* über eine Frau mit Bart, *Forbidden Love* über »Dichtung« und Wahrheit im Lesbenleben der 50er Jahre – eine witzige Montage verzerrender Lesbenbilder in der Trivialliteratur und Aussagen ›wirklicher Lesben‹, die die Zeit selbst erlebt hatten. *Lifetime Commitment* ist ein Porträt von Karen Thompson, deren Lebensgefährtin Sharon Kowalski im Koma lag und die jahrelang und schließlich erfolgreich um das Recht kämpfte, ihre Frau nach Hause holen und pflegen zu dürfen. *Stormé: The Lady of the Jewel Box* schildert die Arbeits- und Lebensbedingungen einer Männerdarstellerin im New York der 40er bis 60er Jahre. Und *She also chewed tobacco* handelt von sog. »passing women«, Frauen vergangener Jahrhunderte, die als Männer (verkleidet) lebten, bisweilen auch als »Gatten« ihrer »Ehefrauen«.

Nach intensiver Vorbereitung startete das erste Lesbenseminar im Frühjahr 1995 mit 19 Studentinnen. Zwar war das Seminar hauptsächlich für die Belange von Lesben eingerichtet worden, aber frau wollte auch Bisexuelle, Transsexuelle und Transgender-Personen ansprechen.

Neun der 19 Teilnehmerinnen identifizierten sich als Lesben, sieben als nicht lesbisch, eine als Transgender-Person und eine als bisexuell. Ihre Vorkenntnisse waren sehr unterschiedlich – eines der Hauptprobleme war (und bleibt) es, einen gemeinsamen Nenner zu finden. Des öfteren fühlte sich Joey hin- und hergerissen: Mutete sie den besser Informierten Trivialitäten zu? Überforderte sie die anderen Studentinnen? Ein weiteres fast unüberwindbares Problem war die Sprache: Wie redet frau in einem Seminar, also in der Öffentlichkeit, über persönlich hochsensible Themen, für die noch keine Gelassenheit gefunden wurde? Wo ist das Vokabular, das nicht verletzt oder verzerrt?

Gemäß der doppelten Zielsetzung – Aufarbeitung der Theorie und Hilfe bei der Selbstbehauptung – begann das Seminarprogramm mit der Betrachtung der eigenen Identitätsfindung, die naturgemäß bei vielen der jungen Frauen noch keineswegs abgeschlossen war. Das Thema Identität war überhaupt das eine große umgreifende Thema, unter das sich fast die gesamte Seminar-Arbeit subsumieren ließ.

Ausgehend von den unterschiedlichen Lebensgeschichten, die die StudentInnen einander offenlegten, wurde nun das Thema (jüngste und ältere) Geschichte der Lesben angegangen, denn es verknüpft sich überzeugend mit den beiden Hauptzielsetzungen des Seminars: Zum einen ist es inzwischen eine Binsenweisheit jeglichen Aktivismus für unterdrückte Gruppen, daß zunächst die eigene Geschichte aufgearbeitet und angeeignet werden muß. Zentrale Beispiele dafür sind die Frauengeschichtsforschung und die Fernsehserie *Roots*, die bei Afro-AmerikanerInnen ein breites Bewußtwerden über das Ausgeschlossensein von der eigenen

Geschichte auslöste und letztlich zur Institutionalisierung von »Black Studies« an amerikanischen Universitäten führte.

Zum andern führt das Thema »Geschichte der Lesben«, die es nun ebenfalls auszugraben und anzueignen gilt, mitten hinein in die blühende »Queer Theory«. Da ist dies dornige Definitionsproblem: Was ist denn eine Lesbe, geschichtlich gesehen? Mit welchem Recht bezeichnen wir Frauen vergangener Epochen, auch wenn sie in leidenschaftlicher Liebe zueinander entflammt waren, als Lesben? Schließlich wurden die Begriffe ›lesbisch‹ und ›schwul‹ überhaupt erst Ende des vorigen Jahrhunderts von Sexologen geprägt – durchaus nicht in emanzipatorischer Absicht! Die »Lesben« der Vergangenheit – viele brav verheiratet – werden ihr Tun und ihre Gefühle als keineswegs kategorisierend empfunden haben, ähnlich wie eine, die leidenschaftlich gerne reist, sich deshalb noch lange nicht als »Reisende« einordnen muß.

Sind die Kategorien Geschlecht und Heterosexualität biologisch fundiert oder gesellschaftlich konstruiert oder beides – oder was? Seit Bewegungslesben die sexuelle Identität und Transsexuelle das Geschlecht wechseln und Transgender-Personen die Festlegung auf ein bestimmtes Geschlecht grundsätzlich ablehnen, sind diese Kategorien und die Theorien und Hierarchien, die auf ihnen gründen, ins Wanken und ins Schwimmen geraten.

Die Studentinnen erfuhren also außer »Stärkung« (Empowerment) auch ein gutes Stück heilsame Verunsicherung. Was die »Diversity« betraf, so wurden sie angehalten, in den eigenen Reihen die Unterschiede zu erkennen, auszuhalten und anzuerkennen, wo nicht gar zu »feiern«. Es gelang ihnen nicht auf Anhieb. Viele fanden es eher desillusionierend, von so vielen Spannungen zwischen den »Fraktionen« innerhalb der »Lesbengemeinschaft« zu erfahren. Die Aufgabenpalette für die Abschlußarbeit gibt einen kleinen Eindruck von dem Themenspektrum, mit dem die Frauen sich konfrontiert sahen:

- Literatur von lesbischen/bisexuellen Amerikanerinnen afrikanischer/asiatischer/hispanischer/jüdischer/indianischer Herkunft
- Rassismus, Diskriminierung des Alters (Ageism) und Behinderter (Ableism) unter Lesben
- Butch- und Femme-Identität in Geschichte, Literatur und Gesellschaft
- Bisexuelle Frauen

- Lesben und AIDS
- Lesben in anderen Städten und Ländern
- Rechtsprobleme von Lesben, Bisexuellen und Transgender-Personen
- Lesben, Bisexuelle und Transgender-Personen in früheren Zeiten
- Die Religionen zum Thema Homosexualität
- Die Naturwissenschaft zum Thema Gender und/oder Homosexualität
- Theorien oder Richtungen der Transgender-Bewegung
- Schlagende und geschlagene Lesben
- Die religiöse Rechte und die Rechte der Lesben und Schwulen
- Lesben-Ehe; Schwulen-Ehe

Das zweite Lesbenseminar fand im letzten Frühjahr [1996] statt – es verlief ganz anders als das erste. Lesben sind doch immer gut für Überraschungen. Im ersten Kurs konnte es nicht theoretisch genug zugehen, frau studierte die klassischen und die neuesten Beiträge, von Paula Gunn Allen, Dorothy Allison, Judith Butler, Baba Cooper, Madeline Davis und Elizabeth Lapovsky Kennedy, Lillian Faderman, Leslie Feinberg, Rebecca Kaplan, Audre Lorde, Maria Lougones, Joan Nestle, Esther Newton, Adrienne Rich, Rebecca Ripley, Suzanne Pharr, Minnie Bruce Pratt, Eve K. Sedgwick u.a. Einige der jungen Lesben taten so belesen und überlegen und postmodern, daß Joey sich oft wie die typische Politlesben-Femi-Oma von vorgestern vorkam.

In diesem Jahr dagegen wollten die Frauen von lesbischer oder gar feministischer Theorie nicht viel hören. Lebhaftigkeit kam vorwiegend bei den Themen S/M und butch/femme-Kultur auf. Manche praktizierten oder lebten selber S/M oder butch/femme-Kultur – für die meisten war es allerdings mehr eine Faszination wie sie von »Aliens« ausgeht in den Filmen, mit denen sie aufgewachsen sind.

Joey hatte für das Seminar den schönen Titel »Beyond heterosexuality« gefunden, der in der Univerwaltung starkes Befremden auslöste. Sie meinten, das klänge ja so, als sei Heterosexualität etwas, das überwunden werden müsse. Und das gehe doch wohl ein bißchen zu weit. Joey wurde vor den Verwaltungsrat zitiert, um nicht nur den Titel, sondern das gesamte Konzept zu verteidigen. Unterstützt von zahlreichen StudentInnen und KollegInnen, stand sie Rede und Antwort. Wieder kam die alte Frage – ob denn auch Männer zugelassen wären?! Darauf Joey: »Natürlich!« Ob denn auch welche teilgenommen hätten? Joey: »Das hängt davon ab, wie Sie ›Männer‹ definieren wollen. Die Frage, was ein Mann ist oder eine Frau, ist überhaupt zentraler Gegenstand des Seminars.« Einigen Herren blieb der Mund offenstehen. Joey erklärte ihnen alles geduldig und obsiegte mit Bravour.

Nun ist frau gespannt, was das nächste Seminar bringen wird. Eines haben beide Seminare mit Sicherheit schon bewirkt: Die Lage der studierenden und lehrenden Lesben hat sich spürbar gebessert; dank eigener Anstrengung und ehrlicher Bemühungen der Unileitung sind Lesben jetzt sichtbar und ein wesentlicher Bestandteil des universitären Lebens.

(1996)

Täuschend echt: Marlene Stentens *Großer Gelbkopf* (1971) als Parabel der schwulen Existenz

Wir schreiben das Jahr 1994, ein Vierteljahrhundert »nach Stonewall«: Am 28. Juni 1969 setzten sich Schwule, überwiegend Schwarze und Tunten (drag queens), gegen die Übergriffe von Polizisten zur Wehr, die die Stonewall Inn in der Christopher Street und andere Schwulenlokale in New York City mit brutalen Razzien terrorisierten. Die Barbesitzer und ihre Kunden nahmen die Demütigung nicht mehr hin wie sonst, sie wehrten sich. Dieses Ereignis markiert international den Beginn der Befreiungsbewegung der Lesben und Schwulen (Gay Liberation Movement).

1971, zwei Jahre nach Stonewall – ein Ereignis, das in Deutschland allerdings noch kaum Konsequenzen gezeitigt hatte – erschien Marlene Stentens Buch *Großer Gelbkopf*. Ich besitze ein zerlesenes Exemplar der Erstausgabe und finde auf dem Umschlag folgende Angaben:

»Richard Baudemann, ein junger Lehrer mit Frau und Kindern, hat eines Tages Schmerzen in den Schultern und geht zum Masseur. Das ist der Anfang vom Ende eines bürgerlich geordneten Lebens. Richard verliebt sich in seinen Masseur, fängt ein Verhältnis mit einem seiner Schüler an, verläßt Frau und Kinder, tritt in einem Kabarett auf, wird der Geliebte eines reichen Schweden und endet, alternd, als Küchenfrau in Stockholm. Marlene Stenten erzählt diese Geschichte, als sei sie alltäglich. Homosexualität ist für sie nicht eine anrüchige Verirrung, eine schmutzige Sensation; sie ist eine Möglichkeit der Liebe, nicht mehr, nicht weniger. Insofern ist »Großer Gelbkopf« eine Liebesgeschichte, also eine Geschichte, in der Liebende enttäuscht werden. Die Gewöhnlichkeit dieser Enttäuschung, ihre Ursachen und die Kälte, die übrigbleibt: beides ist selten so beiläufig, aber auch, bei aller Verzweiflung, mit so viel Komik beschrieben worden.«

Es ist interessant, welche Akzente diese antiseptische Kurzbeschreibung setzt und welche wir heute setzen würden, aus der Rückschau nach 25 Jahren Befreiungskampf. Der Text stellt fest, daß für Marlene Stenten Homosexualität »eine Möglichkeit der Liebe sei, nicht mehr, nicht weniger«. Marlene Stenten hat in den Büchern, die diesem Erstling folgten – *Baby* (1974), *Puppe Else* (1977), *Die Brünne* (1981), *Salome 79* (1983), *Albina* (1986) und

Hallo Mäuschen (1991) – gezeigt, daß es ihr nicht um »Homosexualität« (geschlechtsneutral) geht, sondern um lesbische Liebe, und daß diese für sie nicht »*eine* Möglichkeit der Liebe« ist, sondern *ihre* Möglichkeit der Liebe, die sie mit einem beträchtlichen Teil der weiblichen Bevölkerung teilt. Es schreibt hier also nicht eine heterosexuelle Autorin, die liberal, tolerant und offen genug ist, um nach einem neugierigen Ausflug in die Welt »anrüchiger Verirrungen« und »schmutziger Sensationen« das Thema Homosexualität »literatur- und salonfähig« zu machen. Es schreibt eine lesbische Autorin von damals 36 Jahren, Jahrgang 1935 – also eine Frau, deren Adoleszenz in die frühe Nachkriegszeit fiel, die Ende der erstickenden fünfziger Jahre Mitte zwanzig war, und die auch die kaum weniger furchtbaren (für Lesben und Schwule jedenfalls) sechziger Jahre durchgemacht und irgendwie überlebt hatte.

Der Umschlagtext versichert treuherzig (damit die erhofften zahlreichen Käufer nicht von vornherein zurückschrecken), *Großer Gelbkopf* sei »eine Liebesgeschichte, also eine Geschichte, in der Liebende enttäuscht werden«. Die literarische Gestaltung einer schwulen Obsession (damals wie heute ein Ereignis, auf das die Gesellschaft gern mit schärfster Ächtung reagiert), die wie zwangsläufig in Wahn, Verzweiflung und Auflösung endet, wird hier verkürzt auf »eine Geschichte, in der Liebende enttäuscht werden« – wie das halt so geht bei Liebesgeschichten, oder? Das ist, wie wenn man eine literarische Darstellung des Holocaust als »Kriminalgeschichte, also eine Geschichte, in der Verbrecher und Leichen vorkommen« charakterisieren würde. In der ehrenwerten Absicht, die Liebe zwischen Schwulen als »ganz normal« zu verkaufen, wurde die wesentliche Dimension des Romans und der *conditio homosexualis* überhaupt ausgeblendet. Diese Dimension faßte Rosa von Praunheim in seinem Filmtitel so zusammen: »Nicht der Homosexuelle ist pervers, sondern die Situation, in der er lebt.« Der Versuch, *Großer Gelbkopf* als »Liebesgeschichte« und die »Enttäuschungen« als »gewöhnlich« einzuordnen, illustriert nur den ersten Teil dieses Satzes: »Der Homosexuelle ist nicht pervers.« Es fehlt in jenem Umschlagkommentar aber jeder Hinweis auf das »Pervers ist die Situation, in der der Homosexuelle zu leben gezwungen ist«.

Ich lese Marlene Stentens Roman im Sinne eines meiner Lieblingssätze von ihr. Irgendwo schreibt sie: »Wie du mir, so ich mir.«

»Die Kälte, die übrigbleibt« in dem Roman ist eben keine »gewöhnliche«, genau wie die Enttäuschung keineswegs eine gewöhnliche ist. Es ist die Selbst-Vereisung, die jemand an sich vollzieht, damit er die Schnitte ins Fleisch nicht mehr spürt, die eine feindselige Umwelt ihm zufügt, sowie er sich eine Blöße gibt. Und ob er sich eine Blöße gibt, bestimmt die feindselige Umwelt, nicht Richard, deshalb ist eine Ganzkörpervereisung schon das sicherste.

Enttäuschung, Kälte, Verzweiflung werden »beiläufig« geschildert – in der Tat, mit derselben Beiläufigkeit nämlich, mit der Enttäuschung, Kälte und Verzweiflung den »Anrüchigen« von der feindlichen Umwelt als Lebensraum zugewiesen werden. Wie du mir, so ich mir. Die Personen des Romans sind keineswegs Sympathieträger, sie sind Beschädigte: entweder schwach, besessen, ausgeliefert, verwirrt und verworren wie Richard, herausfordernd, zudringlich und tyrannisch wie der Schüler Arndt, fischig-glitschig und spießig wie der Sugar Daddy Lar oder ungreifbar, undurchschaubar, verwirrend, ja dämonisch, wie der geliebte Panac, sein Doppelgänger (?) Fülop oder der »Große Gelbkopf« selbst:

> In der Dämmerung ... hatte sich das schöne Lächeln auf Jozefs Gesicht verloren; plötzlich hatte er die Augen des Vogels, der in seinem Zimmer hing [eine Große Gelbkopf-Amazone], den kalten Blick des Vogels, der Richard frösteln ließ. Er hatte das Foto wieder eingesteckt; vermutlich, hatte er gedacht, liegen die Veränderungen des Fotos an mir.

Richard hat nicht nur unter Kälte bis zur Verzweiflung zu leiden; er hat vor allem auch kognitive Probleme – das ist seine auffälligste Eigenschaft und die zentrale Aussage des Romans. Marlene Stenten nimmt mit ihrer Analyse der Homosexualität als eines im wesentlichen kognitiven Problems der Gesellschaft, das bei den in die Versenkung, ins *Closet*, gezwungenen Opfern wiederum massive kognitive Probleme zeitigt, Ideen der »Queer Theory« um 20 Jahre vorweg.[1]

Richards Wirklichkeit ist nicht stabil, sie verwischt und verschiebt sich, bevor sie sich schließlich ganz auflöst und er in ihr. Er hat sich in seinen Masseur, Jozef Panac, verliebt, der gemeinsam mit seinem weit weniger liebenswerten Bruder Karel eine Massagepraxis betreibt. Richard nimmt alle möglichen Anstrengungen und demütigenden Ausreden auf sich, um von Jozef massiert zu werden, gerät aber leider regelmäßig an Karel. Er verliert alle Hoffnung, wird sich selbst gleichgültig, der Abstieg beginnt. Erst wird er die sexuelle Beute eines erfahreneren älteren Schülers, und nach einer kurzen Karriere als Schmierenschauspieler bekommt er das Angebot, von einem reichen Schweden ausgehalten zu werden. Ein goldener Käfig. Bevor er dies Angebot annimmt, will er sich vergewissern, ob Jozef nicht vielleicht doch zugänglich ist. Es empfängt ihn dessen Bruder Karel. Der eröffnet ihm, es gäbe keinen Bruder, er, Karel-Jozef Panac, habe diese Massagepraxis immer allein betrieben.

Marlene Stenten verrät nicht, ob Richard sich irrt oder ob er betrogen wurde. Warum aber hätten die Massagebrüder Karel und Jozef ein solches Spiel mit ihm treiben sollen? Wenn sie selber schwul sind oder einer von ihnen, haben sie allen Grund für ein »Spiel«, eine Fassade, die die schwule Realität versteckt. Richard, der einen Blick hinter die Fassade getan hat, muß mit allen Mitteln draußen gehalten werden. Gesetzt den Fall aber, es gibt tatsächlich nur einen Panac und kein Bruderpaar, so ist es wiederum nicht unverständlich, wenn Richards Realitätssinn mitsamt seiner bürgerlichen Realität aus den Fugen gerät. Richard wagt den Mann, in den er sich anstößigerweise so heftig verliebt hat, ja gar nicht anzusehen, aus tiefer Scham, aus Angst, sich zu verraten. Die aus der Wahrnehmung ausgeklammerte Realität kann nicht mehr als Korrektiv wirken. Je weniger Richard sich das genaue Hinsehen erlauben kann, um so grotesker muß sich seine Phantasie entfalten.

Es bleibt sich im Endeffekt also gleich, ob Richard das Opfer einer Selbsttäuschung oder einer Täuschung ist. *Beides* ist unmittelbare Folge des Schwulseins, denn Schwulsein bedeutete, vor Stonewall, vor allem: ein Doppelleben führen müssen, täuschen und getäuscht werden. Zu der Zeit, als Marlene Stenten ihren Roman schrieb, war ein Coming Out (den Begriff gab es ja noch gar nicht) gleichbedeutend mit gesellschaftlichem und/oder beruflichem Selbstmord. *Gay pride?* Ein Widerspruch in sich.

Und folgerichtig zeigt Stenten uns eine Subkultur mit allen Anzeichen einer durch die unerbittlichen Gesetze des *Closet* gezeichneten und beschädigten Identität und Denkstruktur: Ihre Welt der Schwulen ist kalt, ablehnend, ausbeuterisch, schillernd, unfaßbar, gefährlich, erniedrigend, letztlich mörderisch und selbstmörderisch.

Stentens *Großer Gelbkopf* gilt inzwischen als Klassiker der schwulen Literatur in deutscher Sprache. Schwule Leser wollten es nicht glauben, daß dies Buch von einer Frau stammen sollte, so genau fanden sie sich darin wieder.

Die »Täuschung«, das erzwungene Versteckspiel ist also auch hier gründlich gelungen, wie schon in Wildes *Salome*, Prousts *Auf der Suche nach der verlorenen Zeit*, Capotes *Frühstück bei Tiffany*, McCullers' *Das Herz ist ein einsamer Jäger* und *Spiegelbild im goldenen Auge*, Yourcenars *Ich zähmte die Wölfin* und Mary Renaults Romanen über das klassische Griechenland. Interessant, daß so viele schwule Schriftsteller ihre Geschichten ins Heterosexuelle transponierten, lesbische Schriftstellerinnen hingegen eher ins Schwule.

Großer Gelbkopf ist also nicht nur eine Studie *über* schwule Täuschung, Selbsttäuschung und Enttäuschung, der Roman ist, biographisch gesehen, selbst eine Täuschung, sicher nicht nur zu Tarnungszwecken – ein seltenes, fast schmerzhaftes Beispiel für vollendete Übereinstimmung von Form und Inhalt.

(1994)

Anmerkung

1 Vgl. u.a. Brett, Wood & Thomas. Hg. 1994; Marcus 1993; Sedgwick 1990 und 1993.

Frauenpolitik

Trümmerfrauen
... die sich mit Schaufel und Eimer gegen das Unabsehbare verbrauchen[1]

Berlin, November 1947

Kurfürstendamm
Hundert Schritte weiter stehen die sogenannten Trümmerweiber, die sich mit Schaufel und Eimer gegen das Unabsehbare verbrauchen. Es wirkt nicht wie Arbeit, sondern wie Strafkolonie. Vierzig Mark in der Woche, das sind vier Zigaretten. Natürlich sind es nicht die Leute, die diese Ruinen verschuldet haben. Die sitzen in geheizten Gefängnissen, genährt, gesunder als alle anderen, oder in ihrem Landhaus ...

Max Frisch – die Tagebücher, 1972

Aus Haus mach Trümmer
aus Hausfrau mach Trümmerfrau

Worin eigentlich unterscheidet sich die Arbeit der Trümmerfrauen von der Arbeit, die Frauen zu allen Zeiten geleistet haben und auch heute noch leisten? Der Dank des Vaterlandes ist den Trümmerfrauen so gewiß wie den Müttern, zu jedem Muttertag, der blumige Dank ihrer »Lieben« wie auch der Öffentlichkeit für alle »selbstlosen Liebestaten«. Dank statt Lohn – eine billige und bequeme Lösung für Vater Staat. Die Trümmerfrau wird heroisiert zum »Symbol des deutschen Wiederaufbauwillens« und die Hausfrau und Mutter zum Rückgrat der Familie und damit des Staates. Und was hat sie davon, die Trümmerfrau, Hausfrau und Mutter? Nichts. Und warum läßt sich die Trümmerfrau, Hausfrau und Mutter die Heroisierung, die Stilisierung zum Symbol gefallen, warum erkennt sie sie nicht als schamlose Bemäntelung einer schamlosen Ausbeutung? Das möchten wir auch gern wissen.

Ohne die Überlebens- und Wiederaufbauarbeit der Frauen in der Nachkriegszeit wäre das sogenannte Wirtschaftswunder undenkbar, darin sind sich Politiker wie Historiker einig. Einig sind sie sich auch darin, daß der »Frauenüberschuß« schuld war an den »übermenschlichen« Belastungen, die Frauen zu »erdulden«

hatten. Üblicherweise bekommen diejenigen, die den »Sieg« unter größten Opfern errungen haben, anschließend auch die Früchte des Sieges: die Macht und die Privilegien. Mit den deutschen Frauen ist das anders. Sie sitzen heute weder »überschüssig« (also als Mehrheit) in den Regierungen noch in den Parlamenten, noch in den Schaltzentralen der Parteien, der Verwaltung, der Wirtschaft, des Militärs, der Justiz, der Medien, der Kirche oder der Wissenschaft. Als gerechten Ausgleich für die Ehre und den Ruhm, den überschüssige Frauen sich damals erwerben durften, haben wir heute wie eh und je Männerüberschuß von 90 bis 100 Prozent in sämtlichen Führungszentralen.

Der »Zusammenbruch« 1945 war der Zusammenbruch des Deutschen Reiches und des Nazi-Regimes. Keineswegs zusammengebrochen war jedoch das Patriarchat, das alliierte sowieso nicht, aber auch das spezifisch deutsche nicht, auch in den Köpfen deutscher Frauen noch lange nicht. Margret Boveri zum Beispiel, gewiß eine außergewöhnlich kluge, mutige und emanzipierte Frau, notiert in ihrem Berliner Tagebuch von 1945, *Tage des Überlebens*, am 4. März 1945:

> Um diesen Krieg – ich meine die Vorgänge in Deutschland – zu beschreiben, muß es einmal einen ganz großen Mann geben, Beobachter und Denker und Dichter zugleich. (S. 48)

Margret Boveri, die tagtäglich männliche Erbärmlichkeit und Hilflosigkeit registriert und illusionslos kommentiert, sieht doch die »ganz großen Aufgaben« selbstverständlich als männliche Aufgaben an. Kann es uns da noch wundern, daß die große Masse der »einfachen« Frauen »aus dem Volke« es als normal und selbstverständlich akzeptierte, daß sie zwar die Dreckarbeit leisten durften/mußten (jede Frau putzte pro Tag durchschnittlich 1200 Ziegelsteine), aber unter ausschließlich männlicher Kontrolle? Und daß ihnen nach getaner Dreck- und Knochenarbeit der »Dank des Vaterlandes« angemessener Lohn schien, Lohn genug seitens der für die »wirklich großen Aufgaben« des Kommandierens in allen Bereichen geschonten und durchgefütterten Männer und Knaben?

Die Wirklichkeit der Trümmerfrau

Nach Kriegsende bedeckten 400 Millionen Kubikmeter Trümmer das ehemalige deutsche Reichsgebiet. 55 Millionen Kubikmeter, mehr als ein Achtel, entfielen allein auf Berlin, die Stadt, deren Trümmerfrauen dann zum Mythos und Sinnbild »deutschen Überlebenswillens« wurden. 41 % des Wohnraumes, ca. 6,5 Millionen Wohnungen, sowie die wichtigsten Verkehrs- und Transportwege waren beschädigt oder total zerstört. Die Zentren der meisten Großstädte waren nur noch Ruinenfelder.

40 Kubikmeter Schutt entsprechen etwa der Last eines Eisenbahnwaggons. Wer sollte diese Last von 10 Millionen Eisenbahnwaggons fortschaffen, und mit welchen Mitteln? Wer sollte die zerstörten Städte wieder aufbauen, und mit welchen Mitteln? Wie sollten die für diese überlebenswichtigsten Arbeiten notwendigen Menschen ernährt, bekleidet und beherbergt werden?

Trümmerbeseitigung, so gefahrvoll und schwer sie ist, ist im wesentlichen ungelernte Arbeit, Hilfsarbeit. Jede noch so ungelernte Frau, sofern sie nur einigermaßen bei Kräften ist, kann dazu herangezogen, dafür »verwendet« werden. Der in der Regel weit besser ausgebildete Mann ist für solche Dreckarbeit zu schade, ähnlich wie ja auch das Putzen normalerweise von ungelernten weiblichen Kräften erledigt wird, ob unbezahlt im Privathaushalt oder gewerbsmäßig. Das deutsche Großreinemachen, die Trümmerbeseitigung nach dem Krieg, fiel also »ganz natürlich« in das traditionelle Aufgabengebiet der traditionell ungelernten Hilfskraft/Hilfsarbeiterin Frau. Nicht nur der vielzitierte Männermangel (»Frauenüberschuß«) war für das Phänomen Trümmerfrau ausschlaggebend.

Die Ernährung und Einkleidung, kurz die Versorgung der Angehörigen, ist sowieso Aufgabe der Frau. Wenn nun allerdings der Mann als »Ernährer«, d.h. als Beschaffer des Geldes für Nahrungsmittel, Kleidung und Unterkünfte ausfällt? Ja wenn es überhaupt kaum noch Geld, Nahrungsmittel, Kleidung, Unterkünfte gibt? Dann werden eben von oben Notverordnungen erlassen, die den Ausnahmezustand regeln. Und von oben, das heißt von Männern. Diese erkannten die Lebensmittelkarten-Hierarchie schon früh als den Schlüssel zur Lösung der Nachkriegs-Problematik. Die Hausfrau als Verantwortliche für das Überleben ihrer Angehörigen wurde in den untersten Rang V eingestuft, bekam die sogenannte Hausfrauen- oder »Hunger«karte. Ihr standen somit zu: pro Tag 300 g Brot, 400 g Kartoffeln, 20 g Fleisch, 7 g Fett, 30 g Nährmittel (Grieß, Graupen, Haferflocken usw.); 15 g Zukker. Dazu pro Monat 100 g Kaffee-Ersatz, 400 g Salz, 20 g echten Tee und 25 g Bohnenkaffee.

Wenn aber die Hausfrau »in die Trümmer« ging, hatte sie Anspruch auf die Lebensmittelkarte der Rangstufe II für »Arbeiter«, mit 500 g Brot pro Tag. Anni Mittelstädt, die Vorsitzende des Klubs der Berliner Trümmerfrauen, berichtet, daß die »Brotkarte« der eigentliche Anreiz für die »freiwillige« Übernahme der Schwerstarbeit in den Trümmern war.

Apropos Freiwilligkeit: Der Trümmerfrauen-Mythos will es, daß der Einsatz der Frauen für Enttrümmerung und Wiederaufbau eine freiwillige Leistung aus Solidarität und weiblichem Opfermut war, sozusagen »aus Liebe zu Deutschland« – ähnlich wie der Weiblichkeitsmythos besagt, daß Frauen die »freiwillige« Hausarbeit »aus Liebe für ihre Lieben« kostenlos, selbstverständlich und bis zum Umfallen leisten sollen. Und so reine, selbstlose Liebesanstrengung darf schließlich nicht durch die Unterstellung eines materialistischen Strebens nach Lohn und Brot entwürdigt werden.

Die Wirklichkeit war aber ganz anders. Natürlich wollte niemand freiwillig in die Trümmer. Da wir alle aus Erfahrung wissen, daß noch nicht einmal die Schneebeseitigung vor der eigenen Haustür auf freiwilliger Basis funktioniert, sondern amtlich geregelt werden muß, sollte diese Einsicht auch dem nostalgischverklärten Blick in die heroische, opfermütige Nachkriegsvergangenheit nicht schwerfallen.

Die Trümmerarbeit war, zu Recht, verhaßt und wurde von allen gemieden, die sich ihr entziehen konnten. Ehemalige Mitglieder der NSDAP (Pgs) wurden zur Strafe in die Trümmer geschickt. Freiwillige Räumarbeiten galten hauptsächlich und verständlicherweise der eigenen Wohnung:

Wer nicht Fahnen nähte, mußte schippen. Eigentlich mußten das alle Frauen unter 50 Jahren ... (Schippen bedeutet entweder Aufräumungsarbeiten an den Ruinen oder Abmontieren von Maschinen zum Abtransport, oder das Abtragen von Barrikaden mit schweren Eisenträgern, eine böse Arbeit. Ich hab bisher viermal Ruinen geschippt, feiwillig, was aber vom Hausobmann kontrolliert wird; Alternative: Zwangsarbeit.) (Boveri 1968: 178, 1. Juni 1945)

Am schönsten war es, wie die Blockade zu Ende war: Wir wußten es noch gar nicht, da kamen schon die Lastautos aus Hamburg. Die haben dann alle angehalten, wie sie uns sahen, und haben gefragt: Ja was macht ihr denn hier? Seid ihr Zuchthäusler? – Nein, wir sind Trümmerfrauen. (Mittelstädt)

Wir waren eine Zeitlang in Tempelhof, da hat unser Chef ein großes Schild anbringen müssen: Hier arbeiten keine Nazi-Frauen! Was denken Sie, was die uns da immer als Nazis beschimpft haben. (Mittelstädt)

Zeitgenössische BeobachterInnen und Betroffene wie Frisch, Boveri, die Hamburger Lastwagenfahrer oder ganz einfach Passanten erkannten und benannten deutlich den Charakter dieser Trümmerarbeit als Zwangsarbeit. Der Lohn für diese Arbeit – um 70 Pfennig pro Stunde – garantierte nicht einmal das Überleben. Denn die Organisatoren dieser Zwangsarbeit konnten sich darauf verlassen, daß die Trümmerfrauen für sich *und* die ihren, aus purem Selbsterhaltungstrieb, das Notwendigste schon selbst beschaffen würden (durch »Organisieren«, Hamstern, »Fraternisieren« oder Prostitution). Die Kontrolleure waren also schlimmer als Sklavenhalter, die sich immerhin in ureigenstem Interesse darum zu kümmern pflegen, daß die Sklaven die notwendigsten Existenzmittel wie Nahrung, Kleidung und Behausung bekommen, um die Sklavenarbeit auf Dauer überhaupt leisten zu können.

Organisation der Enttrümmerungs- und Wiederaufbauarbeit

In Berlin erließ der Leiter des neugebildeten Hauptamtes für Arbeitspflicht, Jendritzky, am 29. Mai 1945 eine »Verordnung über die Meldepflicht der Bevölkerung« zwecks »einheitlicher Ausrichtung der begonnenen Aufbauarbeit«. Dieser Verordnung folgten am 11. Juni 1945 die »Bestimmungen über den Arbeitseinsatz«, herausgegeben vom Bezirksamt Berlin-Schöneberg. Befreit von den Aufräumungs- und Aufbauarbeiten waren nur diejenigen Frauen, die entweder anderweitig eine Vollzeitbeschäftigung von 8 Stunden täglich vorweisen konnten oder aber durch die Versorgung von Kindern »unter 3 Jahren« oder von »2 oder mehr Kindern unter 14 Jahren« voll ausgelastet waren. Sonst konnte *jede* Frau im »fähigen« Alter zwischen 15 und 50 Jahren« zu Enttrümmerungsarbeiten zwangsverpflichtet werden.

Die regional unterschiedlich erlassenen Bestimmungen über die Registrier- und Arbeitspflicht vereinheitlichte dann der Kontrollratsbefehl Nr. 3 vom 17. 1. 1946. Die Arbeitsämter erhielten den Befehl, »alle arbeitsfähigen Männer im Alter von 14 bis 65 Jahren und alle arbeitsfähigen Frauen im Alter von 15 bis 50 Jahren« zu registrieren.

Die Registrierung war die Voraussetzung sowohl für den Erhalt einer Lebensmittelkarte als auch für die mögliche Zwangsverpflichtung zur Trümmerarbeit. Wer den Bestimmungen zuwiderhandelte, hatte mit »einer Geldstrafe bis zu 1000 RM und Gefängnis bis zu 3 Monaten oder mit einer dieser Strafen« zu rechnen.

Schließlich legalisierte das Kontrollratsgesetz Nr. 32 vom 10. 7. 1946 einen Zustand, der in den deutschen Städten schon fast als alltäglich und normal galt, besonders in Berlin. In Artikel II wurden die Bestimmungen der Verordnung vom 30. 3. 1938 aufgehoben, die weibliche Arbeitskräfte vom Baugewerbe weitestgehend ausgeschlossen hatten. Sowohl aus dem Gesetz selbst als auch aus den Durchführungsbestimmungen geht klar hervor, daß die neuen Regelungen als Notmaßnahmen, nur gültig für den Ausnahmezustand, betrachtet wurden. Frauen sollten keineswegs grundsätzlich und entgegen aller patriarchalen Tradition als Arbeitskräfte im Baugewerbe zugelassen werden:

> Solange die gegenwärtige Knappheit an männlichen Arbeitskräften im Baugewerbe besteht, müssen viel weibliche Arbeitskräfte verwendet werden.

Daß die Enttrümmerungs- und Wiederaufbauarbeit im wesentlichen an den Frauen hängenblieb, ist außer auf die Hausfrauen-Hunger-Karte, die die nicht zwangsverpflichteten Frauen mit Kindern in die »freiwillige« Trümmerarbeit trieb, vor allem darauf zurückzuführen, daß von der Zwangsarbeit nur diejenigen ausgeschlossen waren, die anderweitig einen Arbeitsplatz nachweisen konnten. Und an der Praxis der Arbeitgeber, bevorzugt bis ausschließlich Männer fest anzustellen, hatte sich auch nach dem Krieg nichts geändert. Die Arbeit der Männer in den Trümmern beschränkte sich denn auch »im wesentlichen darauf, mit den Händen in den Hosentaschen Anweisungen zu geben« (Schmidt-Harzbach 1982, S. 50) und dafür höheren Lohn einzustreichen.

Der Dank des Vaterlandes

In der Anfangszeit war die Enttrümmerungsarbeit notgedrungen unprofessionell, erfolgte mit primitivsten Mitteln, in völlig unzureichender Kleidung bei Hitze, Regen, Frost und Schnee, also unter extremen, körperlich zermürbenden, gefährlichen und demoralisierenden Bedingungen:

Große Sorgen bereiten die Enttrümmerungsarbeiten mit ihren mittelalterlichen Methoden, Marmelade-Eimern und dergleichen. Der Einsatz neuzeitlicher Schuttbeseitigungsmethoden ist dringend erwünscht. (Protokoll der Konferenz der Berliner Bezirksbürgermeister vom 2. 11. 1945)

Je mehr dann in der Folgezeit die Enttrümmerung und vor allem der Wiederaufbau professionell betrieben und angemessen entlohnt wurden, um so attraktiver wurde die Arbeit für Männer und um so unerwünschter war »weibliche Konkurrenz«. Die »Heldinnen des Wiederaufbaus« wurden einfach entlassen:

Zehn ehemalige »Trümmerfrauen« haben gestern im Namen von etwa 500 Bauhilfsarbeiterinnen bei dem Präsidenten des Landesarbeitsamtes, Fleischmann, gegen ihre Benachteiligung bei der Arbeitsvermittlung protestiert. Sie wollen wieder auf die Baustellen und bei der Enttrümmerung mitarbeiten, sagten die Frauen. Sie teilten keineswegs die Ansicht Fleischmanns, daß diese schwere Arbeit den Männern vorbehalten sein solle. Als »Trümmerfrauen« hätten sie jahrelang unter wesentlich schlechteren Bedingungen am Wiederaufbau mitgearbeitet, während man heute die Frauen von dieser gut bezahlten Arbeit ausschließe. (Berliner Morgenpost vom 26. 10. 1955)

Die Trümmerfrau als Symbol patriarchaler Frauenausbeutung

In einem Rückblick auf das Jahr 1948 anläßlich des Jahres 1984 feiert die »Politische Zeitung«, herausgegeben von der Bundeszentrale für politische Bildung in Bonn, überraschenderweise den Trümmer*mann* als Helden des Wiederaufbaus und übergeht die Leistung der Frau mit der Bemerkung:

Deine Frau ist schon in der Frühe weg, weil sie zum Straßenbau mußte wegen der Schwerarbeiterzulage, und sonst kann man sich kaum ne warme Suppe leisten. (Nr. 36, März 1984, S. 14)

Diese Art der Behandlung des Themas ist denn doch neu und verlangt nach einer Erklärung. *Daß* die Frauen im wesentlichen die Trümmerarbeit und den ersten Wiederaufbau allein bewerkstelligt haben, wurde immerhin bislang kaum geleugnet (wenn auch nicht gelohnt), es war ja auch allenthalben zu sichtbar gewesen, als daß man diese peinliche Tatsache hätte aus der Welt reden können. Heute scheinen die Tatsachen weit genug zurückzuliegen, daß man anfangen kann, da schon mal Vergangenheitsberichtigung im Sinne des Patriarchats zu betreiben.

Heroisierung oder Ausradierung weiblicher Leistungen – beide Wege dienen demselben Zweck, führen zum selben Ziel: Die Leistung soll/braucht nicht bezahlt zu werden, weder mit Geld noch mit Verzicht auf männliche Privilegien.

Im Jahre 1980 stellte der United Nations Report fest:

Frauen sind die Hälfte der Weltbevölkerung, sie leisten fast zwei Drittel der Arbeit, bekommen ein Zehntel des Welteinkommens und besitzen weniger als ein Hundertstel des Welteigentums.

(1985)

Anmerkung

1 Der Aufsatz von Luise F. Pusch zusammen mit Bernd Bredemeyer stützt sich hinsichtlich der Quellenaufarbeitung (zeitgenössische Dokumente sowie Zeitungsartikel, Interview 1984 mit Anni Mittelstädt, der Vorsitzenden des Klubs der Berliner Trümmerfrauen) im wesentlichen auf Bredemeyer 1985; genauere Angaben siehe dort. Die wichtigsten einschlägigen Arbeiten der feministischen Geschichtsforschung sind Freier/Kuhn, Schmidt-Harzbach und Schubert.

Mutter Sprache und der Golfkrieg

In der Nacht vom 16. zum 17. Januar (1991) mußte Sabine Christiansen von den Tagesthemen Überstunden machen. Auch ich, sowieso schon seit Wochen in einer Art Dauerschock, blieb wach, um die Nachrichten vom Krieg zu verfolgen, bis morgens halb acht. Hans Jochen Vogel, so wurde wohl an die fünfmal berichtet, hatte auf die Nachricht vom Beginn des Krieges mit »sprachlosem Entsetzen« reagiert. Eine Reaktion, die mir vertraut vorkam. Ein kuwaitischer Botschafter hingegen habe den Krieg, nein »den Beginn der Befreiung Kuwaits« natürlich, »begrüßt«. »Begrüßt« sei ja wohl nicht der passende Ausdruck, meinte Sabine Christiansen dazu spontan.

Am Montag nach dieser Donnerstagnacht erschien wie gewohnt der *Spiegel*, wie gewohnt fern jeder menschlich anmutenden Sprachlosigkeit. Die Kriegsberichterstattung der ersten Schock-Stunden wurde – süffisant, »fetzig« und sexistisch – kritisiert, als hätte es sich um Sportberichterstattung gehandelt:

Sabine Christiansen, »die Harzige von den ›Tagesthemen‹«, die in dieser »historischen Nacht der Altersgrenze sichtbar näher« gerückt sei, wurde gerügt wie überhaupt die ganze ARD ob der »hauseigenen Golfkrise«, der »Piep-Show aus Kairo« (so der launige Titel dieser erstaunlichen Medienkritik). »Gerettet war«, hieß es, »wer sich an die amerikanische Strippe hängte, an CNN – neben den mittlerweile aufgewachten Sendern Sat 1 und RTL plus vor allem Tele 5.« (Merke: Das Spiegel-TV läuft in dem Porno-Sender RTL plus.)

Ich hatte es zum Glück versäumt, mich zu CNN oder den andern gelobten Sendern »zu retten«, und so wurde ich verschont von dem, was der Spiegel wie folgt preist: »Ein quickes Dreier-Team kommentierte und komplettierte da die live laufenden CNN-Nachrichten, und die verschlugen den Atem. Cool reportierten drei CNN-Männer direkt aus der Höhle des schnauzbärtigen Löwen. Während Bomben fielen und das Abwehrfeuer prasselte, berichteten die drei, per Satelliten-Telefon, vom Zauber am Himmel (›Sieht aus wie das Feuerwerk am 4. Juli‹) und gaben Hörproben.« Die CNN-Leute, so der Spiegel, seien »Profis, die ihrem Namen Ehre machten. ›Der Krieg zeigt sich so‹, schreibt die FAZ, ›wie er von jedem Kind in jeder Spielhalle dieser Welt erlernt werden kann: als Computersimulation‹«. [Statt *Kind* lies *Knabe*.]

Der Spiegel zitiert die FAZ beifällig. Die ARD aber verdient Tadel, weil es ihr nicht gelungen ist, das zauberhafte Computerspiel live und samt »Hörproben« angemessen »cool« und »profihaft« rüberzubringen.

Im weiteren Verlauf des Krieges habe ich dann auch ein paarmal bei jenen »Profis von CNN« reingeschaut – ich konnte das obszöne Gemisch aus Sportberichtshektik, Bomben und Werbung für Autos (oder war es wieder Nasenspray?) allerdings nicht lange aushalten. Nach kurzer Zeit gab es dann plötzlich auch kein CNN mehr in Sat 1 – warum, hab ich nie erfahren. Ich dachte bei mir, daß es den meisten ZuschauerInnen wohl ebenfalls einfach zu viel geworden war. Statt der bunten Videospiele mit »Zauber am Himmel« und Bomben, »mit chirurgischer Präzision plaziert«, bekamen wir nur noch buntgedruckte Texte in der Nacht. Dann doch lieber gleich Radio.

Normalerweise suche ich mir klassische Musik, wenn ich mal Radio höre. Während des Golfkriegs hörte ich fast stündlich die Nachrichten in der Hoffnung, er wäre vielleicht plötzlich zu Ende. Jede volle Stunde Nachrichten von NDR II, und die paar Minuten vorher wurde mir diese fröhlich hopsende Werbung für Nasenspray oder Fruchtsaft aufgezwungen. Ich war wütend und angeekelt, auch von den englischen und US-amerikanischen Popsongs im Mittags- und Abendkurier, mal soft und schmachtend, mal harter Rock, immer aber völlig pervers angesichts der Greuel, von denen berichtet wurde. Merkwürdigerweise hörte ich fast nie französischsprachige Popmusik oder italienische – arabische sowieso nicht. Aber unter den Alliierten waren doch auch FranzösInnen, ItalienerInnen und AraberInnen – warum wurde nur, pausenlos und flächendeckend, den EngländerInnen und AmerikanerInnen musikalischer Tribut gezollt? Ja, es bricht ein US-amerikanisches Zeitalter an, eine NEUE WELTORDNUNG, und unsere Rundfunksender posaunen die NEUE ALTE WELTORDNUNG schon mal aus in einer unwiderstehlichen Kombination der beiden Sprachen, die alle verstehen, der »Weltsprache Englisch« und der »Weltsprache Musik«. Übrigens: Am 4. März 1991, einen Tag nach den erfolgreichen Waffenstillstandsverhandlungen, hörte Radio Bagdad auf, patriotische Gesänge zu senden.

Soweit einige meiner privaten Eindrücke von dieser Berichterstattung zum Golfkrieg und der Kritik an ihr. Die Hauptkritik und Klage allerdings richtete sich ja immer wieder gegen die Militärzensur, die einen »sauberen« Krieg vorgaukle, ohne Blut und Eiter und Schreie und Röcheln und zerfetzte, verfaulende oder verschmorte Menschen.

Zweitens wurde die »klinische«, bürokratische Sprache des Militärs kritisiert, eine Sprache, in der es keine getöteten Menschen, sondern nur »bediente Ziele« oder »Begleitschäden« gibt. Nur einmal wurde Colin Powell ganz deutlich: »Cut them off and kill them«, »abschneiden und töten« war das Schicksal, das mann der republikanischen Garde zugedacht hatte. In den deutschen Übersetzungen wurde das »kill« allerdings meistens mit »vernichten« übersetzt. Es klingt nicht so erschreckend nach Mensch. Vernichtet wurden immer auch nur die Panzer, nicht die Menschen, die in den Panzern saßen. Flugzeuge gingen verloren oder kehrten nicht zurück – nicht die Menschen, die die Flugzeuge lenkten. Die Verluste sollten so gering wie möglich gehalten werden – die eigenen, versteht sich. Die republikanische Garde sollte von Anfang an »geschwächt« werden – ein Wort, das ich bald nicht mehr hören konnte.

Ich habe immer gedacht, der schlimmste Tod ist es, verschüttet zu werden, etwa durch ein Erdbeben. Zwei Wochen oder länger unter Trümmermassen lebendig begraben zu liegen, den sicheren Tod vor Augen – der Inbegriff des Grauens. Für die buchstäblich »Außenstehenden« ist diese Art des Todes der anderen häufig allerdings wirklich die »sauberste«: man sieht die Opfer gar nicht mehr, und begraben sind sie auch schon! Wie wir hören, war dies im Golfkrieg die bevorzugte Art des Mordens, ca. 90 000 Einsätze wurden geflogen, oder noch mehr. Etwa jede halbe Minute ein »Einsatz« mit wer weiß wie vielen Tonnen Bomben.

Die Kritik an der Sprache des Militärs – überhaupt und auch in diesem Krieg – besorgen Männer eigentlich selbst recht ordentlich (vgl. Pasierbsky 1983, Schwenger 1983 und vor allem Lutz 1989, der all die militärischen Euphemismen, die durch den Golfkrieg einer breiten Öffentlichkeit zum Ekel wurden, bereits 1989 säuberlich aufzählt, von *collateral damage* über *friendly fire* bis *service the target*). Deshalb möchte ich mich im folgenden beschränken auf einige Dinge, die ihrem männlichen Blick naturgemäß verborgen blieben:

Beim Wort *Zensur* fällt einer Frau natürlich sofort die Diskussion um die Zensur der Pornographie ein, nicht aber den Kritikern der Militärzensur. Niemand sieht da Parallelen und kritisiert, daß militärische Zensur offenbar ohne weiteres durchzusetzen ist, nicht aber die von Frauen seit Jahren geforderte Zensur gegen Pornographie. Die Würde und Sicherheit der Frauen ist, anders als die ungestörte Verfolgung der Kriegsziele, kein Wert, dem zulicbe das »Recht auf freie Meinungsäußerung« beschnitten würde.

Nicht gesagt wurde, daß nicht nur Waffen-Exporte als Schwerverbrechen geahndet werden müssen, sondern auch Frauen-Importe, beispielsweise aus Thailand. Die permanente Verletzung der Menschenrechte der Frauen ist, anders als der Export von Giftgas, offenbar nicht etwas, das dem Ansehen des [sic] Deutschen in der Welt schadet.

Nicht gesagt wurde, daß es seltsam ist, eine Hierarchie der Tötungsarten aufzustellen. Ob das Opfer durch Bomben verschüttet wird und elend eingeht oder durch Giftgas – wo ist der Unterschied? Es ist etwa so seltsam wie die Tatsache, daß das Morden eines oder mehrerer Menschen als Kapitalverbrechen, das Morden von Hunderten, Tausenden, Hunderttausenden Menschen aber als Heldentat gewertet und gefeiert wird.

Nicht kommentiert wurde die Tatsache, daß Saddam Hussein durch seine Terrordrohung auch in Männern der westlichen Welt ein diffuses Gefühl der Angst und des unspezifischen Überall-Bedrohtseins erzeugte, wie es sonst nur die Frau kennt, die normalerweise keinen Schritt tut, ohne durch den Mann bedroht zu sein. Auch die Bewegungsfreiheit der Männer wurde plötzlich eingeschränkt; mann stornierte Flüge und mied Kaufhäuser, Bahnhofsgewimmel, sogar die geliebten Football-Stadien usw. Saddam machte so die Männer quasi zu Frauen, was ihre Wut auf ihn beträchtlich gesteigert haben dürfte. Und was tut mann, um sich wieder als Mann zu fühlen? In Tel Aviv soll während des Kriegs die Zahl der Vergewaltigungen sprunghaft angestiegen sein.

Nicht gesehen wurde schließlich, daß Gott/Allah und der Krieg offenbar identisch sind. Der heilige Krieg, ein gerechter Krieg, so hörten wir wieder und wieder. Schon ein bißchen älter ist der Spruch: Der Krieg ist der Vater aller Dinge. Gottvater, Heiliger Gott, Gott der Gerechte, so lauten die anderen Formeln. (Einem) Gott werden Opfer dargebracht, der Krieg fordert sie. Ähnlich zum Verwechseln, dieser Krieg und Gott/Allah, in dessen Namen beide Parteien ihn führten!

Das Jahr 1990 und den Beginn dieses Jahres 1991 können wir Frauen praktisch aus dem Kalender streichen. Anders als im Revolutionsjahr 1989, wo wir sogar führend waren, kamen wir jetzt, vielleicht zur Strafe für unseren Vorwitz, als Akteurinnen der »Weltereignisse« so gut wie gar nicht mehr vor, weder bei den Verhandlungen zur deutschen Einheit noch bei der Vorbereitung und Durchführung des Golfkriegs. Die Männer schufen und schaffen Fakten, während Frauen noch grübeln, was zu tun sei oder bereits unter den Bomben»teppichen« begraben sind.

Zum Ausgleich wurde der Krieg »die Mutter aller Schlachten«[1] genannt. Schließlich heißt unsere Männersprache ja auch »Muttersprache«.

(1991)

Anmerkung

1 Eine wörtliche (und daher falsche) Übersetzung aus dem Arabischen. Richtig wäre »die Schlacht der Schlachten« gewesen, vgl. superlativierende Wendungen wie »Nacht der Nächte«, »König der Könige«, »Buch der Bücher«.

Wenn aus Schwestern Mütter werden: Die Frauenbewegung im reiferen Alter

In der neuesten Ausgabe der »IFPA«[1] schreibt Barbelies Wiegmann: »... das Ausstreuen von Gerüchten, wie z.B. ›die Frauenbewegung ist tot‹, ist keine neue Taktik. Geschichte läßt sich niemals zurückdrehen. Die feministische Frauenbewegung ist längst eine Bewegung in den Köpfen und Herzen unzähliger Frauen hierzulande, innerhalb von Institutionen und draußen im Alltag. Dies gilt, auch wenn zuweilen junge Frauen leichtfertig Feminismus als passé erklären, weil sie ihre Rechte und Freiheiten, die ihre Mütter und Großmütter erkämpften, schon als selbstverständlich betrachten.«

Barbelies Wiegmann, von Anfang an aktiv in der neuen Frauenbewegung, kennt ihre Pappenheimer. Das Für-tot-Erklären gehört zum Standardrepertoire frauenfeindlicher Propaganda. Wenn die Frauenbewegung nicht gerade tot ist, dann ist sie mindestens übertrieben, irregeleitet, lächerlich, sinnlos, verkniffen, schwach auf der Brust und überflüssig. Aber »tot tot« hören wir in letzter Zeit am häufigsten: »Tot« wird immer beliebter, seit Alice Schwarzer die Fünfzig überschritt.

Wir Feministinnen haben ja nie ein anderes Ziel gehabt, als überflüssig zu werden – nur leider ist es noch nicht soweit, deshalb können wir uns noch nicht zur Ruhe setzen, selbst wenn wir sie redlich verdient haben.

Denn wir sind in die Jahre gekommen. Das ist strategisch zwar ein Vorteil, denn viele von uns haben an Macht und Einfluß gewonnen und ganz besonders an Erfahrung. Aber optisch und imagemäßig ist das Älterwerden natürlich ein entscheidender Fehler. Im Zeitalter des Jugend- und Schönheitswahns werden wir Pionierinnen aus den flotten siebziger Jahren nunmehr als »scheintot«, »Grufties«, »Femi-Omas« und wie die freundlichen Bezeichnungen alle lauten, eingeordnet.

Früher wurde unser grundsätzlicher Fehler der Weiblichkeit immerhin noch ausgeglichen durch Jugend und Dynamik. Jetzt sind wir in den Wechseljahren und werden gewechselt und entsorgt, wie jede x-beliebige Gattin, Geliebte oder Fernsehansagerin in der

Männerpause. Jetzt trifft uns – und damit die Frauenbewegung insgesamt – nicht mehr nur die übliche Frauenfeindlichkeit, sondern es kommt auch noch die Altersfeindlichkeit der modernen Gesellschaft hinzu. Wir sind alte Schachteln, Matronen. Nicht mehr tragbar in den Medien, mithin für dieselben so gut wie tot, denn beim Anblick einer Oma, gar einer Femi-Oma, schaltet der Zuschauer gleich ab oder um.

Die wesentlichen Wörter in Barbeliesens Kommentar sind *Mütter* und *Großmütter*. Wer will schon etwas, was Mütter, und gar erst Großmütter, erkämpft haben! Das ist ja alt und abgestanden. Nur alt – noch nicht ehrwürdig oder von Nostalgie verklärt. Die Nostalgie greift immer so 30 bis 50 Jahre zurück, sie hat sich soeben der vierziger und fünfziger Jahre bemächtigt, die bis vor kurzem nur als oll und scheußlich galten, etwa so wie wir Altfeministinnen heute. Jetzt sind Nierentische und Schnulzen aus den fünfziger und Kleider aus den vierziger Jahren wieder in. Filme aus den vierziger Jahren bekommen in TV-Zeitschriften immer Höchstwertungen, egal wie lahm oder schlecht sie sind, achten Sie mal drauf. Sie haben eben diese edle oder rührende Patina der vierziger Jahre. 20 Jahre im Gange wie die »neue« Frauenbewegung – das ist noch zu frisch, aber auch wieder nicht mehr frisch genug.

Dann haben wir da noch den Generationenkonflikt. Normalerweise gilt die Jugend als progressiv und kämpferisch und das Alter als konservativ. Sind aber die Mütter und Großmütter kämpferisch geblieben, weil es halt so viel zu bekämpfen gibt – ja was sollen die Töchter denn machen, um sich davon abzuheben? Fast bleibt ihnen doch nichts anderes übrig, als konservativ die Femi-Omas für überholt zu erklären.

Früher fühlte ich mich bei feministischen Veranstaltungen als Gleiche unter Gleichen. Wir waren alle Schwestern und würden es den Patriarchen schon zeigen – »sisterhood is powerful!«

Seit geraumer Zeit nun werde ich von manchen dieser vermeintlichen Schwestern treuherzig als »Mutter« tituliert. 1986 – ich war 42 Jahre alt – sagte eine Frau aus dem Publikum nach einer Podiumsdiskussion zu mir, ich sähe aus wie eine Mutter mit fünf Kindern, ich hätte so was Mütterliches. Eine andere junge Frau kam kürzlich nach einer Lesung und strahlte mich an: Sie wäre stolz auf mich und betrachte mich als ihre »feministische Mutter«. Sie murmelte was von »affidamento« und schloß mit der Hymne: »Ihr Gründerinnen seid ganz tolle Mütter für uns Jüngere!«

Nichts gegen Mütter, aber als kinderlose Lesbe fühlte ich mich bei dem Vergleich mit einer Mutter von fünf Kindern schon seltsam. Sah ich vielleicht wie eine Matrone aus? Ja, das mußte es sein. Das Patriarchat hat es seit einer Weile nicht mehr mit einer kindlichen Schar von Sisters zu tun, sondern mit einem gereiften und gestählten Matronat, einem Krampfadergeschwader sozusagen mit hochexplosiven Hitzewallungen.

Ich fasse zusammen:

- Die Frauenbewegung wird also mal wieder für tot erklärt. Das wurde sie schon immer, darüber brauchen wir uns nicht zu wundern oder gar aufzuregen. Wie sagt doch unser Kanzler immer so schön: »Die Karawane zieht weiter.« Auch wenn die Kritik von jungen Frauen kommt, braucht uns das nicht zu wundern. Auguste Schmidt, eine der Gründungsmütter der ersten oder »alten« Frauenbewegung, stellte schon vor 100 Jahren klar, daß das Problem der Frauen vor allem im Nichterkennen der eigenen Situation liege.
- Die Frauenbewegung feierte kürzlich ihr 20- oder 25jähriges Bestehen. Das bedeutet, die Feministinnen der ersten Stunde, soweit sie noch mitmachen, sind in die Jahre gekommen, viele haben die Fünfzig überschritten. Eine neue Generation von Frauen ist herangewachsen, für die wir »Gründungsmütter« sind. Sie mögen uns deswegen verehren, ablehnen oder als altmodisch tolerieren oder ignorieren – zu der anfangs von Feministinnen postulierten allumfassenden Schwesterlichkeit ist jedenfalls eine neue Beziehung zwischen »Müttern« und »Töchtern« hinzugekommen – mit allen Problemen und Chancen dieser Beziehung – ob wir das wollen oder nicht.
- Wir Feministinnen der ersten Generation haben erkannt, daß die Abschaffung des Patriarchats länger dauert, als wir in unserem jugendlichen Überschwang dachten. 20 bis 25 Jahre sind wir schon am Kämpfen – daß wir unser Ziel noch zu Lebzeiten erreichen, ist unwahrscheinlich. Ich persönlich ziehe daraus die Konsequenz, einen Teil meiner Zeit meinem schönen Privatleben zu widmen, denn frau will ja im Leben nicht nur kämpfen, sie will auch schöner leben, und zwar subito, möglichst noch zu Lebzeiten. Da für mich zu einem guten Leben auch der Kampf für die Sache der Frauen gehört, setze ich mich natürlich weiter vehement ein, aber etwa ein Drittel meiner Zeit bin ich ganz

privat und unkämpferisch verträumt und schreibe u. a. an dem großen Lesbenroman, auf den das deutsche Volk schon so lange wartet.

– Die jungen Frauen, die jetzt um die Dreißig sind, können mit derselben Hoffnung antreten, wie wir sie damals hatten: »Vielleicht erleben wir es noch, daß es Gerechtigkeit für Frauen gibt.« Die Hoffnung ist realistisch, weil sie noch ca. 50 Jahre vor sich haben. Denn wie wir wissen, dauert und dauert es, bis sich mal was bewegt. Das Patriarchat ist schließlich nicht faul.

Wie Naomi Wolf, Susan Faludi und andere junge Feministinnen in den USA schreiben, brauchen wir jetzt dringend eine zweite »neue« Frauenbewegung, denn die Probleme, mit denen es die jüngere Frauengeneration zu tun hat, stellen alles in den Schatten, was *wir* durchmachen mußten. Das Patriarchat ist durch die feministische Bedrohung in seinen Methoden zugleich raffinierter und brutaler geworden. Um nur ein Stichwort zu nennen: Auch meine Generation leidet, wie alle Frauengenerationen zuvor, unter einem negativen Selbstbild, besonders was unseren Körper betrifft. Aber wir starben und sterben nicht reihenweise an Magersucht. »Diäthalten ist das wichtigste Sedativum in der Geschichte der Frau; eine auf ruhige Art wahnsinnige Bevölkerungsgruppe ist gut lenkbar«, erkannte Naomi Wolf (1991: 187).

Die gute alte »neue Frauenbewegung« mag ihre Hitzewallungen haben, aber sie ist nicht hormoniesüchtig – und tot schon gar nicht!

In den USA verkündet mann, die siebziger Jahre seien das Jahrzehnt der Frauenbewegung gewesen, die achtziger Jahre das Jahrzehnt der Yuppies (oder der Alternativen? der Ökos? Reagans? Gorbis? – ich weiß es nicht mehr genau), und die neunziger wären das Jahrzehnt der Lesben und Schwulen. Mir soll es recht sein.

Als die angelsächsische Welt sich im viktorianischen Zeitalter befand, hatten wir hier das wilhelminische Zeitalter. Die jeweils als universell ausgerufenen Epochen, »Zeitalter des ...«, »Dekaden der ...« und »Jahrzehnte des ...« sind also nicht global gültig, sondern bloß lokale Erscheinungen. Oder auch geschlechtspezifische.

Und daher befinde ich mich im Zeitalter der Frauenbewegung. Und zwar permanent.

(1993)

Anmerkungen

1 Nachrichten der Initiative Frauen-Presse-Agentur Nr. 127, Bonn 8/1993, S. 1.
2 Siehe Wolf 1991, S. 182.
3 Ebd., S. 187.

Feministische Partei – na endlich!
Rede zur Gründung der Feministischen Partei DIE FRAUEN am 10. Juni 1995 in Kassel

> Die mangelnde Heranziehung von Frauen zu öffentlichen Ämtern und ihre geringe Beteiligung in den Parlamenten ist doch schlicht Verfassungsbruch in Permanenz.
>
> *Elisabeth Selbert, 1981*

Einleitung

Ich begrüße Euch alle herzlich in diesem Philipp-Scheidemann-Haus – was für ein gelungener Name für eine Feministische Großveranstaltung! Trotz der »Scheide« wäre ich doch mehr für sowas wie Elisabeth-Selbert-Haus. Aber was nicht ist, kann ja noch werden, und deshalb sind wir hier ja heute auch versammelt.

Ich freue mich sehr, daß ich bei den nächsten Wahlen endlich eine vernünftige Partei wählen kann, die meine Interessen vertritt. Vor einiger Zeit, ich gestehe es schamvoll, habe ich bei den Kommunalwahlen sogar einmal die CDU gewählt, weil nur die eine Frau an der Spitze aufgestellt hatten. Sonst habe ich immer die Grünen gewählt, weil die immerhin die Quotierung der Parlamentssitze vorsahen. Dennoch bedeutete das praktisch, daß ich die Hälfte meiner Stimme dem politischen Gegner geben mußte, der es mit der Quotierung denn auch immer weniger ernst zu nehmen schien.

Seit ich anfing, frauenpolitisch zu denken, wünschte ich mir eine Frauenpartei und wurde deshalb von vielen Freundinnen für politisch naiv gehalten. Dieselben Freundinnen hielten die existierenden Männerparteien interessanterweise keineswegs für naiv. Sie nahmen sie so ernst, daß sie eine weibliche Konkurrenz von vornherein für aussichtslos hielten.

Als im Herbst 1979 die erste Frauenpartei gegründet wurde, von der ich je gehört hatte, wurde ich sofort Mitglied bzw. Mitfrau, meine Mitfrauennummer war, soweit ich mich erinnere, die Fünfzehn. Leider zerstritten sich die Frauen nach wenigen Monaten; plötzlich gab es zwei Frauenparteien, von denen die, die meinem Herzen näherstand, bald aufgab. Ich aber gab den Gedanken einer

Frauenpartei nie auf und fragte meine Freundinnen bei den Grünen, die vor Ärger über die Machenschaften der grünen Machos dunkellila anliefen, regelmäßig: »Und wann tretet Ihr da endlich aus und gründet Eure feministische Partei??« Und nun: Voilà.

Ich freue mich besonders, daß eine von meinen vormals grünen Freundinnen, Jutta Schwerin, die ich für eine der besten Politikerinnen halte, die wir in Deutschland haben, nicht nur die Initiative zur Gründung übernommen hat, sondern auch für den Vorsitz kandidieren will. Ich schätze besonders ihre Fähigkeit zur Integration und denke, daß wir damit eine große Chance haben, dem gefährlichsten Risiko unseres Unternehmens, der Zersplitterungsgefahr, zu begegnen. Wann immer ich mit Jutta gesprochen habe, waren wir alsbald unterschiedlicher Meinung über frauenpolitische Themen und setzten uns intensiv auseinander: Es war immer aufregend für mich, nie angespannt oder gar feindselig. So wie eine gute politische Auseinandersetzung eben sein sollte.

Ich gehe davon aus, daß die Anwesenden wissen, warum sie eine Frauenpartei wollen. Es sind aber nicht nur die Gründungsfrauen hier, sondern auch BeobachterInnen von Presse, Funk und Fernsehen. Für diese Gruppe möchte ich doch ein paar Argumente darlegen, warum wir eine feministische Frauenpartei brauchen. Diese Argumente sind auch nützlich für die Auseinandersetzungen, die auf uns zukommen werden, wenn wir Skeptikerinnen erklären wollen, warum wir die Frauenpartei gegründet haben und warum sie mitmachen sollten.

Im übrigen möchte ich das Thema, meinem Beruf als Frauen- und Sprachforscherin und meinen persönlichen Neigungen entsprechend, historisch, linguistisch, satirisch und visionär behandeln.

Warum eine Frauenpartei?

Warum nicht?

Das häufigste Gegenargument ist das bekannte: »Es wird auch diesmal nicht klappen.« Über 20 Frauenparteien sollen bis 1979 schon gegründet worden und wieder eingegangen sein, habe ich irgendwo gelesen. Also warum unsere sowieso überbeanspruchte Energie in etwas investieren, das von vornherein zum Scheitern verurteilt ist?

Jede Frau würde es sicher begrüßen, wenn es eine Partei gäbe, die sich endlich für unsere Interessen stark machte. Natürlich aber will keine ihre Kräfte für eine aussichtslose Sache einsetzen. Deshalb winken viele beim Stichwort Frauenpartei müde ab. »Das klappt doch nie. Diese Frauen heute haben doch einfach keinen Mumm mehr so wie wir damals Anfang der siebziger. Da war doch noch was los«, heißt es.

Wenn unsere feministischen Vormütter so gedacht hätten, dürften wir heute noch immer nicht wählen, studieren, über unser Eigentum verfügen oder auch nur die Schule besuchen. Das Argument »Es hat früher nicht geklappt, deshalb wird es auch jetzt nicht klappen«, ist nicht nur selbstzerstörerisch, sondern auch unlogisch.

Meine Antwort darauf ist: Die Frauenpartei ist gerade der Ort, wo wir unsere Kräfte garantiert *nicht* vergeuden. In jeder anderen Partei vergeuden wir sie hingegen, das lehrt uns die Geschichte. Und wenn wir schmollen, boykottieren, gar nichts tun, Stichwort Politikverdrossenheit, vergeuden oder vergiften wir unser Leben. Verdrossenheit schadet der Schönheit und der Gesundheit!

Es macht Spaß, für eine gute Sache zu kämpfen, mit anderen an einem Strang zu ziehen und zu sehen, wie unsere Macht von Tag zu Tag wächst. Meine persönliche Lebensphilosophie dreht sich um die Frage: Wie halte ich mich selbst bei Laune inmitten des Patriarchats? Meine krisenerprobte Antwort auf dies Problem: Ich arbeite und lebe mit Frauen zusammen, und ich engagiere mich für unsere Sache, wo ich kann. Sonst ist das Leben so freudlos – so aber wird es bunt und lustig und hoffnungsvoll.

Wenn jede hier anwesende Frau es sich zum Ziel setzt, innerhalb eines Monats fünf Frauen für die Frauenpartei anzuwerben, die ihrerseits wieder in einem Monat fünf Frauen anwerben, und so fort, dann sind wir in spätestens sieben Monaten 23 437 750 – das sind etwa ein Drittel bis die Hälfte der Wahlberechtigten. Naomi Wolf (1993, Anhang) hat einen guten Tip gegeben, wie die zerstörerischen Zweifel am Gelingen eines Projektes in Schach gehalten werden können. Da nichts so erfolgreich ist wie Erfolg, müssen wir uns über unsere Erfolge fortlaufend informieren. Zum Glück geht das heute relativ einfach per Fax und EMail. Wir können auch einen Telefondienst einrichten, der täglich die Anzahl neu geworbener Mitfrauen verkündet. Die Anruferin zahlt den Anruf selbst, wie bei anderen Informationsdiensten, sie zahlt vielleicht sogar etwas mehr, um so die Frauenpartei zu unterstützen.

Die einzige Alternative, die ich sehe, ist, daß wir unsere Energien in Männerparteien vergeuden.

Aber könnte man das, was wir Männerparteien nennen, nicht auch gemischte Parteien nennen? Die Antwort ist nein – wir brauchen sie uns ja nur anzusehen. In einer Partei, die die Überwindung der männlichen Dominanz nicht *ausdrücklich* zur Chefinnensache erklärt, wird die Männerherrschaft fortgeschrieben, gravitiert die Macht sozusagen immer zu den Männern hin, weil sämtliche gesellschaftlichen Kräfte und Institutionen unausgesprochen, weil selbstverständlich, auf dieses Ziel ausgerichtet sind. Was immer Frauen »mit« Männern tun, tun sie *für* Männer, und es wird ihre eigene politische Position schwächen.

Und: die bestehenden Parteien sind gewachsene Strukturen, und diese Strukturen sind männlich. Nur eine Frauenpartei bietet die Möglichkeit eines unbelasteten Neuanfangs.

»Und was hast du gegen Männerparteien, wenn sie sich für Frauen stark machen? Wie du selber sagst, haben Männer mehr Macht, können also auch mehr erreichen für Frauen, wenn sie wollen.« So werde ich wohl auch gefragt, zum Beispiel von CDU-Frauen. Schon Louise Otto, die Begründerin der deutschen Frauenbewegung, wußte die Antwort auf diese Frage. »... [Die Männer] denken bei all ihren endlichen Bestrebungen nur an eine Hälfte des Menschengeschlechts – nur an die Männer. Wo sie das Volk meinen, da zählen sie die Frauen nicht mit.«[1]

Die Australierin Vida Goldstein (1869-1949) gründete um die Jahrhundertwende, kurz bevor die Australierinnen 1903 das Wahlrecht erlangten, eine Frauenpartei, m. W. die erste Frauenpartei in der Geschichte, »weil ich glaube, daß Männer, mögen sie auch noch so eifrig für die Rechte der Frauen und Kinder eintreten, doch auf diesem Gebiet nicht effektiv sind, weil sie die Dinge nicht vom weiblichen Standpunkt aus sehen können«. Diese Aussage gilt auch heute noch. In ihrer Wahlkampfrede von 1914 schreibt sie: »Wollen Sie, daß Ihre eigenen Ansichten zu den politischen Tagesfragen im Parlament zu Gehör gebracht werden? Wollen Sie, daß die Interessen von Millionen erwerbstätiger und erwerbsloser Frauen richtig geschützt werden? Wollen Sie eine Abgeordnete, die unerschütterlich auf der Seite der Frauen steht, die nie zu beschäftigt mit anderen Problemen sein wird, um Ihre

Forderungen zu berücksichtigen? Wollen Sie eine Abgeordnete, die die Ehre der Frauen und Kinder über alles stellt und die sie vor den Lasterhaften und Ruchlosen, vor dem Übel des Frauenhandels beschützt?«[2]

Die US-amerikanische Historikerin Gerda Lerner bemerkt zu dem Thema Mann als Vertreter von Fraueninteressen (das wir auch das Farthmann-Syndrom nennen könnten): »Für sie (Louise Otto) und andere Frauen, die an der 1848er Revolution teilgenommen hatten, bestätigte sich diese grundlegende Einsicht wieder und wieder. Als Kämpferinnen auf den Barrikaden wurden sie ebenso wie die männlichen Revolutionäre verfolgt und zu Gefängnisstrafen verurteilt, aber als sie ein Programm für die volle Gleichberechtigung der Frauen vorlegten, stießen sie bei den Männern nur auf Gleichgültigkeit oder Widerstand.«[3] Wie wir wissen, war es bei der Französischen Revolution nicht anders, und 200 Jahre später, bei der letzten Revolution in diesem unseren Vaterlande 1989, ging es genauso. Die Frauen säten zwar fleißig und unter Einsatz ihrer Freiheit und ihres Lebens, aber sie ernteten wieder einmal nicht. Im Frühjahr 1990 waren im Fernsehen dauernd die »Expertenrunden« zu sehen, die die Zukunft im vereinigten Deutschland ausheckten. Es waren alles reine Männerrunden. Zweimal tagten auch Frauen zum Thema; das hieß dann nicht Expertinnenrunde, sondern »Frauenrunde«.

Während wir Frauen noch am Überlegen waren, wie diese neue Situation am besten zu behandeln wäre, hatten die Männer bereits Fakten geschaffen, mit denen wir alle die nächsten Jahrzehnte zu tun haben werden. Und so ist es immer. Die Männer haben eben einen kolossalen Organisationsvorsprung. Ihre Organisationen warten nur darauf, sich jeder neu aufkommenden Situation so anzunehmen, daß sie auf jeden Fall den größten Happen abbekommen. Und wir Frauen stehen da, unorganisiert und staunend, sehen widerstandslos und völlig gelähmt ob der Schlechtigkeit der Welt mit an, wie uns alles, was wir erkämpft haben, aus den Händen gerissen wird.

Der frühere Ostblock, so heißt es, erfreut sich nun der Demokratie. Als Frau kann ich keinen Unterschied zwischen dem früheren Zustand und dem heutigen erkennen. Damals saßen in den Parlamenten fast nur Männer, heute ist es genauso.

Besonders frauenfeindlich ging es im katholischen Polen zu, wo nach dem Sieg Walesas eine der ersten Taten des »demokratischen

Männerparlaments« die Abschaffung des Rechts auf Abtreibung war.

Gerda Lerner faßt das Ergebnis ihrer umfassenden historischen Untersuchung zur Unterordnung der Frau so zusammen:

»... die Teilnahme von Frauen an allgemeinen revolutionären Bewegungen [brachte] sie nicht der Verwirklichung ihrer Rechte und Interessen näher. Immer wieder wurden ihre Opfer und Beiträge gerne gesehen, doch ihre männlichen Mitstreiter betrachteten ihre Forderungen bestenfalls als Randerscheinungen von nachrangiger Bedeutung und handelten nicht im Interesse der Frauen. Es ist interessant festzustellen, daß konservative politische Gruppen die Gefahr des Feminismus immer für ein zentrales Thema hielten und die Unterdrückung von Frauenorganisationen zu einem unabdingbaren und wesentlichen Teil ihres politischen Programms machten.«[4]

Und was ist von der Strategie des Wahlboykotts zu halten? Eine, die nicht *ihre* Politik macht, macht die der anderen, denn sie gibt ihnen freien Handlungsspielraum. Eine Nichtentscheidung, Nichtbeteiligung, ist auch eine Entscheidung. Das ist eine einleuchtende Grundregel auch des Zeitmanagements. Eine, die nicht plant, gehorcht auch einem Plan, nur ist es einer, den nicht sie bestimmt, sondern der Zufall und die Anforderungen anderer.

Frauen und Männer haben völlig entgegengesetzte Interessen

Ich habe oben gesagt, daß der Mann der politische Gegner der Frau ist. Das hat keine biologischen Gründe, sondern ergibt sich logisch aus der Machtverteilung im Patriarchat, wo jeder Mann, wie die Schweizer Feministin Iris von Roten (1958) es formulierte, Mitglied des herrschenden Kollektivs ist, er mag es wollen oder nicht (die meisten finden es schon recht angenehm!). Ich bin überzeugt, daß jeder Mann, der politisch denken kann, sich über uns Frauen kaputtlacht, daß wir so dämlich sind, ihm zuzuarbeiten, statt unser eigenes Süppchen zu kochen. Vermutlich fragt sich der Mann schon lange, wieso eigentlich gründen die keine eigene Partei? Jede Interessengruppe dieser Größenordnung (immerhin mehr als die Hälfte der Bevölkerung), die politisch ihre fünf Sinne beisammen hat, müßte doch eigentlich eine Partei zur Wahrung ihrer Interessen gründen.

Das Problem ist, daß viele Frauen den fundamentalen Interessenkonflikt zwischen ihren Interessen und denen der Männer nicht erkennen können, weil von männlicher Seite alles dafür getan wird, ihn unsichtbar zu halten. Am beliebtesten ist die schon jahrtausendealte Strategie, die ungleiche Machtverteilung für eine Folge der Biologie zu erklären, und gegen die Biologie kann halt niemand was ausrichten. Wir haben da das starke und das schwache Geschlecht, nicht nur muskelmäßig, auch politisch ist das so. Gott oder die Natur haben es so eingerichtet. Der Mann kann keine Kinder bekommen, deswegen kann er auch keine füttern und windeln und erziehen und überhaupt keinerlei häusliche Arbeit verrichten. Nur wenn es viel Geld bringt, entwickelt der Mann übernatürliche Fähigkeiten des Umsorgens und Erziehens, des Kochens und Schneiderns.

Da die Frauen die Mehrheit sind, ist es gerade in einer Demokratie für den Mann besonders wichtig, den Mythos von der gottgewollten Dominanz des Mannes aufrechtzuerhalten. Denn wenn die Frauen sich politisch klug verhielten und zusammenhielten, wären sie überall die alleinherrschende Partei; der Mann säße so lange auf der Oppositionsbank, bis der Geschlechtsunterschied keinen Machtunterschied mehr bedeutete (die Matriarchatsforschung zeigt, daß die Frauen nicht besonders machtbesessen sind und danach streben, Machtunterschiede auszugleichen). (Vgl. Lenz & Luig 1990.)

Erst wenn der auffällige Machtunterschied zwischen den Geschlechtern nicht als natur- oder gottgewollt, sondern männergemacht entlarvt ist, kann die solcherart zur Besinnung gekommene Frau sich politische Schritte zur Besserung ihrer Lage überlegen. Wir haben jetzt 27 Jahre zweite Frauenbewegung hinter uns. Vieles hat sich gebessert, vieles hat sich aber auch verschlechtert. Von Gerechtigkeit für Frauen kann keine Rede sein. Höchste Zeit, etwas Neues zu versuchen. Die Schwedinnen haben im vergangenen Jahr allein durch die Androhung der Gründung der feministischen Partei mit dem schönen Namen »die Stützstrümpfe« viel politisches Terrain gewonnen. Interessant ist auch der Wahlerfolg der Russinnen mit ihrer Frauenpartei.

Eine feministische Partei ist meines Erachtens der beste, effektivste Weg zur überfälligen Teilhabe der Frauen an der politischen

Macht. Besonders wichtig ist mir die Gesetzgebung. Eigentlich, d.h. rechtsethisch, sind wir an die bestehenden Gesetze nicht gebunden, denn wir haben sie nicht erlassen. Aber das hilft uns wenig. Das drastischste Beispiel ist das nun schon Jahrzehnte währende Trauerspiel der Abtreibungsgesetzgebung. Als die Abtreibung auf Krankenschein ausgehöhlt werden sollte, stimmten die weiblichen Abgeordneten *aller* Parteien einstimmig dagegen. Dies ist ein exemplarisches Beispiel dafür, daß die Interessen der Frauen quer zu denen der etablierten Parteien stehen, was uns nicht verwundern kann, obwohl es nirgends ein Thema ist.

Gerda Lerner sagt: »Anders als die sozialen Bereiche, in denen Frauen zwar gleiche oder fast gleiche Führungspositionen einnehmen konnten, die Hegemonie der Männer aber nicht in Frage gestellt wurde – etwa die Salons, utopische Gemeinschaften, sozialistische oder anarchistische Parteien –, konnten diese den Frauen vorbehaltenen Räume den Frauen helfen, von der einfachen Analyse ihrer Situation weiterzugehen und die Ebene der Theoriebildung zu erreichen. Oder, in anderen Worten, so weit zu gelangen, daß sie nicht nur autonom ihre eigenen Ziele definieren, sondern zudem eine alternative Vision der gesellschaftlichen Organisation – eine feministische Weltsicht entwickeln konnten.«[5]

Das krasseste Beispiel für Lerners These, daß wir Frauen nur weiterkommen, wenn wir in unseren ganz eigenen politischen Organisationen handeln, ist die Entstehung der amerikanischen Frauenbewegung aus der Erkenntnis, daß weiße Frauen, um effektiv für die Befreiung der Schwarzen kämpfen zu können, erst einmal für ihre eigenen Rechte kämpfen mußten. Als die schwarzen Sklavinnen und Sklaven dann befreit worden waren, bekamen nur Männer das Wahlrecht. Schwarze und weiße Frauen hatten das Nachsehen. Undsoweiter undsofort, die Liste der Beispiele ist endlos.

Die Systemtheorie lehrt, daß sich auch dieses alte System der Patriarchen nur dann ändert, wenn sich auch die männliche Seite der Medaille ändert. Und die ändert sich gewaltig und fundamental, wenn wir uns von der unbezahlten Versorgungs- und Zuarbeit abwenden. Wir Frauen brauchen die Männer gar nicht groß zu reformieren. Wir müssen uns nur auf unser eigenes Fortkommen konzentrieren – das wußte schon der Altvater der Frauenbefreiung, Henrik Ibsen, der seine Nora am Ende zu ihrem bettelnden

Helmer, der sich bereits für hinreichend geläutert hält, sagen läßt, daß nur dann eine Chance besteht, daß er sich ändert, wenn sie ihn sich selbst überläßt. Genau. Überlassen wir die Herren sich selbst. Es klingt sehr einfach, aber die Männer wissen schon, was das für sie bedeutet, und deshalb ist es auch gefährlich für uns. June Stephenson schreibt in dem wichtigen Buch über Männer und Kriminalität mit dem schönen Titel »Men are not cost effective« (Männer sind nicht kostendeckend): »Jeden Tag werden in den USA vier Frauen von ihren Partnern umgebracht. Warum gehen die Frauen nicht einfach? Weggehen ist gefährlich. Wenn eine Frau den Mann verläßt, ist die Wahrscheinlichkeit, daß sie umgebracht wird, am größten.«[6] Ein deutscher Bischof formulierte einmal folgende Erkenntnis: »Wenn die Frauen das verlangen würden, was ihnen zusteht, würden die Männer mit der Bundeswehr gegen sie vorgehen.«

Was wir hier machen, ist also nicht ungefährlich. Es ist wichtig, daß wir uns darüber klar sind und daß wir uns gegen die Gefahren wappnen, indem wir zusammenhalten.

Die sogenannten Frauenthemen sind politische Themen

Wir brauchen eine feministische Frauenpartei, damit die »Frauenthemen« vom Rand ins Zentrum gerückt werden, ähnlich wie die Grünen es mit den Umweltthemen gemacht haben. In den übrigen Parteien rangieren Frauenthemen weit hinter den »wichtigen« Themen Wirtschaft, Finanzen, Arbeit, Verteidigung, Umwelt und Außenpolitik. In der feministischen Partei werden all diese Themen unter ganzheitlichem Aspekt behandelt. Hier ein paar Ideen dazu:

Was ist feministische Wirtschafts- und Arbeitspolitik?

Die überwiegend unbezahlte Arbeit der Frauen zählt, sie wird als wesentlicher Bestandteil des Bruttosozialprodukts mitgerechnet. Teilzeitplätze für Männer, damit sie Familienarbeit und Beruf miteinander vereinbaren können; Ziel ist die 20-Stunden-Woche für alle. Erziehungsgeld wird nur dann gezahlt, wenn beide Eltern sich die Erziehung teilen. Es wird dem besser verdienenden Elternteil gezahlt, wie in Schweden, damit die Arbeit nicht immer mit der Begründung auf die Frau abgewälzt wird, daß sonst das Familienbudget zu sehr leidet.

Was ist feministische Außenpolitik?

Die Vereinigten Staaten von Europa sind nur ein Durchgangsstadium. Längst fällig ist die Gründung der Vereinigten Staaten der Welt. Die atomare Bedrohung durch defekte Atomkraftwerke, Klimazerstörung etc. ist genauso global und grenzüberschreitend wie die Armut, das Elend in der sogenannten dritten Welt. Dies Elend ist überwiegend ein Elend der Frauen und Mädchen. Die Bevölkerungskonferenz in Kairo im letzten September hat gezeigt, daß die sog. Bevölkerungsexplosion nur gestoppt werden kann, wenn mehr für Frauen getan wird.

Besondere Eignung der Frauen für die Politik

Ein Blick in die Geschichte Europas: In den seltenen Unterbrechungen der Männergeschichte, wo einmal Frauen an der Macht waren, wirkten sie anscheinend sehr segensreich. Für die europäischen »König«reiche jedenfalls gilt, daß sie als Königinnenreiche, unter weiblicher Führung, ihre Blütezeit erlebten. Spanien unter Isabella der Katholischen, England unter Elizabeth I., Österreich-Ungarn unter Maria Theresia und Rußland unter Katharina der Großen – auch für die deutschen Kleinstaaten gilt ähnliches, denken wir etwa an das Herzogtum Weimar unter der RegentInnenschaft von Anna Amalia. Dieses historische Gesetz habe ich mir übrigens selbst destillieren müssen; im Geschichtsunterricht und in Geschichtsbüchern wird es verschwiegen.[7]

Sogar die Wirtschaft entdeckt weibliche Qualitäten im Management: die alte weibliche Politik des »Alle sollen gewinnen« gegenüber dem männlichen K.O.-System wird heute als Win-Win-Politik neu vermarktet.

I have a dream...

Ich stelle mir einmal vor, unsere Partei bekommt bis zur nächsten Bundestagswahl jene rund 25 Millionen Mitglieder, deren Anwerbung so einfach geht, wie ich es oben beschrieben habe. Was würde passieren? Ich liste kurz einige Möglichkeiten auf und verbreite mich dann etwas länger über meine wichtigsten Anliegen:

- Mehr Forschungsgelder für weibliche Gesundheit (Brustkrebssterblichkeit verringern)
- Gerechte Bezahlung der sogenannten Familienarbeit, vor allem der Pflege und Erziehung der Kinder, Pflege der kranken und alten Familienangehörigen. Wenn diese Arbeit ihrem Wert entsprechend bezahlt wird, werden sich auch Männer dafür interessieren
- Ein Klima, eine Kultur schaffen, in der frauenfeindliche Werbung genauso geächtet wird wie judenfeindliche Propaganda und in der Verbrechen gegen Frauen genauso als politische Verbrechen geahndet werden wie Haßverbrechen gegen Ausländerinnen und Ausländer
- Genügend Kindergartenplätze, Kindertagesstätten, kinder- und altenfreundliche Städte und Wohnungen
- Abschaffung der Männerquoten
- Eine Bundeskanzlerin, eine Bundespräsidentin, 14 Ministerpräsidentinnen, 12 Ministerinnen im Kabinett

Als ich meiner Mutter und meiner Freundin diese Forderung mitteilte, lachten sie und sagten: Ist das nicht ein bißchen zu hoch gegriffen, ein bißchen viel verlangt? Ich mußte sie erst darauf aufmerksam machen, daß Männer in unserer Gesellschaft solche Proportionen gewohnt sind: Alle wichtigen Posten sind zu 70 bis 100 Prozent mit Männern besetzt. Für sie ist das nicht »zu viel verlangt«, sondern einfach selbstverständlich.

- Ein Ministerium für die Opfer von Männergewalt (analog dem Vertriebenenministerium)
- Eine Männersteuer

80 bis 90 Prozent aller Verbrechen werden von Männern begangen, von den Wirtschaftsverbrechen bis zu Vergewaltigung von Frauen und Kindern, Mord und Totschlag. Wir brauchen deshalb eine Männersteuer nach dem Verursacherprinzip. Die durch diese Steuer erworbenen Gelder können zur Verbrechensvorbeugung

eingesetzt werden und zur Entschädigung, Nachversorgung und Heilung der Opfer und ihrer Angehörigen. Unter Verbrechensprophylaxe stelle ich mir u. a. vor: Teilzeitarbeitsplätze für Männer, damit sie sich besser um ihren zunehmend verrohenden männlichen Nachwuchs kümmern können. Großangelegte Kampagnen gegen die Männergewalt in unserer Gesellschaft, nach Art der Kampagnen gegen das Rauchen. Rauchen ist nicht mehr in, Gewalt ist nicht mehr auf der Höhe der Zeit, Gewalt ist dumm, genau wie das Rauchen.

– Ein Ministerium für SeniorInnen (die paar Senioren sind mitgemeint)

Unsere Alten sind überwiegend Frauen, überwiegend sind sie arm trotz lebenslanger harter Arbeit, und wenn sie krank und pflegebedürftig sind, werden sie überwiegend von weiblichen Familienangehörigen gepflegt, die dafür keinen Pfennig bekommen. Ich will nicht, daß Frauen so leben müssen, daß meine Generation, die sogenannte Sandwichgeneration, eingeklemmt zwischen der Erziehung der Kinder und der Pflege der Alten, in 20, 30 Jahren so leben muß und die nächste Frauengeneration in 40, 50 Jahren. Unter den grauen Pantherinnen und den paar Panthern sehe ich ein riesiges und naturgemäß ständig wachsendes Wählerinnenpotential für unsere Partei.

– Über die Verteilung der Steuergelder entscheiden wir.

Eine meiner Liebligsideen: Sportplätze zu Fraueneinrichtungen, beispielsweise Mädchenhäuser (die Jugendzentren sind bekanntlich Knabenzentren, die für Mädchen gefährlich sind).

Die deutsche Männeruniversität (wohlgemerkt, finanziert mit unseren Steuergeldern) wird umstrukturiert: Mindestens die Hälfte aller Arbeitsplätze und Förderungsmittel für Frauen. Damit wir Frauen da nicht immer den Männerschrott erlernen müssen. Gloria Steinem (1992) erkannte: So wie sie heute ist, ist die Universität eine Institution, in der Frauen kleingemacht werden. Sie kommen heraus mit einem minimalen Selbstbewußtsein und mit Angstzuständen.

– *Entpatrifizierung der Kultur*

Dieser Aspekt ist mir besonders wichtig, auf diesem Gebiet arbeite ich auch vorwiegend. Auch Gerda Lerner hält diesen Bereich für extrem wichtig. Wie es funktioniert? Ähnlich wie seinerzeit die Entnazifizierung und in jüngster Zeit die Entkommunistifizierung der Kultur. Die Nazipropaganda und die kommunistische Propaganda wurde einfach eingestampft, Millionen Tonnen von Büchern. Diese Ideen waren nun nicht mehr zeitgemäß.

Ebenfalls nicht mehr tolerierbar sollte die Herrenkultur in all ihren Aspekten sein. Zur Illustration möchte ich eine Geschichte erzählen. Am 10. Februar dieses Jahres hielt ich einen Vortrag in der ehrwürdigen Aula der Universität Gießen. Es ging wieder um die Schädlichkeit der Herrenkultur für das Selbstbewußtsein der Frauen. An den Wänden hingen ernst und streng und riesenhaft die Porträts der verblichenen Rektoren dieser Uni, 13 an der Zahl, alles Männer. Ich wies auf die Bilder hin als einen unübertrefflichen Beweis für meine Thesen. »Diese Aula ist frauenfeindlich«, stellte ich fest. »Sie kränkt und beleidigt das weibliche Selbstbewußtsein.« Einige Frauen wandten ein: »Aber das ist doch nun mal Geschichte; es hat ja leider keine Rektorinnen gegeben.« »Eben«, antwortete ich. »Und dieser Geschichte sollte sich die Uni Gießen schämen, statt auch noch mit ihr zu protzen.« Würde man etwa in indischen Amtsstuben Bilder der früheren englischen Kolonialherren dulden, und seien sie noch so historisch? Derzeit schämt man sich im Osten der ehemaligen Staatsgrößen; es gälte als geschmacklos, die Porträts von Ulbricht und Honecker weiterhin herumhängen zu lassen. Dito für die Denkmäler von Marx, Engels, Lenin. Karl-Marx-Stadt wurde in Chemnitz umbenannt, Leningrad in St. Petersburg. Und so erhoffe ich mir für die nächste Zukunft eine gründliche feministische Veredelung unserer gesamten Kultur. Es ist wahrhaftig überfällig, seit Jahrtausenden nämlich.

Und so schließe ich, wie ich angefangen habe, mit dem erfreuten Ausruf: Na endlich: ein Anfang ist gemacht, in Elisabeth-Selbert-Stadt, vormals Kassel.

(1995)

Anmerkungen

1 Zitiert nach Lerner 1993: 329.
2 Weiner 1983: 251. Übs. von mir.
3 Lerner 1993: 329.
4 Lerner, S. 330.
5 Lerner 1993: 330.

6 Stephenson, 1995: 227.

7 Wohl nicht zufällig wurde die zweite Frauenbewegung in Deutschland auf den Weg gebracht von Frauen, die unter der Obhut eines weiblichen Familienoberhaupts aufgewachsen waren, weil die Männer im Krieg umgekommen, in Gefangenschaft oder Spätheimkehrer waren.

»I wish *she* were the President!«
Hillary und der »gender gap«

Vorbemerkung: Ich redigiere diesen 2 Jahre alten Aufsatz am 18. August 1998, einen Tag nachdem Bill Clinton öffentlich die Affäre mit Monica Lewinsky zugegeben hat. Der Stoßseufzer »Wenn doch Hillary Präsidentin wäre!« scheint berechtigter denn je.

Ende Juli 1996, Boston, USA. Ich schalte die Nachrichten ein: Das Neueste über den Todesflug der TWA-Maschine und die olympischen Wettkämpfe und – die neueste Häme über Hillary. Dafür hat man in diesen 2-Minuten-Nachrichten doch noch Zeit gefunden. Dafür ist immer Zeit.

Henry Louis Gates Jr. nennt das Herziehen über die First Lady in seinem nachdenklichen Artikel »Hating Hillary« im *New Yorker* (Feb. 96) den neuen nationalen Zeitvertreib. Ich würde es eher eine Obsession nennen. Und neu ist sie auch nicht.

»Die Leute können Lügen über mich verbreiten, tagaus, tagein, und ich kann nichts dagegen tun«, klagt Hillary. »Das tut sehr weh. Wir sind öffentliche Personen, und auf der Ebene, wo wir uns befinden, gibt es keinerlei Schutz dagegen.«

Für den jovialen Bill scheint die Kosten-Nutzen-Rechnung aufzugehen: Der mächtigste Mann der Welt kann nach dem Motto »Viel Feind, viel Ehr'« schon einiges wegstecken. Für Hillary dagegen, die dünnhäutigere der beiden, wird die Rechnung nicht so leicht aufgehen. Was bringt ihr dies merkwürdige »Ehrenamt« der »Frau an seiner Seite« außer unbezahlter Schwerstarbeit im Scheinwerferlicht rund um die Uhr und gezielter Negativ-Propaganda, die in speziellen Think Tanks der Republikaner ausgebrütet und liebevoll ausgefeilt wird?

Die »Lady Macbeth im Weißen Haus« hat den Job ja gar nicht angestrebt. Sie hat vor über 20 Jahren ihren Bill geheiratet und hochkarätige Stellenangebote ausgeschlagen, um – ganz die Familienfrau aus dem Bilderbuch – zu ihm in die Provinz nach Arkansas zu ziehen, wo **er** an seiner politischen Karriere bastelte. Der Rest ergab sich, weil **er** Gouverneur von Arkansas und schließlich Präsident werden wollte und wurde.

Aber Hillary ist nicht nur liebende Gattin und Mutter, sondern auch beruflich äußerst erfolgreich, hochbegabt und hoch motiviert. Kurz, sie ist ihrem Bill mindestens ebenbürtig, was der auch bereitwillig ausposaunt. Während des Wahlkampfes 1992 pflegte Bill seine Frau und das Clinton-Duo mit dem Supermarkt-Slogan anzupreisen: »Buy one, get one free« (Kaufen Sie einen, dann kriegen Sie die andere gratis), auch scherzte er gerne: »40 Prozent der AmerikanerInnen glauben, daß Hillary smarter ist als ich. Was ich nicht verstehe: Wieso haben die andern 60 Prozent das noch nicht gemerkt?!«

Bill ließ seiner Überzeugung auch Taten folgen, indem er sie – »ich weiß niemand, die dafür besser geeignet wäre« – an die Spitze der Kommission für die überfällige Krankenversicherungsreform berief, das Herzstück seines politischen Programms. Hillary versah diese unglaublich komplexe Aufgabe so bravourös, daß die politischen Gegner mitsamt den mächtigen Versicherungsgesellschaften allmählich wirklich nervös wurden. Ira Magaziner, einer ihrer engsten Mitarbeiter: »Sie imponierte allen gewaltig, und man konnte förmlich sehen, wie in der ganzen Stadt die Warnlampen angingen. Die Gegner der Reform sagten, wenn sie derartig beliebt und eindrucksvoll bleibt, können wir diese Sache nicht mehr stoppen. Es gab Krisensitzungen der Opposition, wie man Hillary am besten fertigmachen könnte. Whitewater und ihre Rohstoffspekulationen waren u. a. die Mittel, die gegen sie eingesetzt wurden.«[1]
Verständliche, wenn auch nicht gerade feine Gründe für die Verleumdungskampagne gegen Hillary. Aber warum stimmen Frauen mit ein in diesen Chor, fragt Gates. Die einfache und plausible Antwort von Ann Lewis, PR-Leiterin des Clinton/Gore-Wahlkampfs 96: »Journalistinnen behandeln Hillary mies, um zu beweisen, daß sie ›one of the boys‹ sind.«[2] Diese bewährte Strategie können wir bei uns seit Jahrzehnten am besten am Umgang mit Alice Schwarzer studieren.

Andere Journalistinnen werden wütend, wenn man ihnen »platten Sexismus« als Grund für die Feindseligkeit gegen Hillary unterstellt. Es folgen Hinweise auf ihre »Humorlosigkeit«, ihre »Verlogenheit«, ihre »Selbstgerechtigkeit« und dergleichen.

Was für ein Mensch ist Hillary denn? Ist sie »selbstgerecht und humorlos« oder »witzig, charmant und sehr liebenswert«, wie Jackie Onassis fand? Ich weiß es bestimmt nicht: Nie habe ich auch nur ein Wort mit ihr gewechselt. Ich habe einige ihrer Fernsehauftritte verfolgt, einige Kolumnen von ihr gelesen, die mir gut gefallen haben, ich habe ihr Buch über Kindererziehung gelesen und viele Artikel sowie etliche Bücher über sie.

Fast alles, was ich so von ihr mitbekommen habe, hat mich überzeugt und beeindruckt. Zum Beispiel ihre Reden und Interviews während ihrer Europareise im Juli [1996]. Beim Besuch des Konzentrationslagers Auschwitz rief sie zu niemals nachlassender Wachsamkeit gegen *jegliche* Intoleranz auf und erinnerte an den Rassismus im eigenen Land. Das finde ich gut und mutig, besonders angesichts einer Tendenz in den USA (noch verstärkt durch Goldhagens Bestseller *Hitlers willige Vollstrecker*), Rassismus und Antisemitismus als deutsche Wesenszüge zu verharmlosen und damit eine für *alle* verfolgten Minderheiten im eigenen und in anderen Ländern gefährliche Selbstgerechtigkeit zu nähren.

Hillarys Buch über Kindererziehung, *It takes a village*, im Frühjahr 1996 erschienen, ist kein Bestseller geworden, und das ist schade, denn es enthält eine Fülle wichtiger Gedanken und praktischer Vorschläge zur Verbesserung der Lage der Kinder (und damit meist auch: ihrer Mütter) nicht nur in den USA. Kindererziehung – das wird meist, fast unbewußt, eingeordnet unter »Kinderkram«. Eben nichts wirklich Wichtiges wie Außenpolitik, Finanzen, Verteidigung und Sport. Diese Einordnung folgt der männlichen Werteskala, die auch im weiblichen Gemüt tief verankert wurde. Ich war beim Lesen von Hillarys Buch verblüfft, wie dies Denken auch noch in mir rumort und wie konsequent anders Hillary wertet und denkt. Eine nachhaltige, leidenschaftliche politische Lektion über das, was politisch *wirklich* wichtig ist. Nicht umsonst hat die Spitzenjuristin Hillary Clinton jahrelang dem Children's Defense Fund (Kinderschutzbund) vorgestanden.

Das Buch ist leidenschaftlich engagiert in der Sache – aber doch so zurückgenommen in der Sprache, daß es bisweilen schmerzt bzw. komisch wirkt. Es geht beispielsweise mit Männern, die ihre Familien im Stich lassen (eine in den USA weit verbreitete Spezies) und den unhaltbaren drakonischen Erziehungsgrundsätzen der Republikaner sprachlich so sanft um, daß frau Hillary manchmal schütteln möchte. Bill gab sich schon immer höchst »presidential«, staatsoberhäuptlich-überparteilich, kurz: wischi-waschi. »We can do better«, so tönt es aus seinem Munde, und mit diesem *we* sind alle gemeint, denn die Gegensätze will er zusammenführen und die Wunden heilen. Nicht etwa: »Die RepublikanerInnen haben Mist gebaut, und wir DemokratInnen machen das jetzt anders.« Hillary can do better than that, glaube ich, aber wahrscheinlich läßt sie es mal wieder, um Bill nicht zu schaden. Der muß in diesem Jahr schließlich einen Wahlkampf gewinnen und kann es nicht brauchen, wenn Männer noch mehr gegen Hillary wüten als ohnehin schon.

Ich unterhielt mich mit einem amerikanischen Kommunikationstrainer, der Seminare für Top-Manager durchführt, über Hillary. Für diese Männer der Wirtschaft ist Hillary einfach unmöglich. Und unausstehlich. Sie hassen sie von ganzem Herzen. Warum? Das können sie noch nichtmal sagen, die Frage finden sie ganz abwegig und fangen an zu lachen. Sie alle sind sich aber einig, daß Hillary einfach das Allerletzte ist, eine einzige Zumutung.

Ein amerikanischer Germanistik-Professor schrieb mir: »Das ganze Hillary-Phänomen scheint mir ein typisches und schlagendes Beispiel für die Angst vor der Frau an der Macht zu sein, oder eher ›die Angst vor der Frau hinter dem Mann an der Macht‹. Ich denke, die meisten waren nicht besonders beunruhigt durch Maggie Thatcher oder Indira Gandhi (außer sie mochten sie politisch nicht), aber Hillary ist ein Trauma für viele Amerikaner, wahrscheinlich vorwiegend Männer, wohl hauptsächlich deswegen, weil sie die »geheime« Frau an der Macht ist. Das weckt in vielen Männern, glaube ich, so etwas wie Verschwörungsängste. Oder vielleicht liegt es einfach daran, daß sie nicht die typische unterwürfige First Lady ist? Wie dem auch sei, ich glaube, die irrationale Angst vor Hillary Clinton ist ein wichtiges Phänomen im politischen Leben Amerikas, wirklich beunruhigend.«

Meine Meinung dazu: Margaret Thatcher und Indira Gandhi waren auch nicht in der *amerikanischen* Politik tätig. Die Angst vor der Frau an der Macht scheint mir *auch* ein sehr amerikanisches Phänomen. Immerhin mußten die weißen und schwarzen amerikanischen Frauen nach der Befreiung der SklavInnen noch 55 Jahre warten, bis sie das Wahlrecht bekamen, die schwarzen Männer, soeben noch Sklaven, bekamen es sofort nach ihrer Befreiung. Und obgleich die US-amerikanische Frauenbewegung so lebendig und erfolgreich ist, sieht es mit dem Frauenanteil im Kongreß und im Senat erbärmlich aus – da liegen die USA hinter unserer weiß Göttin nicht frauenfreundlichen Bundesrepublik weit zurück, genauer gesagt: Sie befinden sich auf einer Stufe mit dem »rückständigen« Irak!

Anfang 1993 kaufte ich mir bei den Inaugurationsfeierlichkeiten in Washington einen Hillary-Button. »Hillary in 96« stand darauf. Und wenn frau Bills Rivalen, den überforderten alten Bob Dole neben seiner strahlend dynamischen, anerkannt tüchtigen Gattin Elizabeth Dole sieht, möchte sie auch diesem Paar dringend eine Vertauschung der Rollen wünschen, zu ihrem eigenen Wohl und zum Wohle des Volkes.

Die einst von allen verehrte, hoch geachtete Elizabeth Dole, Präsidentin des amerikanischen Roten Kreuzes und zweimaliges Kabinettsmitglied, ist mindestens so eine »Powerfrau« wie Hillary Clinton, nur weiß sie es noch besser zu verstecken. In letzter Zeit nützt ihr das aber nicht mehr viel; sie bekommt bereits jetzt eine ähnliche Behandlung wie Hillary, wahrscheinlich aus ähnlichen Gründen: Sie ist ihrem eher hilflos wirkenden Mann politisch und intellektuell offenbar überlegen.

Die meisten Frauen antworteten auf meine Frage, »Was hältst du von Hillary?« ohne zu zögern: »I wish *she* were the President.« Ins Deutsche läßt sich dieser Satz gar nicht übersetzen. »Ich wünschte, *sie* wäre der Präsident« vermännlicht Hillary, und »Ich wünschte, *sie* wäre die Präsidentin« verweiblicht Bill gewissermaßen und knüpft an eine Tradition an, die es leider gar nicht gibt. So »awkward«, mißlich und ungemütlich, wie diese Wahl zwischen zwei unmöglichen Formulierungen, so mißlich ist auch Hillarys Position. Die Unmöglichkeit, die Unerwünschtheit, die eigentlich unerträgliche Situation der Frau in der Männerpolitik wird in Hillary Clinton greifbar, tagtäglich erlebbar – für uns Deutsche schon in der Sprache.

Wenn es gerecht zuginge, könnten Hillary und Elizabeth um die PräsidentInnenschaft konkurrieren. Aber in den USA wird, trotz des Rassismus gegen Schwarze und andere Minoritäten, eher ein schwarzer Mann – wie Colin Powell – PräsidentIn als eine weiße Frau. Jedenfalls in *diesem* Jahrtausend.

(1996)

Anmerkungen

1 Gates 1996: 127. Alle Übs. von mir, LFP.
2 Vgl. Gates 1996: 119.

10 Jahre Frauenbeauftragte in Goslar
Feier am 1. Februar 1997

Diesen Festvortrag habe ich eigens für diese Veranstaltung geschrieben. Sogar gestern war ich noch eifrig am Schreiben und am Nachdenken, dabei hatte ich für diesen Tag ursprünglich ganz etwas anderes vorgehabt: Es war der 200. Geburtstag meines Lieblingskomponisten Franz Schubert, und sämtliche Medien, vor allem die Rundfunkkanäle, hallten wider von seiner wunderbaren Musik.

3 Wochen zuvor feierte eine andere Großgestalt der deutschsprachigen Kultur ebenfalls ihren 200. Geburtstag. Auch dieser Gestalt wurde in fast allen Medien gehuldigt, denn wir Deutschen haben ein ausgemachtes Faible für Gedenktage (meine US-amerikanischen Freundinnen finden das sehr merkwürdig). Zweimal ein zweihundertster Geburtstag im soeben vergangenen Monat Januar. Der erste, 3 Wochen zurückliegende, wurde allerdings weit weniger intensiv begangen und besungen – der Jubilar war nämlich nur eine Frau. Oder sollte ich vielleicht sagen – die Jubilarin war eine Frau? Auch auf dieses und ähnliche Probleme muß ich im weiteren Verlauf meiner Rede noch zu sprechen kommen, denn eigentlich bin ich ja keine Festrednerin vom Dienst, sondern Sprachwissenschaftlerin, mit einem ganz speziellen Anliegen allerdings: Ich untersuche die deutsche Männersprache und versuche sie, zusammen mit vielen frauenbewegten Frauen, zu humanisieren und zu zivilisieren.

Nun aber zu jener Jubilarin: Sie wissen es längst, es handelt sich um Annette von Droste-Hülshoff. Zu Ehren des 3 Wochen später geborenen Franz Schubert legten diverse Rundfunkanstalten die gewaltigste Sendung der Rundfunkgeschichte auf: Ein ganzes Schubert*jahr* wird begangen, jeden Tag 25 Minuten; es wird das gesamte Werk von Schubert vorgestellt und kommentiert. Ich bin sehr glücklich darüber, nehme alles auf und höre es mir wieder und wieder an, beim Spülen und beim Fensterputzen, und beim Powerwalk ertönt Schubert aus meiner Walkwoman. Ganz anders ergeht es Annette, ja sie wird gerne liebevoll Annette genannt, auch gerne »das adelige Fräulein«. Schubert hingegen wird nur selten beim Vornamen genannt, der Franzl. Die Droste erntete ein paar geistvolle Feuilletons, und damit hatte es sich.

Verstehen Sie mich bitte nicht falsch: Ich gönne dem Schubert Franzl die ausgedehntesten Feiern, feiere selbst begeistert mit. Nur: Ich wünsche sie mir auch für die Droste. Gern würde ich z. B. ihr Gesamtwerk sukzessive in diesem Droste-Jahr vorgelesen bekommen in 365 Sendungen. Warum denn nicht?[1]

Aber: die Droste war eben nur eine Frau. Es ist fraglich, ob ihrer überhaupt so relativ emsig gedacht worden wäre, wenn es die Frauenbewegung und die kontinuierliche Basisarbeit der Frauenbeauftragten in Deutschland nicht gäbe. Auch die Frauenbeauftragten sind übrigens eine deutsche Spezialität, denn wir sind ja ein gründliches Volk und regeln gerne alles amtlich, was wir denn einmal für wichtig erkannt haben. Die USA kennen keine der Frauenbeauftragten vergleichbare Institution. Anders die NorwegerInnen. Bei ihnen hörte ich im Jahre 1984 zum erstenmal von einer »Likestillingsstille«. Diese unförmige Verdoppelung »Stillingsstille« fand ich damals sehr ulkig. Inzwischen haben wir uns alle an dies Doppelmoppelwort gewöhnt und finden es alltäglich. Genau wie vieles andere, was noch vor 10 Jahren neu und ungewöhnlich bis unerhört war – Quotierung, Gesetze gegen Diskriminierung und gegen sexuelle Belästigung am Arbeitsplatz, Richtlinien gegen sexistischen Sprachgebrauch bzw. für geschlechtergerechten Sprachgebrauch und vieles mehr.

10 Jahre Frauenbeauftragte in Goslar. Das ist wahrlich ein Grund zum Feiern und zum Stolzsein. Ich möchte mich diesem eigentlichen Anlaß meiner Rede nähern auf dem Umweg über eine dritte deutschsprachige Geistesgröße, die dieses Jahr ihren 200. Geburtstag begeht – Heinrich Heine. Mit ihm sind wir bisher jubiläumsmäßig noch nicht so konzentriert berieselt worden wie mit Schubert. Er ist nämlich erst Ende 97 dran, am 13. Dezember.

Doch zuvor noch eine resümierende Betrachtung dieser interessanten JubilarInnen des Jahres 97:

Ein jüdischer deutscher Dichter, dessen Bücher 1933 verbrannt wurden, ein zu Lebzeiten weitgehend unverstandener Komponist, der mit 25 an Syphilis erkrankte, vielleicht schwul war[2] und mit 31 Jahren starb – und ein »dichtendes adeliges Fräulein«. Doch, die heute zu feiernde Jubilarin, die Gleichstellungsstelle Goslar, befindet sich unter diesen drei krassen AußenseiterInnen durchaus in der stimmigsten Gesellschaft, meine ich. Auch die in die Zukunft weisenden Leistungen der Frauenbeauftragten werden in aller Regel nicht annähernd angemessen gewürdigt, weder ideell noch finanziell. Alle Frauenbeauftragten, die ich kenne – und ich kenne sehr viele, denn sie sind meine wichtigsten Auftraggeberinnen und Vertragspartnerinnen – haben eines gemeinsam: Sie sind unterbezahlt, und heroisch – oder heißt es heroinisch? Ihre personalen und finanziellen Mittel stehen in gar keinem Verhältnis zu der Bedeutung und schieren Anzahl ihrer Aufgaben. Sie haben sich ihrer Sache mit Leib und Seele verschrieben, sie reiben sich auf, und gedankt wird es ihnen wenig. Um so erfreulicher, daß heute doch schon mal ein wenig Dank abgestattet wird in Form dieser Feier. Aber feiern allein reicht natürlich nicht, leicht kann sogar die Feier zum Alibi geraten nach dem Motto: »Wir haben Sie ja nun gewürdigt, aber nun ist bitte erstmal wieder Ruhe im Karton.«

Die Gleichstellungsstelle Goslar hat in zehn Jahren drei Frauen verbraucht. Das ist eine erhebliche und keineswegs untypische Fluktuation, und sie stimmt mich nachdenklich. Es paßt zu dem Frust von Amts wegen, von dem mir viele Frauenbeauftragten landauf landab berichtet haben. Eine Frauenbeauftragte in einer Vorstadt von München faßte das Leiden so zusammen: Ich komme überhaupt nicht zu meiner eigentlichen Aufgabe, der Frauen-Arbeit. Gut 80 Prozent meiner Zeit gehen drauf mit Legitimationsarbeit. Die Herren vom Stadtrat und in der Verwaltung wollen einfach nicht einsehen, daß wir auch ein Mädchenhaus brauchen, Nachttaxis für Frauen, bessere Beleuchtung vieler Unterführungen undsoweiter.«

Doch zurück zu unserem dritten Jubilar, Heinrich Heine, von dem Alice Schwarzer, eine seiner größten Verehrerinnen, sagte: »Lieber Harry, gut daß du tot bist. ... Wie schade, daß ausgerechnet ich zu einer Gattung gehöre, die in deiner generösen Menschenliebe keinen Platz hat. Für einen wie dich bin ich kein Mensch, bin ich nur eine Frau... Siehst du, Harry, darum weiß ich, was es bedeuten soll, daß ich so traurig bin. Trotzdem, wie immer: Rendezvous am 13. Dezember. Dann gibt's wieder Rosen. Aber diesmal mit Dornen.«[3]

Eingedenk der Tatsache, daß der junge Heine sich ja harzreisend auch in Goslar aufhielt im Jahre 1824, schlug ich die *Harzreise* auf, um nachzuprüfen, was der enragierte Macho über die Frauen Goslars gesagt hat, nachdem er zwei Frauen aus Göttingen wie folgt abqualifiziert hatte: »Stammte jene [Dame] von Pharaos fetten Kühen, so stammte diese von den magern. Das Gesicht nur ein Mund zwischen den Ohren, die Brust trostlos öde, wie die Lüneburger Heide; die ganze ausgekochte Gestalt glich einem Freitisch für arme Theologen.«[4]

Über seine Begegnung mit einer jungen Frau aus Goslar nun gibt Heine, ganz der charmante Draufgänger, folgende reizende Story zum besten:

Der Kirchhof in Goslar hat mich nicht sehr angesprochen. Desto mehr aber jenes wunderschöne Lockenköpfchen, das bei meiner Ankunft in der Stadt aus einem etwas hohen Parterrefenster lächelnd herausschaute. Nach Tisch suchte ich wieder das liebe Fenster; aber jetzt stand dort nur ein Wasserglas mit weißen Glockenblümchen. Ich kletterte hinauf, nahm die artigen Blümchen aus dem Glase, steckte sie ruhig auf meine Mütze und kümmerte mich wenig um die aufgesperrten Mäuler, versteinerten Nasen und Glotzaugen, womit die Leute auf der Straße, besonders die alten Weiber, diesem qualifizierten Diebstahl zusahen. Als ich eine Stunde später an demselben Haus vorbeiging, stand die Holde am Fenster, und wie sie die Glockenblümchen auf meiner Mütze sah, wurde sie blutrot und stürzte zurück. Ich hatte jetzt das schöne Antlitz noch genauer gesehen: es war eine süße, durchsichtige Verkörperung von Sommerabendhauch, Mondschein, Nachtigallenlaut und Rosenduft. – Später, als es ganz dunkel geworden, trat sie vor die Tür. Ich kam – ich näherte mich – sie zieht sich langsam zurück in den dunklen Hausflur – ich fasse sie bei der Hand und sage: Ich bin ein Liebhaber von schönen Blumen und Küssen, und was man mir nicht freiwillig gibt, das stehle ich – und ich küßte sie rasch – und wie sie entfliehen will, flüstere ich beschwichtigend: Morgen reis' ich fort und komme wohl nie wieder – und ich fühle den geheimen Wiederdruck der lieblichen Lippen und der kleinen Hände – und lachend eile ich von hinnen. Ja, ich muß lachen, wenn ich bedenke, daß ich unbewußt jene Zauberformel ausgesprochen, wodurch unsere Rot- und Blauröcke, öfter als durch ihre schnurrbärtige Liebenswürdigkeit, die Herzen der Frauen bezwingen: »Ich reise morgen fort und komme wohl nie wieder!«[5]

Als ich diese berühmte Prosa des »geistvollen jungen Dichters« vor über 30 Jahren als Schülerin las, habe ich mir nichts Böses dabei gedacht. Aber heute mißfällt mir vieles zutiefst – und Ihnen, die sie zugehört haben, wird es vermutlich ähnlich ergangen sein und gehen. Das »Lockenköpfchen« aus Goslar – es bleibt vollkommen stumm, nichts als eine Projektionsfläche für die selbstverliebten Phantasien des Dichters, dem schließlich auch das Fenster »lieb« erscheint und die Blumen »artig«. Die Frauen werden eingeteilt in Schöne, Holde, Süße auf der einen Seite und Häßliche auf der anderen, dazwischen gibt es nichts, und außer diesen körperlichen Vorzügen oder Nachteilen interessiert den sensiblen Dichter auch nichts an ihnen. Die Frau besteht für ihn aus lauter niedlichen Einzelteilen: Lockenköpfchen, liebliche Lippen, kleine Hände. Und die Häßlichen, die mit den »aufgesperrten Mäulern, versteinerten Nasen und Glotzaugen«, das sind »besonders die alten Weiber«.

Klarer Fall von Männlichkeitswahn. Heinrich Heine betreibt Schönheitsterror und Diskriminierung des Alters, und er degradiert die Frau zum Sex-Objekt. Ungefähr 150 Jahre hat es gebraucht, bis wir Frauen es wagten, der männlichen Sicht der Welt energisch zu widersprechen, den patriarchalen Verzerrungen, den Be- und Entwertungen des Weiblichen öffentlich und unbeirrt von hämischer Kritik unsere eigene Sicht und Nomenklatur entgegenzusetzen. Goethes »Sah ein Knab ein Röslein stehen«, betörend vertont von Franz Schubert – solche geheiligten Kleinode der deutschen Kultur wurden von Frauen plötzlich als Vergewaltigungsphantasien entlarvt.

Heines entzückendes romantisches Erlebnis in Goslar – was wäre daraus geworden, wenn jenes »wunderschöne Lockenköpfchen«, das aus dem »Parterrefenster lächelnd herausschaute«, einer Frauenbeauftragten des Landkreises Goslar gehört hätte? Gar nichts wäre daraus geworden. Keine der drei wäre »blutrot geworden und zurückgestürzt«, wenn sie die gestohlenen Blümchen an seiner Mütze gesehen hätte. Folglich hätte sich der Dichter auch gar nicht erst erotisch erhitzt, aus dem verstohlenen Treffen im dunklen Hausflur wäre wohl nichts geworden, und wenn sie sich doch zufällig getroffen hätten und er zudringlich geworden wäre, hätte sie sich seiner bestens zu erwehren gewußt. Nicht umsonst gab es hier die nachhaltig stärkenden Wen-Do-Kurse zur Selbstverteidigung für Frauen. Möglicherweise hätte es auch eine saftige Anzeige wegen sexueller Belästigung gesetzt.

Das Thema Gewalt gegen Frauen steht in der Aufklärungsarbeit der Frauenbeauftragten an zentraler Stelle. In Heines beschönigendem Satz »Ich bin ein Liebhaber von schönen Blumen und Küssen, und was man mir nicht freiwillig gibt, das stehle ich« erkennt die Frauenbewegung die Blutspur der männlichen Gewalt gegen Frauen, verherrlicht von den Größten unserer Kultur, unserer sorgfältig gepflegten, mit weiblichen Steuergeldern geförderten und immer wieder zur gefälligen Aneignung ausgestellten Herrenkultur.

Eine der klarsichtigsten Analysen, die ich zum Thema Gewalt gegen Frauen je gelesen habe, stammt von der feministischen Soziologin Carol Hagemann-White, Professorin für Frauenforschung an der Uni Osnabrück (übrigens die erste oder zweite Professorin für Frauenforschung in Deutschland). Es ist der Vortrag »Gewalt und kein Ende? Standortbestimmung nach 15 Jahren feministischer Öffentlichkeit«, den sie hier am 26. Mai 1992 im Rahmen der Veranstaltungsreihe »Gewalt gegen Frauen und Mädchen« des Referates für Gleichstellungsfragen gehalten hat. Hagemann-White schreibt:

> Die Sozialisation von Männern hat ihnen überwiegend die Vorstellung eingegeben, ein richtiger Mann müsse – unter Überwindung eigener Ängste – von sich aus und zur Not hartnäckig die sexuelle Initiative ergreifen; und er müsse den Geschlechtsakt bei gegebener Gelegenheit unbedingt durchführen können. Eine Sexualität, die ohne lustvolles Entgegenkommen der anderen Person gar nicht erst gelebt werden kann, erscheint vielen Männern unmännlich; zumindest trauen sie sich nicht ganz, dies als selbstverständliche Normalität zu setzen. So haben wir unterschwellig immer wieder das Problem, daß das, was aus der Sicht der Frau Gewalt ist, aus der Sicht des Mannes aktive Sexualität darstellt. Der feministische Kampf gegen Gewalt gerät daher leicht in den Ruf, verklemmt und sexualfeindlich zu sein. In der Sorge, sich diesem Vorwurf nicht auszusetzen, werden Frauen oft unentschieden in ihren Stellungnahmen. Die Problematik der Gewalt im Geschlechterverhältnis berührt die sehr viel tiefer liegende Notwendigkeit eines neuen Verständnisses der Geschlechterbeziehungen überhaupt.[6]

Zur Vorbereitung auf diese Rede habe ich all die Rechenschaftsberichte und die Pressespiegel studiert, die die unglaubliche Leistung des Goslarer Frauenbüros dokumentieren. Erstaunlich wenig Häme fand ich in der Presse – ob das echte Zustimmung und Wertschätzung bedeutet oder bloß Faulheit (mann hat halt die vom Frauenbüro verfaßten Pressemitteilungen einfach abgedruckt), kann ich von weitem nicht beurteilen. Immerhin – frau ist schon froh, wenn es mal irgendwo nicht dauernd Spott setzt, wenn sie für Gerechtigkeit kämpft.

Aufsehen erregte auch die Kampagne der Frauenbeauftragten gegen den Brauch, zur Walpurgisnacht Stroh-Hexen zu verbrennen. Über diese Aktion wurde berichtet weit über Goslar hinaus, ich erinnere mich noch sehr gut daran. Mann stelle sich nur einmal vor, mann würde in späteren Jahrhunderten Stroh-AusländerInnen und Stroh-AsylantInnen verbrennen, zur fröhlichen

Erinnerung an deutschtümliche Gebräuche Ende des 20. Jahrhunderts.

Ja die Sensibilität in Sachen Würde und Rechte der Frau entwikkelt sich nur langsam, aber kein Zweifel, sie entwickelt sich. Für Kontinuität und Vernetzung sorgen zu einem ganz erheblichen Teil die Frauenbeauftragten in den Kommunen, Städten, Landkreisen, Betrieben, Behörden und sonstigen Institutionen. Die Frauenbewegung in den siebziger Jahren war sprunghaft, spektakulär, flamboyant, autonom und jeglicher Organisation abhold. Seit Mitte der achtziger Jahre bewegen wir uns vom Rand der Gesellschaft mehr und mehr in die Mitte. Wir durchsetzen die gewachsenen Männerstrukturen mit hereinwachsenden Frauenstrukturen und entwickeln Gegengewichte in Form von Netzwerken. Das ist alles unverzichtbar.

Und doch vermisse ich bei der Arbeit der Frauenbeauftragten etwas Entscheidendes, eben gerade die Autonomie, Frechheit und Kühnheit der guten alten Anfangszeit. Oder wie es Carol Hagemann-White in ihrem schon zitierten Aufsatz beschrieb: »Projekte, die bei sexuellem Mißbrauch helfen wollen, schießen wie Pilze aus dem Boden... Heißt das denn, wir richten uns mit Gewalt gegen Frauen ein? Sind die Frauenhäuser so etwas wie der Sicherheitsgurt im Auto? Da keine davor geschützt ist, in eine Karambolage [sprich: Vergewaltigung; Mißbrauchssituation] zu geraten, einigen wir uns auf Vorschriften, die die Folgeschäden begrenzen? ... Das kann doch nicht das Ziel gewesen sein.«[7]

Kurz und gut, ich wünsche mir, daß nicht mehr nur an den Symptomen herumkuriert wird, sondern daß der Kern des Problems angegangen wird, m.a.W. daß die Geschlechterhierarchie sich auflöst, daß Frauen die Hälfte der Macht und des Geldes verwalten und Männer die Hälfte der Familienarbeit leisten. Die Vereinbarkeit von Familie und Beruf ist vor allem für Männer zu fordern und herbeizuführen. Die vielen Sportplätze, gewöhnlich in bester Lage, auf denen sich nur Männerbeine anbolzen und kaum mal eine Frau zu sehen ist, könnten gewinnbringend veräußert werden zugunsten von Frauenprojekten. Sportplätze zu Hortplätzen!

Bis weit in unser Jahrhundert galten die JapanerInnen im rassistischen Europa nicht viel, höchstens belebten sie »immer nur lächelnd« diverse Operettenklischees. Inzwischen sind sie reich und mächtig und lehren – auch wenn es hin und wieder gewaltig kriselt – Europa und die USA das Fürchten. Einen ähnlichen Aufschwung stelle ich mir für Frauen vor – nicht nur durch »Fördermaßnahmen« (Japan wurde, genau wie Deutschland, nach dem Krieg finanziell massiv gefördert, eine Maßnahme der Politik des Kalten Krieges), sondern vor allem durch selbstbewußte, um nicht zu sagen: aggressive Nutzung der eigenen Ressourcen. Die Sprache des Geldes, der Macht und des Ansehens wird international verstanden, besonders gut von Männern. Ja es scheint fast die einzige Sprache, die sie verstehen.

Lassen wir uns also unsere Leistungen endlich angemessen bezahlen. Andernfalls wird gestreikt – oder gefraulenzt.

(1997)

Anmerkungen

1 Nachtrag 1998: Im März gedachten die Medien des 100. Geburtstages von Therese Giehse und des 50. Todestags von Karl Valentin. Ich bin eine begeisterte Giehse- und Valentin-Fan. Aber Giehse-Fans wurden – war es etwa anders zu erwarten? – sehr kärglich bedient, mit gerade mal zwei, wenn auch grandiosen, TV-Sendungen (Dürrenmatts *Physiker* und Gorkis *Mutter*), während sämtliche Filme Karl Valentins pausenlos gesendet wurden. Dabei ist erstens das Werk der Giehse filmisch breit dokumentiert, zweitens »gilt« ein 100. Geburtstag für gewöhnlich mehr als ein 50. Todestag. Bei dem Vergleich mit Brecht, der im Februar 1998 seinen Hundertsten hatte, gerät die Giehse gar völlig ins Hintertreffen. Das zeitliche Verhältnis mag etwa 95 Stunden zu 5 gewesen sein oder noch schlechter. Damit liegt es im Normbereich dessen was der Frau im Patriarchat zugedacht wird: 5 Prozent der Uni-Professuren, 5 Prozent der Straßennamen, 5 Prozent des Platzes in den Nachrichten, in den Lexika, undsoweiter.
Eins aber muß ich zugeben: Das Hildegard-Jahr wird ausgiebig gefeiert. Da kommt nicht einmal Brecht mit, scheint es. Woran diese ungewöhnliche Aufmerksamkeit für eine Frau liegt? Nun, einmal war Hildegard von Bingen eine absolute Ausnahmeerscheinung, zweitens bringt die katholische Kirche sich immer gern in Erinnerung, und sei es mit einer Frau, drittens nehmen viele Disziplinen und Bewegungen Hildegard für sich in Anspruch, allen voran die internationale Frauenbewegung, dicht gefolgt von der Naturheilkunde-Bewegung und der Esoterik. Die Wiederentdeckung und intensive Vermarktung mittelalterlicher Musik tut ein übriges.

2 Vgl. McClary 1994 und Solomon 1989.

3 Schwarzer 1993. Das Zitat setzt sich zusammen aus Stellen auf den Seiten 83, 84 und 86.
4 Heine 1946 [1827]: 12.
5 Ebd., S. 28 f.
6 Hagemann-White 1992: 37.
7 Ebd., S. 26.

Persönliches

Vater morgana

Väterliche »Autorität« habe ich als Kind nur durch meine beiden Onkel kennengelernt, die inzwischen gestorben sind. Der eine, Bruder meiner Mutter, war Arzt; der andere, Ehemann ihrer Schwester, war Pfarrer. Meine Mutter war Sekretärin, das heißt sehr arm – wir Kinder durften deshalb die Ferien abwechselnd in der Arzt- und in der Pfarrersfamilie verbringen. Meine Tante, die »Frau Pfarrer«, hatte vor ihrer Ehe mit Lust und großem Erfolg als Ärztin praktiziert (sie war also eine aus der Gruppe jener »weiblichen 10 Prozent«, die unter Hitler in Deutschland überhaupt studieren durften) – eine hochbegabte, energiegeladene Frau. Jetzt in der Ehe durfte sie ihre Begabung und Energie darauf konzentrieren, dem mäkeligen Gatten die Bratkartoffeln so zu braten, wie er sie gerne hatte. Gelang das nicht, brüllte er sie an, im Beisein der Kinder ... Ich war entsetzt und empört, schon als Achtjährige. Der Herr Pfarrer hatte einen Spitzbauch, er legte größten Wert auf gutes Essen und auf gute Tischmanieren. Zu den Tischsitten gehörte es auch, daß er am Kopf des Tisches präsidierte, die uns alle bedienende Tante zu seiner Rechten. Die beiden hatten sechs Kinder, die Arztfamilie übrigens auch. In der Arztfamilie präsidierte bei Tisch ebenfalls der Vater. Die Arztfrau, meine Tante, war lieb und völlig verschüchtert. Der Onkel erzählte bei Tisch gerne Witze, ziemlich geistlose. Trotzdem brüllten immer alle vor Lachen, sogar wenn sie den Witz schon auswendig kannten. Es widerte mich an. Nach drei, vier Jahren derartigen Ferienglücks blieb ich lieber zu Hause.

In beiden Familien also irgendwie dasselbe: Sechs Kinder und eine Ehefrau ständig damit beschäftigt, dem Familienoberhaupt Respekt zu zollen – einen Respekt, den es überhaupt nicht verdiente, was mir (als Außenseiterin) offensichtlich war. Die väterliche Autorität war mitnichten eine »natürliche«, sondern eine in tausenderlei Alltagshandlungen und -riten immer von neuem erzwungene, hergestellte.

Das bringt mich auf eine späte Begegnung mit meinem Vater. Ich war dreißig Jahre alt und hatte ihn wohl zwanzig Jahre lang nicht mehr gesehen. Er hatte in den fünfziger Jahren wieder geheiratet und mit seiner zweiten Frau fünf Kinder. Diese – immerhin meine Halbgeschwister – wollte ich doch gern mal kennenlernen. Der Vater interessierte mich eigentlich weniger.

Seine Briefe jedes Jahr zum Geburtstag hatten mich schon immer arg befremdet, und nun machte er auch persönlich einen mehr als befremdlichen Eindruck auf mich. Ich kann und will das hier nicht näher ausführen, denn er lebt noch (dankbar bin ich ihm wie auch meiner Mutter für die Vererbung einer anscheinend unglaublich robusten Gesundheit). Aber meine Geschwister bzw. Halbgeschwister gefielen mir auf Anhieb sehr. Komisch – vielleicht war der Vater ja doch nicht so schlecht, wie meine Mutter immer behauptet hatte. Die Kinder jedenfalls schienen doch äußerst gelungen! Ich bekam dann schnell heraus, daß sie das wohl allein ihrer Mutter zu verdanken hatten. Eine sympathische, lebenskluge, warmherzige Frau. Ihre Lebensklugheit hatte auch darin bestanden, ihn in dem Glauben zu lassen, *er* sei das Familienoberhaupt. Daß in Wirklichkeit sie die Fäden in der Hand hatte, wußten alle – bis auf ihn. Und so herrschte in dieser Familie Harmonie ...

Die Mutter meiner Halbgeschwister stammte aus »einfachen Verhältnissen«; mit meinem Vater hatte sie »eine gute Partie« gemacht, war »gesellschaftlich aufgestiegen«. *Meine* Mutter hingegen hatte mit ihm eine sehr schlechte Partie gemacht – sie war ihm geistig und gesellschaftlich überlegen und wußte es. Um so weniger ertrug sie sein naiv-patriarchales Gebaren als ihr »Herr und Gebieter« und »Familienoberhaupt«. Er, der »noch nicht mal die deutsche Rechtschreibung beherrschte«, verlangte von ihr ganz selbstverständlich, daß sie ihm die Schuhe putze, schließlich sei sie ja seine Frau! Es wurde ihr nach kurzer Zeit einfach zu bunt mit ihm, und sie warf den Kram hin. Lieber ein Leben in bitterster Armut, meinte sie, als ständig diese Diskrepanz zwischen echter und angemaßter Autorität auszuhalten – oder gar noch tagtäglich devot darüber hinwegzutäuschen, wie es meine beiden Tanten taten. Ich bin ihr noch heute sehr dankbar für diesen kühnen Entschluß und eklatanten Mangel an »Lebensklugheit«. Immerhin war sie »die erste Missionarstochter in Deutschland, die es gewagt hatte, sich scheiden zu lassen« – und dadurch, wie uns (ja: auch ihren Kindern) allenthalben vorgeworfen wurde, »den ganzen Berufsstand in Mißkredit gebracht hatte«.

Ich stamme also aus einer »kaputten Familie« – in den beiden »intakten Familien« machte man sich große Sorgen um »die armen Kinder«, aus denen ja nun bestimmt nichts werden könnte. Die Frau Pfarrer kümmerte sich täglich viele Stunden hingebungsvoll um die Schulaufgaben ihrer Kinder (hauptsächlich Söhne), wahrscheinlich weil es ihr immer noch ein bißchen sinnvoller schien als die kunstvolle Herstellung knuspriger Mini-Mini-Bratkartöffelchen. Meine Mutter hatte selbstverständlich nie Zeit, sich übermäßig um uns zu kümmern. So wuchsen wir denn in großer Freiheit auf, meist uns selbst überlassen. Früh übernahmen wir den Haushalt, gaben Nachhilfestunden, sammelten Altpapier und hüteten Nachbarskinder, um uns ein Taschengeld zu erwirtschaften und den Haushalt mitzufinanzieren. Sie hat uns immer viel zugetraut, teils wohl einfach aus Not, teils auch aus Stolz: Wir waren ja *ihre* Kinder, und so würden wir es auch alleine schaffen, genau wie sie.

Sie hat recht behalten. Meine Schwester, mein Bruder und ich sind ganz verschieden geraten, haben sehr unterschiedliche Berufe – aber wir können wohl alle von uns behaupten, ein »erfülltes« Leben zu führen, das uns großen Spaß macht. Und wir lieben uns sehr. Das weitgehende Fehlen von Erwachsenen in unserer Kindheit und Jugend hat uns früh – und bis heute – eng zusammenhalten lassen.

Meine Mutter heiratete, als ich dreizehn war, einen dreizehn Jahre jüngeren Mann. Uns Kindern gegenüber hat er sich nie »wie ein Vater« aufgeführt – es wäre ihm wohl auch übel bekommen. Er war und ist uns ein guter Freund.

Heute bin ich in unserer patriarchalen Gesellschaft als Feministin verschrien – ähnlich wie es meine Mutter früher als »einzige Missionarstochter, die ...« war.

Die hohle, angemaßte Autorität, die sich in meiner Kindheit mit der Vaterrolle verband, habe ich sehr früh durchschauen und gründlich verachten gelernt, dank meiner Mutter, die mir gezeigt hat, wie frau darauf zu reagieren hat. Wie sagte schon Hedwig Dohm? »Mehr Stolz, ihr Frauen!«

(1988)

Auskünfte über Einkünfte

> Auch wenn wir uns das vielleicht nur ungern eingestehen, gibt es im Leben keinen zweiten Faktor, der den Charakter und das Handeln der Menschen so stark zu beeinflussen, zu verändern oder zu deformieren imstande ist wie das Geld – sei es zuwenig, zuviel oder mehr Geld als andere.
>
> *Jill Tweedie 1982: 243*

Geld bedeutet für mich Freiheit und Unabhängigkeit, deshalb bedeutet es mir viel. Meiner Mutter, die sehr christlich ist, ist mein Interesse für Gelddinge unsympathisch und fremd. »Von mir hast du das nicht«, pflegt sie kopfschüttelnd zu sagen, wenn ich mich mit ihrem zweiten Ehemann (Manager der Großindustrie i. R.) angeregt über Geldanlagestrategien unterhalte.

Mein Interesse für Geld speist sich vermutlich aus drei Quellen: Erstens die Erlebnisse meiner ärmlichen Kindheit und Jugend, zweitens der plötzliche Abbruch einer bis dahin steilen Unikarriere nach dem Einstieg in die feministische Forschung, drittens und wahrscheinlich *grundlegend* die Gewißheit, daß lesbe im Patriarchat beizeiten lernen muß, wie sie sich anständig, ohne Rückgratverkrümmung, durchbringt. Viele Lesben können sich ein menschenwürdiges Dasein ohne Versteck und Verstellung schlicht nicht leisten, weil sie um ihre Existenzgrundlage, den Arbeitsplatz, fürchten müssen. Wären diese Lesben steinreiche Erbinnen wie ihrerzeit Natalie Barney oder auch nur finanziell einigermaßen gesichert wie ihrerzeit Gertrude Stein – sie könnten nicht nur auf die Meinung ihrer Mitmenschen pfeifen, sondern die biedere Heterowelt sogar durch selbstbewußtes freies Auftreten aufklären und umerziehen. So etwas schwebt auch mir als Ideal vor. Ich weiß wohl, daß dazu noch weit mehr gehört als finanzielle Unabhängigkeit – z. B. Zivilcourage. Aber Geld ist zweifellos eine unschätzbare Hilfe bei der Entwicklung dieser Zivilcourage, frau denke nur an Martina Navratilova oder Patricia Highsmith, deren Lesbenroman *Carol*, den sie schon vor gut 40 Jahren geschrieben und unter Pseudonym veröffentlicht hatte, in diesem Sommer [1990] unter ihrem richtigen Namen erschien.

Meine Mutter hatte sich beizeiten scheiden lassen und zog ihre drei Kinder alleine groß. Mein Vater zahlte nichts. Sie arbeitete als Sekretärin und hatte immer Schulden. Wir bekamen kein Taschengeld wie andere, sondern höchstens milde Gaben von der Kirche. Nach dem Erntedankfest durften wir den Altar abräumen und die prachtvollen Feldfrüchte und anderen guten Gottesgaben im Bollerwagen nach Hause karren. Einmal ging die resolute Gemeindeschwester mit mir Schuhe einkaufen; es war mir sehr peinlich. Reiche Gönnerinnen bezahlten für mich die Klavierstunde; hin und wieder auch Kleidung, denn es war aufgefallen, daß ich das ganze Jahr denselben Rock trug, den einzigen, den ich besaß. Wenn für Päckchen in die DDR gesammelt wurde, sagte meine Mutter, ich kann nichts geben, sie sollen lieber für uns sammeln. Einmal schrieb sie mir eine Entschuldigung: »Meine Tochter konnte nicht zur Schule kommen, weil es kalt ist und sie keine Strümpfe hat«. Rot vor Scham überreichte ich der Lehrerin das Schreiben.

Wenn wir von der Schule nach Hause kamen, fragten wir nicht, was gibt es zu essen, sondern: Gibt es was zu essen? Oft sagte sie, ob wir die nächste Woche finanziell überstehen werden, weiß ich auch nicht. Dann übernahmen wir Kinder die Versorgung der Familie, und es gab eine Woche Zementwurst mit Brennesselsalat und aufs Brot Tafelmargarine das Kilo zu fünfzig Pfennig, dazu Tee aus Zinnkraut, das wir von Wegrändern gesammelt hatten. Meine Mutter konsumierte den seltsamen Fraß ohne Murren.

Von solchen Erlebnissen her hatte ich früh ein tiefsitzendes, fast sehnsüchtiges Streben nach finanzieller Sicherheit. Ich lernte auch früh, daß ich meine Wünsche selbst zu erfüllen hätte. Meine Mutter ließ uns da völlig freie Hand, nur geben konnte sie uns nichts. Mit acht Jahren wollte ich gerne Rollschuhe haben; sie kosteten damals, 1952, 28 Mark. Ich sammelte Alteisen und Kupferdraht und Lumpen und Flaschen und verkaufte sie dem Altwarenhändler. Ich machte Babysitting für die NachbarInnen (damals hieß das »auf die Kinder passen« oder »die Kinder verwahren«), für 20 Pfennig pro Stunde. Nach einigen Monaten hatte ich meine 28 Mark beisammen und kaufte mir die Rollschuhe. Mit zehn wollte ich einen Plattenspieler für hundert Mark. Ich arbeitete beim Bauern, machte Kartoffeln aus, schlaufte im Akkord Tabakblätter auf Holzstangen und pflanzte Rüben in endlosen Reihen – nach einigen Monaten hatte ich die 100 Mark beisammen und kaufte mir den Plattenspieler. Ich war versessen auf klassische Musik: musiksüchtig – wäre ich in den siebziger Jahren aufgewachsen, wäre ich wahrscheinlich drogensüchtig gewesen/geworden. Eine Langspielplatte der Deutschen Grammophon kostete 32 Mark. Wenn ich neun Stunden auf dem Kartoffelacker gekniet hatte, in sengender Hitze, hatte ich 4,50 Mark verdient. Das anderthalb Wochen lang – dann hatte ich das Geld für *eine* Platte beisammen. Ich tröstete mich damit, daß ich die Platte ja viele Jahre lang wieder und wieder genießen könnte. Heute kostet eine CD etwa dasselbe wie damals eine Langspielplatte. Viele CDs sind allerdings auch billiger, und ganze Opern passen auf eine oder zwei Tonband-Cassetten zu 5 bis 7 Mark. Mein Bedürfnis nach Musik ist noch immer so groß wie damals: Ich habe mich nicht geändert, aber die Verhältnisse sind anders. Als ich kein Geld hatte, war das alles kaum erschwinglich. Heute, wo ich Geld habe, wird einer alles nachgeschmissen – in Superqualität. Ich erzähle das deswegen so ausführlich, weil ich auf das Thema »Freiheit durch Bedürfnislosigkeit/Bescheidenheit« hinauswill. Ich bin eigentlich weder bedürfnislos noch bescheiden, tatsächlich bin ich eher maßlos in meinen Wünschen. Aber ich hatte das unwahrscheinliche Glück, daß Musik immer billiger und noch dazu technisch unvergleichlich besser zu bekommen war im Laufe der Jahre. Ähnliches gilt für Bücher, die frau sich leihen oder billig als Taschenbuch und noch billiger im Ramsch erwerben kann.

Obwohl wir so arm waren, schickte meine Mutter mich auf das Mädchengymnasium. Die andern Mädchen in meiner Klasse stammten überwiegend aus wohlhabenden Familien. Zum Glück hatte ich meist die besten Noten, das war statusmäßig ein kleiner Ausgleich, denn schön und charmant war ich auch nicht, so daß ich, als es dann wichtig wurde, auch nicht mit einem Freund aufwarten konnte, der meinen Status aufgebessert hätte. Ich wollte eigentlich auch keinen Freund, denn ich war seit meinem Eintritt in die Sexta in meine Freundin verliebt. Sie war die klügste, reichste und schönste Schülerin. Im Hause ihrer Eltern lernte ich die angenehmen und die unangenehmen Seiten des Reichtums kennen: Es gab immer wunderbares Essen, wunderbare Musik, sie hatten einen wunderbaren Garten, eine riesige Schallplattensammlung, endlos viele edle Bücher, schöne Möbel und vornehme Manieren. Aber ich kam mir dort wie Aschenputtel vor. Beim Hantieren mit dem edlen Besteck fiel mir manchmal vor Aufregung das Kotelett unter den Tisch; der kultivierten Konversation konnte ich nicht folgen; ich blieb stumm, versuchte intelligent auszusehen und fühlte mich unergiebig.

Seit meinem 14. und bis zum 18. Lebensjahr machte ich Heimarbeit von mittags um eins oft bis spät in die Nacht: Federnkleben hieß der Job; es waren gefärbte Hühnerfedern auf Schablonen zu kleben, aus denen dann abenteuerliche Federhütchen für US-Amerikanerinnen zusammengebastelt wurden. Die ganze Familie hustete wegen meiner Federflusen, die die Wohnung gleichmäßig bunt überzogen, aber alle waren immer enorm geduldig und nachsichtig, vor allem meine arme Schwester, mit der ich ein Zimmer teilte. Ich kam so auf einen Monatsverdienst von ca. 250 DM – damals eine erhebliche Summe. Ich kaufte mir jetzt meine Kleidung selbst, und meine Schallplattensammlung und der Phonomaschinenpark wuchsen trotzdem.

> Angst und völlige Abhängigkeit machen es nicht leicht, sich aufzulehnen, aber Mut muß stets ... gegen scheinbar unüberwindliche Hindernisse angehen – was wäre sonst Mut?
>
> *Jill Tweedie 1982:91*

Mit 19 begann ich mein Studium in Hamburg. Seit dieser Zeit bin ich finanziell selbständig, d.h. von meiner Mutter unabhängig. Zuerst bekam ich ein Stipendium nach dem Honnefer Modell; während der Semesterferien arbeitete ich als Telefonistin und/oder Sekretärin. Ab meinem 5. Semester (1965) bis zur Promotion 1972 bekam ich ein großzügiges Stipendium der Studienstiftung des deutschen Volkes und brauchte jetzt nicht mehr während der Semesterferien zu jobben. Für die Befriedigung meiner weiterhin uferlosen Musikbedürfnisse mußte ich allerdings, wie schon immer, selber sorgen: Ich gab sehr viele Nachhilfestunden. Da ich Latein studierte und in Blankenese wohnte, hatte ich keine Schwierigkeiten, gutzahlende SchülerInnen zu finden.

Nach der Promotion arbeitete ich als wissenschaftliche Mitarbeiterin in Forschungsprojekten an den Universitäten Kiel und Konstanz. Ich bekam ein Gehalt nach BAT IIa und Ib, geradezu fürstinlich, wie mir schien. So viel Geld konnte ich schon aus Zeitgründen nicht ausgeben, aber zum Sparen kam ich auch nicht, denn meine Psychoanalyse verschlang ein Drittel bis die Hälfte meines Nettogehalts. Der erste meiner beiden Psychoanalytiker war kaum älter als ich und hatte eine Menge KlientInnen – was mochte der erst verdienen?? Aber auf diese Frage kam ich damals nicht.

Meine Schwester heiratete in dieser Zeit; sie kauften sich erst eine Eigentumswohnung und dann ein Häuschen für die bald vierköpfige Familie. Ich habe weder Eigentumswohnung noch Häuschen, noch Familie. Meine Hauptinvestition in den siebziger Jahren, zwischen meinem 25. und 35. Lebensjahr, galt meiner Psyche, die unter den Anstrengungen des Lesbischseins im Hetero-Patriarchat arg gelitten hatte. Ich hatte seit Beginn der Pubertät eine ausgewachsene Angstneurose, war eigentlich rund um die Uhr (außer wenn ich schlief) und sommers wie winters in Angstschweiß gebadet. Die sündhaft teure Analyse half mir aber immerhin, jene Zivilcourage zu entwickeln und zu pflegen, von der ich eingangs sprach.

1976 hatte sich meine Freundin umgebracht – wir hatten von 1965 bis 1973 zusammengelebt. Ein halbes Jahr nach ihrem Tod begann ich ihre/unsere Geschichte aufzuschreiben mit dem Ziel, sie zu veröffentlichen. Ich war überzeugt, daß das Heteropatriarchat unsere Beziehung vergiftet und zerstört und meine Partnerin so schließlich getötet hatte, und ich wollte etwas dafür tun, daß die Gesellschaft sich endlich ändert. Aufklärung betreiben mit einem Buch, das lesbisches Leben so schildert, wie ich es kannte und nicht so, wie es bis dahin in den meisten psychologischen, soziologischen und literarischen Werken dargestellt worden war, überwiegend von Männern. Ich schrieb viele Jahre an dem Buch. 1981 endlich kam es heraus, unter Pseudonym zwar – aber immerhin. *Sonja* war sofort ein ziemlicher Erfolg; die erste Auflage von 10000 Stück war nach zwei Wochen verkauft. Ich bekam viele viele Briefe von ängstlich versteckten Lesben, meistens Lehrerinnen, aus Orten mit vierstelliger Postleitzahl.

Der zweite Akt von Zivilcourage, etwa um dieselbe Zeit, also Ende der siebziger Jahre, war mein Einstieg in die feministische Linguistik. Er kostete mich zunächst meine Universitätskarriere, für die ich 15 Jahre geackert hatte. Von 1963 bis 1979 hatte Vater Staat meine ängstlich-emsig erbrachten Leistungen kontinuierlich und großzügig honoriert mit Stipendien aller Art, von der bereits erwähnten Studienstiftung über ein DFG-Habilitationsstipendium bis zu 5 Jahren Heisenbergstipendium (300000 DM). Bei

Bewerbungen auf Professuren kam ich fast immer in die engste Wahl. Nachdem ich 1979 meinen ersten Aufsatz zur feministischen Linguistik veröffentlicht hatte, änderte sich das. Ich wurde bei Bewerbungen nun nicht mehr berücksichtigt und mußte nach etwa zwei Jahren erkennen, daß meine akademische Karriere mit meinem Einsatz für feministische Forschung und Lehre praktisch gestorben war. Das schöne reichliche Heisenbergstipendium lief noch bis Mitte 1984 – aber danach sah es finster aus. Ich sah mich schon als Verkäuferin bei Aldi, als Putzfrau, als Einstellhilfe in einer Bibliothek oder in ähnlich miesen Jobs. Vom Heisenbergstipendium und vom Verkauf meines Buches *Sonja* hatte ich mir zwar etwas zurücklegen können, so daß ich eine Weile davon leben konnte; ich hatte zudem von jeher ein gründliches Training in Bedürfnislosigkeit[1] (die Erfüllung meines Grundbedürfnisses Musik war ja mittlerweile kein finanzielles Problem mehr) – dennoch beschlichen mich böse Zukunfts- und Existenzängste. Aber ich hatte Glück[2]:

Entgegen gutgemeinten Ratschlägen meiner männlichen Kollegen (»Mach doch wieder richtige Linguistik, dann kriegst du doch sofort eine Professur«) hatte ich, noch gut abgefedert vom Heisenbergstipendium, meine feministische Forschung fortgesetzt und 1984 die gesammelten Ergebnisse in der edition suhrkamp veröffentlicht. Bei Suhrkamp war auch *Sonja* erschienen und 1983 der Band *Feminismus: Inspektion der Herrenkultur*. Mein erstes feministisch-linguistisches Buch wollten sie eigentlich nicht machen, taten es dann aber doch, um die Autorin im Verlag zu behalten. Das kleine gelbe Buch *Deutsch als Männersprache* wurde einer der größten Verkaufserfolge in der edition suhrkamp und für mich der Beginn meiner zweiten, nun außeruniversitären Karriere. Wie schon früher hatte sich aus einer Notlage etwas Neues, Besseres entwickelt.

Ich bekam immer mehr Einladungen zu Vorträgen, Lesungen und Seminaren. Je mehr die Männer-Universität sich gegen das neue Forschungsgebiet verschloß und es verstockt schmollend als »Nichtlinguistik« deklarierte, um so intensiver wurden Interesse und Nachfrage der übrigen Öffentlichkeit, von der autonomen Frauenbewegung über Buchhandel, Kirche, Funk und Fernsehen bis zur Erwachsenenbildung. Ich lernte staunend die beträchtlichen Mittel und das weitverzweigte Netz unseres sogenannten Kulturbetriebs kennen. Mann möchte gerne auch mal einen progressiven Eindruck machen und eine richtige Feministin einladen – aber damit es seriös bleibt, empfiehlt sich schon eine mit Professorinnentitel. Ich fülle da offenbar eine echte Marktlücke.

Angebot und Nachfrage regeln den Preis – das Angebot blieb und bleibt begrenzt, da die Männeruniversität es mir nach wie vor versagt, Nachwuchs und damit Konkurrenz auszubilden. (Nach ca. 100 Bewerbungen habe ich es 1986 aufgegeben, da noch mitzumischen. Inzwischen meldet sich die Männeruni vereinzelt von selbst bei mir und ich sondiere die Angebote lustlos, aber gewissenhaft.) Die Nachfrage steigt noch immer, also habe ich seit 1984 auch den Preis gesteigert.

Ich könnte von meinen öffentlichen Lesungen und Vorträgen leben. Ich könnte auch von meinen Glossen leben – eine Textsorte, die sich beim gutzahlenden Rundfunk und bei der noch besser zahlenden Schweizer Presse gut verkaufen läßt. Und ich könnte auch von meinem Kalender *Berühmte Frauen* leben, der seit 1988 als suhrkamp Taschenbuch erscheint. Von meinen sonstigen Büchern (ich habe 5 geschrieben und 3 herausgegeben) könnte ich nicht leben, obwohl sie in ca. 160000 Exemplaren verbreitet sind.[3] Aber frau macht sich im hiesigen Kulturbetrieb mit Büchern einen Namen, und dieser Name wiederum bringt dann die Nachfrage bzw. das Geld.

> Wer für seine Überzeugungen blaue Flecke und Prügel einsteckt, ist kein Opfer.
>
> *Jill Tweedie 1982: 93*

Die letzten Abschnitte mögen übertrieben geschäftsmäßig gewirkt haben, deshalb erlaube ich mir hier zusammenfassend einige Hinweise auf meine edlen Motive und hehren Ziele. Was hat die Schule des Lebens mir bisher beigebracht?

Ich stamme aus ärmlichen Verhältnissen und habe früh gelernt, mich selbst zu versorgen und die Eigenverwaltung meines Lebens zu genießen und selbstverständlich zu finden.

Ich hatte, wahrscheinlich durch das Aufwachsen als Lesbe in den furchtbaren 50er Jahren, eine so schwere Angstneurose, daß ich meine ersten Gelder jahrelang für eine Psychoanalyse ausgeben mußte. Diese verlief überraschenderweise erfolgreich und stärkte meine Widerstandskraft und Zivilcourage.

Meine Lebensgefährtin brachte sich um; ich reagierte auf den Schock mit einem Buch, das mir eine neue Laufbahn und viele gute Kontakte in der Frauenbewegung eröffnete.

Mein Einsatz für die feministische Forschung beendete meine akademische Karriere – und katapultierte mich in eine zweite, weit interessantere und sogar lukrativere Karriere als freie feministische Autorin und Vortragsreisende.

Fazit, so aus der Rückschau: Es hat sich, wenn es auch oft sehr finster aussah, noch alles zum Guten und sogar Besseren gewendet. Das verdanke ich der Freundlichkeit vieler und dem unverwüstlichen Drang nach einer menschenwürdigen Existenz auch als Lesbe. Ich bin daher einige fast halsbrecherische Risiken eingegangen – und habe gewonnen. Und so möchte ich, meine Lieblingsautorin Hedwig Dohm leicht abwandelnd, allen Frauen zurufen: Mehr Stolz und Mut, ihr Frauen!

Mein nächstes Ziel ist es, so viel Geld anzusparen, daß ich meine Forschung oder was ich sonst aufschreiben möchte, selbst finanzieren kann, auch wenn es niemand drucken/kaufen möchte. Noch ein paar Jahre fleißigen Tingelns, dann habe ich es geschafft. Mit fünfzig, vielleicht, werde ich dann Schriftstellerin und schreibe die bewegenden großen deutschen Lesbenromane, nach denen sich diese Kulturnation so innig sehnt ...[4]

(1990)

Anmerkungen

1 Ingeborg Stahr schreibt (1987: 255): »Das folgende Interview habe ich mit Luise Pusch im April 1987 in Hannover geführt. Sie wohnt dort in einer Wohngemeinschaft. Mich überraschte die Einfachheit ihres Lebensstils, der für ihre gesellschaftliche Statusgruppe nicht üblich ist.«

2 Ich weiß wohl – wo Männer von »wohlverdientem Erfolg« reden, sprechen Frauen von »Glück«. Egal ob Glück oder Erfolg – es half mir jedenfalls aus meiner sorgenvollen Lage.

3 Inzwischen, 1998, sind es 7 geschriebene und 8 herausgegebene, dazu 12 Kalender – insgesamt etwa eine halbe Million Exemplare.

4 Jetzt bin ich 54 und habe meine finanziellen Ziele einigermaßen verwirklicht. Ob ich das Zeug zur Schriftstellerin habe, versuche ich seit Jahren herauszufinden.

Busch und Pusch

Oft ist das Denken schwer, indes
Das Schreiben geht auch ohne es.
Wilhelm Busch

Mein »Lieblingsautor« ist – wie es es sich gehört für eine praktizierende Feministin – eine Frau. Aber hier soll es ja um schreibende Männer gehen. Wilhelm Busch habe ich immer sehr gemocht, auch Robert Walser. Und nun? Was weiter?

Immerhin war Busch ein stattlicher, gutaussehender Mann, im Alter ein würdiger Greis mit klugem Blick und gepflegtem Vollbart. Er blieb (wie auch Walser) ledig, hat also im Gegensatz zu vielen seiner Zeitgenossen keine Frau in der Ehe verbraucht. Unbestreitbar ist auch, daß er Generationen von Kindern und Erwachsenen zum Lachen gebracht hat – für einen Deutschen eine bemerkenswerte Leistung, wir haben nicht viele von der Sorte. Er konnte nicht nur vorzüglich dichten, sondern auch noch zeichnen und malen. Grund genug, ihn hoch zu loben! Noch mehr Gründe finden sich in Hans Dieter Schwarzes schönem Buch *Mein lieber Wilhelm* (1982), welches mein Lieblingsbuch über meinen Lieblingsdichter ist.[1]

Frauen haben sich über Busch bisher kaum geäußert. Das liegt sicher daran, daß wir keinen Sinn für Humor haben. Selbst die Untersuchung mit dem feministisch klingenden Titel *Das Frauenbild bei Wilhelm Busch* ist von einem Mann (Michael H. Schwibbe, 1988).[2] Höchste Zeit, daß sich mal eine Frau den »größten Humoristen deutscher Sprache« (Frey 1982) zur Brust nimmt.

Manchmal schreibt mir ein männlicher Fan aus der Heilanstalt, zuletzt eine Postkarte, adressiert an Wilhelm Busch, George Bush und Luise F. Pusch. Auch das gibt zu denken.

Und nun? Was weiter?

Was ist der Sinn der vielen Umfragen nach der Lieblingsspeise, der Lieblingssportart und dem Lieblingsdichter? Das Publikum will etwas Persönliches erfahren über die auskunftgebende Person, und es möchte sich in seinen Vorlieben und Abneigungen bestätigt sehen. Wenn der Lieblingsautor nicht nur einfach benannt werden soll, sondern auch noch erörtert werden muß, kann frau also ruhig gleich mit dem Persönlichen statt mit dem Lieblingsautor anfangen, denke ich. Nun also denn.

Im Durchschnitt ist man kummervoll
Und weiß nicht, was man machen soll.
Wilhelm Busch

Mein »Lieblingsautor« ist, wie gesagt, eine Frau, nämlich Carson McCullers. Unter den deutschsprachigen »Autoren« auch eine Frau: Marlen Haushofer.

Gemeinsam ist meinen Lieblingsautorinnen eine trügerische Einfachheit der Sprache, eine Vorliebe für traurige Stoffe und ein hartes Schicksal. Beide starben, nach langer furchtbarer Krankheit, schon in mittlerem Alter, Haushofer mit 49, McCullers mit 50 Jahren.

In der Musik bevorzuge ich ebenfalls das Traurige: Mein Lieblingskomponist ist Schubert.

Der Hang zum Traurigen rührt wohl daher, daß ich das Leben lange ziemlich beängstigend und traurig fand, meist aber so sehr damit beschäftigt war, Haltung zu bewahren, daß ich nicht dazu kam und schließlich wohl auch verlernt hatte, diese Traurigkeit angemessen zum Ausdruck zu bringen. Deshalb tat es mir gut, wenn andere das übernahmen.

Die Angst und Traurigkeit zusammen mit dem Wunsch, Haltung zu bewahren, erzeugten einen starken Druck, der sich in einer Neigung zum Absurden Luft machte. In meiner Familie und in meiner Schulklasse galt ich als Witzbold. Je angestrengter ich war, um so mehr Witze riß ich. Und so liebte ich denn in der Kunst nicht nur das Traurige sehr, sondern immer schon auch das Komische, besonders in seiner absurden Variante. Ich sah gerne Filme von Buster Keaton, ihn noch lieber als Chaplin. Und ich las gerne Wilhelm Busch. Wenn ich jetzt anläßlich der Anfrage wieder Wilhelm Busch lese, mich über ihn informiere und über die Gründe für meine Zuneigung nachdenke, so glaube ich viel Verwandtes zu erkennen. »Könnte es nicht sein, daß sich ein Empfindsamer der Komik bedient, um sich vor Brutalität zu retten? Vor Brutalität, die er vorfindet, beobachtet.« (Schwarze 1982: 65)

Als Studienfach wählte ich mir die Sprachwissenschaft – eine naheliegende Wahl bei meiner Vorliebe für das Absurde. In der Linguistik ist es nützlich und notwendig, ungrammatische Sätze zu ersinnen, und die haben leicht etwas Verrücktes. Sätze etwa wie: *Herr Müller ist gestern verendet* oder *Ich kann ihn nicht leiden, sondern ich besuche ihn trotzdem* oder *Sie besitzt einen Mercedes und eine Villa. Er ist silbergrau und sie liegt an der Riviera.* Solche Sätze verstoßen gegen grammatische Regeln, d. h. gegen un- oder besser außerbewußte Normen. Auf dem Verstoß gegen Normen und sonstige Selbstverständlichkeiten beruht auch der komische Effekt. Ich weiß aus meiner Tätigkeit als Linguistin und jetzt auch Glossenschreiberin, daß es nicht leicht ist, gegen Normen anzudenken, sei es in komischer oder linguistischer Absicht. Deshalb bewundere ich Leute, die sich das Komische als Beruf gewählt haben und die ihr Handwerk verstehen. Damit wäre meine Vorliebe für das komische Genre weiter erklärt, aber warum ist nun Busch mein Lieblingsautor und nicht Heine, Kraus, Tucholsky, Kästner, Morgenstern, Kishon, Thurber, Ringelnatz, Loriot oder sonst ein Humorist? Das hängt wahrscheinlich damit zusammen, daß mir Busch mit seinem »Humoristischen Hausschatz« schon in der Kindheit verabreicht wurde. Und vielleicht ist er ja tatsächlich »der Größte« (s.o). Immerhin wirkt seine Komik meist auf (mindestens) drei Ebenen gleichzeitig: Text, Bild und Reim. Nicht nur doppelt, sondern dreifach – das bringt's vermutlich!

Die oben vorgeführten linguistischen Beispiele klingen sehr ähnlich wie viele Sätze von Busch:

Alles konnte Böck ertragen,
Ohne nur ein Wort zu sagen.
Aber wenn er dies erfuhr,
Ging's ihm wider die Natur.

Absichtlich beginne ich meine kleine Analyse mit einem relativ unauffälligen Beispiel. Es geht mir um das Wort *erfuhr*. Was »erfuhr« Schneider Böck? *Max und Moritz* haben geschrien »He, heraus! Du Ziegen-Böck! Schneider, Schneider, meck, meck, meck!«

Das Wort *erfahren* erfordert hier als Objekt eine Nachricht. Böck bekommt aber gar keine Nachricht von den bösen Buben. Vielmehr *wider*fährt ihm etwas; er *er*fährt eine Beleidigung. Die genaue linguistische Aufdröselung dessen, was Busch hier macht, wäre langwierig, und ich möchte sie der Leserin (der Leser ist natürlich mitgemeint) ersparen und nur feststellen, daß mir gerade solche leichten Abweichungen von der Sprachnorm ein fast professionell-kollegiales Vergnügen bereiten.

Womit ich schon beim nächsten Beispiel bin. Über den Ehestand meldet Busch u. a.:

Sie mußten sich lange quälen,
Doch schließlich kam's dazu
Daß sie sich konnten vermählen.
Jetzt haben die Seelen Ruh.

Bei eines Strumpfes Bereitung
Sitzt sie im Morgenhabit;
Er liest in der Kölnischen Zeitung
Und teilt ihr das Nötige mit.

Ein tragikomisches Bild vom Ehetrott, gewiß. Aber mir geht es hier um das Wort *Bereitung*, das wieder haarscharf daneben ist, denn Strümpfe werden weder bereitet (noch beritten), sondern gestrickt. Nicht einmal Speisen werden bereitet; vielmehr werden sie *zu*bereitet. Bereitet werden Freuden. Besonderes Vergnügen bereitet hier obendrein die gespreizte Nominalisierung samt vorangestelltem Genitiv *eines Strumpfes Bereitung* – Busch zwingt Stilmittel der Verwaltungssprache und der Hochlyrik in eine Zeile über einen Vorgang, wie er – leider – gewöhnlicher fast nicht sein kann.

Das schöne Gedicht wird übrigens von dem Psychologen Beer (1982) falsch zitiert, und wahrscheinlich nicht nur von ihm. Statt *das Nötige* heißt es bei Beer *das Nötigste*, und das ist viel banaler. Mit *das Nötigste* wird der Gatte lediglich als mundfaul beschrieben, weil er ihr eben »gerade nur das Nötigste« mitteilt. Mit *das Nötige* sagt aber Busch aus der Perspektive des dümmlich-arroganten Gatten, daß die Gattin Wissen benötigt und exakt so viel davon zu- bzw. mitgeteilt bekommt wie sie nötig hat, und was sie nötig hat, das entscheidet der Eheherr allein. Buschs Original-Version ist viel bissiger – und der einzige Unterschied zwischen beiden Versionen ist ein kleines *st*.

Busch war ein Meister des Wortes (tatsächlich wird dieser bescheidene und spröde Mensch von seinen Verehrern gern Meister genannt); seine Bewunderer werden nicht müde, das zu betonen. Ich zitiere einen der bedeutendsten, Albert Einstein:

»Wilhelm Busch, insbesondere der Schriftsteller Busch, ist einer der größten Meister stilistischer Treffsicherheit. Ich denke – außer vielleicht Lichtenberg – hat es keinen Ebenbürtigen in deutscher Sprache gegeben.«

Dem kann ich mich nur anschließen, wer wollte auch einem Einstein widersprechen, selbst wenn er sich stilistisch holprig äußert. Ich möchte das Lob ein wenig ergänzen. Busch war treffsicher, klar, aber er konnte nicht nur ins Schwarze zielen und treffen, sondern, wenn er wollte, auch haarscharf daneben. Und das freut halt die Linguistin.

Zum Beweis meiner These von der Dreifach-Komik möchte ich ein paar berühmte Verse aus *Max und Moritz* zitieren:

Und ihr Hals wird lang und länger,
Ihr Gesang wird bang und bänger
Jedes legt noch schnell ein Ei,
Und dann kommt der Tod herbei.

Was der Text als »Ei« bezeichnet, ist im Bild zur Anschauung gebracht: Das Ei des Hahns ist, unverkennbar, ein Köttel. Das komisch-gravitätische Wort *herbei* verdanken wir, wie schon das *erfuhr* und die *Bereitung*, dem Reimzwang – in Prosa hätte *und dann kommt der Tod* gereicht.

Hühner und Hahn werden wiederholt als menschlich kategorisiert, durch das Wort *Gesang*, durch den tiefen Schmerz der Witwe Bolte um die Toten bzw. die Verstorbenen, die *schon so frühe abgeschieden* sind: »All mein Hoffen, all mein Sehnen, meines Lebens schönster Traum«. Andererseits legen aber diese nahezu menschlichen Wesen »noch schnell ein Ei«, bevor sie »ohne Kopf und Gurgeln lieblich in der Pfanne schmurgeln«. Als Leserinnen müssen wir beständig umkategorisieren: Die Hühner macht Busch zu Menschen, zu Christen-Menschen gar (*hienieden*), um sie dann umgehend und mit einem herzlosen *lieblich* wieder als Hühner in der Pfanne schmurgeln zu lassen. Wir wechseln dauernd die Perspektive. Daß die Hühner eine andere haben als Max und Moritz, leuchtet uns ein, aber daß Witwe Bolte imstande ist, die Perspektive dermaßen schnell zu wechseln und

Die Verstorbnen, die hienieden,
Schon so frühe abgeschieden,
Ganz im stillen und in Ehren
Gut gebraten zu verzehren

tut fast weh und hält unserer eigenen pragmatischen Herzlosigkeit, besonders im Umgang mit den sogenannten »Nutztieren«, den Spiegel vor.

Busch-Kenner Hans Dieter Schwarze zum allgegenwärtigen Thema des Todes bei Busch: »Wir schließen den Deckel über unseren Toten. Busch läßt seine Toten bereits im Augenblick des Verendens eine andere Gestalt annehmen: Sie werden wie Max und Moritz zerschrotet – oder gefrieren zu seltsamen Gebilden. Und nicht jeder vermag es über sich zu bringen, den verflüssigten Sohn im ›Eispeter‹ als lustiges Zeichen armseliger menschlicher Hinfälligkeit aufzunehmen, melancholisch und mit einer zu Hilfe gerufenen Komik, um ein bißchen besser mit der Brutalität fertigzuwerden, die in der Unbegreiflichkeit der Natur vorhanden ist; einmal wie sie mit uns umgeht, und wie wir als ihre Teile uns gegenseitig behandeln.« (S. 70).

Das finde ich sehr treffend beobachtet und gesagt, und so möchte ich denn meine Ausführungen schließen mit zwei Busch-Sentenzen, einer, die mir immer besonders gut gefallen hat und einer, die ich erst jetzt bei den Vorarbeiten für diesen Artikel entdeckt habe:

Tugend will ermuntert sein
Bosheit kann man schon allein.

Sagst du zweimal zwei ist vier, so ist das klar, aber leer. Sagst du Wurst, so ist was dran. Aber wer kann das Wesen einer Wurst ergründen?

(1993)

Anmerkungen

1 Schwarze beschäftigt sich in dem Buch mit den Briefen Buschs, vor allem des älteren Busch der letzten, nur scheinbar »unproduktiven« 25 Jahre.
2 Schwibbe will herausgefunden haben, daß Busch nicht besonders frauenfeindlich war: Den Männern ergehe es bei ihm in der Regel schlechter als den Frauen. Das ist auch mein Eindruck.

Glossen

Schöner altern – Die Essentials, dargereicht vom Club der freien Radikalen

1. Altern ist die größte Herausforderung an den Menschen. Gemeinerweise findet es genau dann statt, wenn wir sowieso immer klappriger werden. Ein Trost: Älter werden als solches ist nicht schwer, das schaffen Sie schon.

2. Fangen Sie rechtzeitig an zu altern. Mitte zwanzig wäre etwa ein günstiger Zeitpunkt. Je eher Sie altern, um so mehr Zeit haben Sie dazu und um so besser gelingt es Ihnen. Sie sehen ja, immer mehr Alte stöckern über Deutschlands Straßen und Plätze. Reihen Sie sich schon mal ein, bevor es zu eng wird.

3. Als Frau können Sie mit dem Altersstarrsinn nicht früh genug anfangen! Wir empfehlen als spätesten Zeitpunkt die Pubertät. Für den Altersgeiz gilt dasselbe.

4. Sie sind 35 und der Schalterbeamte fragt Sie, ob Sie eine Seniorenkarte wollen. Lassen Sie ihm das nicht durchgehen und bestehen Sie auf einer Senior*innen*karte.

5. *Wenn die britischen Tage aufhören, beginnt das britische Alter.* Genau! Streichen Sie das Wort *kritisch* aus Ihrem Wortschatz!

6. Achten Sie stets gut auf Ihre Gebärmutter und trennen Sie sich nicht mutwillig von ihr. Sie ist Ihre beste Verbündete im Kampf gegen die mit Recht so unbeliebte Inkontinenz.

7. Werden Sie nicht hormoniesüchtig. Ihr Gynäkologe soll die Östrogene selber nehmen. Beobachten Sie mit selbstlosem Wohlgefallen, wie sie bei ihm anschlagen! Auch er kann durch Hitzewallungen Energie sparen helfen und die zwischenmenschliche Kälte mildern.

8. Für ein gemütliches Alter sollten Sie beizeiten einen Sohn gebären. Derweil Ihre Tochter mit ihrer Schwiegermutter beschäftigt ist, wird seine Ehefrau Ihnen den Lebensabend verschönern.

9. Mit einem Mann zu altern, ist nicht so gemütlich. Im Alter werden sie grantig und stinken. Spätestens ab vierzig sehen Sie sich schon mal nach einer passenden Gefährtin für den Lebensabend um.

10. Ihre Falten sollten Sie nicht verstecken. Es besteht sonst Gefahr, daß sie sie nicht wiederfinden. Und das wäre schade!

11. Je mehr Falten wir haben, desto häufiger falten wir die Hände. Wenn es Sie mit zunehmendem Alter öfter in die Kirche treibt, macht nichts, sofern sie gut geheizt und die Bestuhlung bequem ist.

12. Ohne Zähne kein Zahnweh.

13. Sehen Sie schon mal zu, daß Sie was erben. Simone de Beauvoir hat festgestellt, daß Alter und weibliche Armut eine gängige, aber nicht eigentlich erstrebenswerte Kombination darstellt. Übrigens: Je älter Sie werden, um so mehr gibt es zu erben.

14. Es heißt Paro-, nicht Paradontose.

15. Wer nicht heiratet, bekommt keine Witwenrente, aber auch keinen Witwenbuckel. Entscheiden Sie sich!

16. Wenn die Gelenke nicht mehr wollen, dann wollen sie nicht.

17. Wenn Sie in Ehren ergrauen wollen, brauchen Sie dazu Haare. Bei schütterem Haar gelingt das Ergrauen nur mäßig. Aber eine selbstgestrickte rosa Angoraperücke hat auch ihren Schick.

18. Wenn Sie Ihre Brille nicht finden, schauen Sie im Kühlschrank nach. Da finden Sie immer was Nettes.

19. Ab siebzig sind Sie keine Nachwuchsschauspielerin, -wissenschaftlerin oder -schriftstellerin mehr. Bewerben Sie sich jetzt lieber bei SeniorInnenwettbewerben. Das ist aussichtsreicher.

20. Wenn es auch bei den SeniorInnenwettbewerben nicht klappen will: Eine Seniorinnenkarte der Deutschen Bundesbahn bekommen Sie immer.

21. Ab achtzig können Sie in aller Ruhe weiterrauchen. Sie haben in den vergangenen Jahrzehnten Ihre Zähigkeit hinreichend bewiesen.

22. Zellulitis gibt es nicht.

23. Sexualität über achtzig ist gesund und angenehm, mit einem Mann jedoch nur dann, wenn er noch rüstig und reinlich ist. Ab vierzig kommt der Mann allerdings in der Regel in die Penopause oder kriegt Balzheimer. Dann empfiehlt sich, wie gesagt, das Umsteigen auf eine Partnerin, wobei Sie das nicht so wörtlich nehmen müssen.

24. Auch eine Katze ist eine reizende Gefährtin.

25. Je älter Sie sind, um so weniger durchschlagend wird Ihr entrüsteter Ausruf: »Nur über meine Leiche!« Benutzen Sie lieber einen anderen Ausdruck.

26. Nach dem Lebensabend ist Feierabend. Wenn Sie noch weiterleben wollen, bedenken Sie, daß das Fernsehen immer unerfreulicher wird: Sie bekommen nur noch Kleinkinder und Halbwüchsige gezeigt, und Ihre Lieblingsstars werden dafür immer älter.

27. Wenn Sie beizeiten aus der Küche ausgetreten sind und Männe in Penision geschickt haben, dürfen Sie sich auf einen friedlich besonnten Lebensabend freuen.

28. Wenn Sie unsere Ratschläge befolgen, garantieren wir Ihnen ein entzückendes Alter. Allerdings: Wer Agonie sagt, muß auch Begonie sagen.

(1993)

Der neue Duden – schon veraltet

So etwa alle fünf Jahre kriegt das deutsche Volk einen neuen Rechtschreibungs-Duden verpaßt. Gerade erschienen: Der allerneuste Duden auf der Grundlage der neuen amtlichen Rechtschreibregeln, gültig ab 1998 auch für Österreich und die Schweiz.

»Maßgebend in allen Zweifelsfällen« war der Duden früher; heute fehlt dieser stolze Satz auf dem Buchdeckel, denn der Duden ist nicht mehr maßgebend. Er war es ohnehin nur vorübergehend. Der Staat hatte diese Kompetenz an den Duden abgetreten – bis sich die Dreiländerkommission auf eine neue Rechtschreibung geeinigt haben würde. Na und das dauerte und dauerte – so lange, daß wir alle glaubten, der Duden sei juristisch für die Rechtschreibung zuständig.

Endloser Gremienarbeit bedurfte es, um das neue Regelwerk auszubrüten – »ausbrüten« ist allerdings eine schiefe Metapher. Die Gremien waren nämlich zu 100 Prozent männlich besetzt. Die 12köpfige Kommission beim Institut für deutsche Sprache in Mannheim, die nunmehr für das Regelwerk von Staats wegen zuständig ist, besteht ebenfalls nur aus Männern: 6 Deutsche, 3 Österreicher und drei Schweizer sitzen da ein. Die rein männliche Abstammung merkt frau dem Regelwerk auch deutlich an. Deshalb hier ein paar wichtige Hinweise zum selbstbewußten Umgang mit den neuen Regeln und allen Wörterbüchern einschließlich des Duden, die auf ihnen basieren.

Was heißt überhaupt »maßgebend«? Der Staat kann den Schulen und Behörden bestimmte Sprachregelungen verbindlich vorschreiben – im übrigen ist Rechtschreibung Privatsache. Ich bin zwar eine Anhängerin der Kleinschreibung – die sich ja leider nicht durchgesetzt hat – schreibe aber trotzdem allerlei Wörter groß, weil die andern es auch tun. Ich müßte aber nicht – wer wollte mich auch dafür bestrafen? Diesen Freiraum nun haben Frauen seit 20 Jahren gewitzt genutzt. Frauen haben die deutsche Sprache grundlegend verändert – aber die Kommission hat noch wenig davon mitbekommen.

Es kann uns Frauen ja relativ egal sein, ob *Ballettänzer* mit zwei oder mit drei t geschrieben wird, *Stengel* mit *e* oder *ä* und *potentiell* mit *z* oder *t*. Wenn es den Gremienmännern wichtig ist, daß auch der unschuldigste Blumenstengel noch an *Stange* gemahnen soll, nun gut. »Jeder Mann ein potenzieller Vergewaltiger« – doch, mit einem *z* in *potenziell* sieht dieser kontroverse Satz irgendwie noch stimmiger aus.

Nicht glücklich bin ich damit, daß es nun keinen Unterschied mehr zwischen einer Miss Piggy und einer Missernte geben soll. Sehr misslich das. Nehmen wir es als Anlass, das Wort *Miss* samt Misswahlen abzuschaffen.

Aber das sind Peanuts – eins der neuen Wörter in dem neuen Duden übrigens. Wirklich enttäuschend ist, dass die Sprachkritik der Frauen in dem Regelwerk keinerlei Berücksichtigung findet.

Der Sprachwandel, den die Frauen in den letzten zwanzig Jahren in Gang gesetzt haben, ist die bedeutendste und tiefgreifendste sprachliche Neuerung dieses Jahrhunderts. Nicht nur im deutschen Sprachraum, sondern weltweit. Das wird inzwischen auch von einsichtigen Männern zugegeben, gar von einer so angesehenen Institution wie der Gesellschaft für deutsche Sprache in Wiesbaden. Wir haben erreicht, dass das Maskulinum nicht mehr das ist, was es einmal war. Wir lehnen es ab, uns als *Wähler*, *Ballettänzer* oder *Zuhörer* mitgemeint zu fühlen. Deshalb hat sich die Doppelform à la *Ballettänzerinnen und -tänzer* weitgehend durchgesetzt (ob mit 2, drei oder 5 t's, war uns ziemlich wurst). Im Schriftdeutschen haben wir dafür die Kurzform mit dem großen *I* in der Mitte erfunden. Diese Kurzform, aus dem deutschen Schrifttum der Gegenwart nicht mehr wegzudenken, vermisse ich in dem neuen Regelwerk. Sie kommt nicht vor, also können reformfreudige LehrerInnen, SchülerInnen, JournalistInnen und andere mit dem Hinweis auf das Regelwerk weiter in ihrem emanzipatorischen Eifer gebremst und verunsichert werden.

Ein Trost ist, daß wir, einmal aus der Schule entlassen und aus der Obhut von Behörden und regelwütigen Vorgesetzten – schreiben und sprechen können ganz wie wir wollen. Wir Frauen werden fortfahren, die Sprache zu bereichern. In diesem rückschrittlichen Regelwerk wurde es uns wenig gedankt, aber das nächste Jahrhundert gehört sowieso den Frauen und die nächste Reformkommission kommt bestimmt.

Abschliessend noch ein Wort des Lobes über den neuen Duden.

Nicht freiwillig zwar, sondern klar unter dem Druck massiver weiblicher Proteste der letzten 20 Jahre[1], hat der Duden mehr und mehr Feminina neben all den Maskulina aufgelistet. Da finden wir die Demagogin neben dem Demagogen, die Dänin und den Dänen, die Biologin und den Biologen einträchtig nebeneinander. Manchmal allerdings fehlt auch die weibliche Bezeichnung. Nach einer nur kurzen Durchsicht fielen mir die folgenden Männer als trostlose Singles auf:

Afroamerikaner
Bahnhofsvorsteher
Bajuware
Balljunge
Ballonfahrer
Bauunternehmer
Bayer
Bazillenträger
Berliner
Blutsauger
Bonner
Bonze
Bußprediger
Druide
Duckmäuser
Dudelsackpfeifer
Hairstylist
Hausfreund
Museumsaufseher
Minnesänger
Misanthrop
Modemacher
Mummelgreis
Münsteraner
Museumsdiener
Musikliebhaber.

Ich hoffe doch, in der nächsten Auflage des Duden die Bajuwarin, die Bonzin, die Hausfreundin, die Mummelgreisin und all die andern interessanten Frauen nicht länger vergeblich suchen zu müssen.

(1996)

Anmerkung

1 Vgl. u. a. meinen Aufsatz »›Sie sah zu ihm auf wie zu einem Gott‹ – Das Duden-Bedeutungswörterbuch als Trivialroman« von 1983, nachgedruckt in Pusch 1984: 135-144.

Die Plage mit der Blage

Das Weib, das Mensch, das Fräulein, das Mädchen – lauter scheuß- und »sächliche« Wörter, die abgeschafft gehören. Die meisten sind auch schon so gut wie vergessen, nur das *Mädchen* werden wir nicht los, im Gegenteil. Es kommt immer häufiger vor, weil die Mädchen endlich ins Zentrum der Aufmerksamkeit gerückt sind, aus vielen schlimmen und einigen guten Gründen.

Mitte der achtziger Jahre, auf einem der ersten Mädchenkongresse – *über* Mädchen, »Mädchen« selbst waren keine dabei – veranstalteten wir Frauen ein Brainstorming. Es sollte endlich eine bessere Bezeichnung für die »Mädchen« gefunden werden. Vorgeschlagen wurden u. a.

die Göre,
die Blage,
die Lütte,
die Kleine,
die Deern,
die Junge,
die Maid.

Bei *Maid* schrien die meisten gepeinigt auf. So sehr haben die Nazis dieses eigentlich »unschuldige« und akzeptable alte Wort für ihre Zwecke mißbraucht, daß ein Rehabilitationsversuch zumindest ein ziemlicher Kraftakt würde. Mir gefällt *die Maid* – immerhin ein Femininum, nach dem wir ja suchen – nicht so übel, jedenfalls vom Klang her. Aber meine Schwäche fürs Altmodische teilten nur wenige. Ich plädierte für Gelassenheit – dieselbe Gelassenheit, mit der die meisten von uns die von den Nazis erbauten Autobahnen befahren. Vergeblich.

Die Blage und *der Blage*, recycelt aus *die Blagen* fand frau eher herzlos. Abgelehnt.

Dafür gab es einhellige Begeisterung für *Göre* – so ein tolles Wort, frech, stark, aufmüpfig! Weg von dem braven artigen *Mädchen*-Image!

Bis eine empathische Mädchenfreundin einwandte, es wären ja keine Mädchen da, die wir nach ihrer Meinung fragen könnten. Sie hätte starke Zweifel, ob die Mädchen selbst lieber *Gören* als

Mädchen genannt werden wollten. Außerdem hieße es in ihrer Sprache *das Gör*, nicht *die Göre*.

Betretenes Schweigen. Die Kritik leuchtete uns ein.

Die Deern und *die Lütte* klangen den Süddeutschen zu norddeutsch – besonders den Schwäbinnen. Auch mißfiel der Anklang an *Dirne*.

Die Kleine – nee! Wir wollten doch was in Richtung »groß und stark«!

Zwischendurch wurde auch mal gefragt, ob *Mädchen* wirklich von *Made* abgeleitet sei. Ich konnte die Fragenden beruhigen – das *Mädchen* ist keine »kleine Made«, sondern eher eine »kleine Magd«, ein Mägdelein. Fanden wir auch überhaupt nicht lustig.

Ich hielt dann ein längliches Plädoyer für *eine Junge* neben *ein Junger*, für *die*, *der* und *das Junge*. Denn es ist nicht einzusehen, warum wir wohl *der Junge* sagen und auch *das Junge* und *die Jungen*, aber bei *die Junge* einfach passen oder fremdeln, obwohl wir eine neue Bezeichnung dringend bräuchten.

Die andern Mädchen-Expertinnen waren nicht einverstanden, diese Lücke im Wortschatz für uns zu reklamieren. Klang ihnen *die Maid* zu nazistisch, so lehnten sie nun *die Junge* als zu männlich ab. Würde denn jemand bei *die Jungen* noch an »Mädchen« denken, gaben sie zu bedenken. Der Einwand war kaum zu widerlegen. Ob Nazi- oder Jungens-Tradition – bei Restaurationsversuchen am deutschen Wortschatz kriegen wir Frauen immer wieder denselben Ekel: Alles riecht schon so streng nach Mann.

Nach all dem kreativen Hin und Herr langten wir wieder am Ausgangspunkt an und beließen es resigniert bei *Mädchen*. Wir werden es nicht so leicht los, ähnlich wie das ungeliebte *man*, das wir auch noch immerfort benutzen, wenn wir uns danach auch jedesmal schuldbewußt auf den Mund klopfen. Wir sind noch immer auf der Suche nach einer besseren Bezeichnung. Bis wir die gefunden und – viel wichtiger und schwieriger – auch durchgesetzt haben, könnte *das Mädchen* wenigstens schon mal feminisiert werden zu *die Mädchen*. Wie formulierte es Hofmannsthals Rosenkavalier doch so einsichtig: »*Die* Fräulein, kurz und gut, die Fräulein mag ihn nicht!«

Kurz und gut: *Eine Mädchen* ist fast so gut wie *eine Junge* …

(1991)

Nachtrag 1998: Vor ein paar Jahren meldete sich eine Mutter von fünf Kindern nach der Verlesung dieser Glosse und erklärte, inzwischen hätten die Kleinen das Problem selbst gelöst. Kinder hießen jetzt »Kurze«, ein Junge sei »ein Kurzer« und ein Mädchen »eine Kurze«.

Ein Baum ohne Flügel ist wie ein Fisch ohne Fahrrad

3. Mai 1996, »News Hour with Jim Lehrer«, der »Gergen Dialog«: Zwei milde, zivilisierte Herren um die sechzig, in dezenten grauen Anzügen, sitzen sich gegenüber und reden über *Life without Father* – so der Titel des Buches, das der eine, Professor David Popenoe, Soziologe an der Rutgers University, soeben veröffentlicht hat und das auch den deutschsprachigen Ländern sicher nicht erspart bleiben wird.

David Gergen, bekannter liberal-konservativer Journalist, führt in dieser »News Hour«, dem renommiertesten TV-Nachrichten-Magazin der USA, in lockerer Folge Gespräche über interessante neue Bücher mit deren interessanten AutorInnen.

Die Herren wirken heute besorgt und bekümmert. Popenoe hat nämlich herausgefunden – passend zu den anstehenden Präsidentschaftswahlen mit ihren heißen Debatten über die »family values« – daß dieses Jahr 36 Prozent der amerikanischen Kinder ohne Vater zu Bett gehen; 1960 waren es nur 17 Prozent. Und wenn der Trend anhält, werden es um die Jahrtausendwende 50 Prozent sein. Die »soziale Revolution«, die Popenoe da ausgemacht hat, beunruhigt beide Herren sehr. Ich denke, es ist doch sicher gesünder für Kinder, ohne Vater zu Bett zu gehen. Aber so hat David Gergen es nicht gemeint; er hat sich in seinem kurzen Abriß der Problematik nur ungeschickt ausgedrückt.

Die Kinder aus den nicht »intakten« Familien haben ein doppelt bis dreifach hohes Risiko, ihr Leben nicht in den Griff zu kriegen: kein Schulabschluß, Drogen, Kriminalität. Ich denke: »Die Mädchen Kriminelle? Soll wohl ein Witz sein!« Da fügt Popenoe noch schnell hinzu: »Oder sie werden schwanger als Teenager.«

Gergen zu Popenoe: »Sie werden ja als Akademiker und Uniprofessor wissen, daß die Feministinnen ganz anders denken als Sie. Sie erinnern sich sicher noch an den alten Spruch von Gloria Steinem: ›Eine Frau ohne Mann ist wie ein Fisch ohne Fahrrad‹. Feministinnen meinen, sie könnten ohne Männer alles genau so gut erledigen oder sogar besser.«

Der milde Professor Popenoe erhitzt sich nun nicht, sondern gibt abgewogen folgendes von sich: »Ja, für den Arbeitsplatz mag das ja stimmen, aber die Familie... Denn sehen Sie, der Mann tut sehr viel in der Familie, das ist bisher immer übersehen worden. Darüber habe ich ein ganzes Kapitel geschrieben. Frauen und Männer sind nun mal verschieden. Der Mann ist aggressiver, risikofreudiger, mehr wettbewerbsorientiert. Die Frau ist mehr umsorgend, emotionaler; sie redet mehr.« »Ja,« sagt Gergen, »Sie hatten da diese schöne Metapher: Die Mutter gibt dem Kind Wurzeln, der Vater Flügel.« – Ich denke, ein Kind braucht Wurzeln, heute sagt man eher Karotten, aber Flügel? Und wozu braucht ein Baum Flügel? Oder ein Vogel Wurzeln? Hat Mutter Natur sich wieder das falsche Design ausgedacht?

Popenoe [diesen hübschen Namen verdient er nicht; er vertritt fast dieselben Ansichten wie der Papst] fährt fort: »Es ist nicht gut für den Mann, unverheiratet zu sein. Sie sterben früher, sie sind unglücklicher, ja sogar mit dem Sex ist es nix; schwer beeinträchtigt.« Letzteres finden beide Herren anscheinend sehr überraschend. Dennoch: Schon seiner Gesundheit zuliebe sollte der Mann die Ehe anstreben und treu in ihr verharren – das sei viel wirkungsvoller als etwa das Rauchen aufzugeben, selbst wenn der Kerl zwei bis drei Packungen pro Tag raucht. Ich denke betrübt an die arme Gattin samt Kindern, die er dabei zuqualmt.

Weiter verkündet Popenoe, daß es für die Gesellschaft gar nicht gut ist, wenn 50 Prozent der Männer unverheiratet herumlaufen, ohne Familienpflichten und väterliche Verantwortung. Die Gesellschaft gerät aus den Fugen. Denn nicht Erwachsene machen Kinder, sondern Kinder machen Erwachsene. Die Familie habe auf den Mann deutlich einen zivilisierenden Einfluß.

Die Frau ist demnach – aber das sagen die Herren nicht – zivilisiert von Natur, der Mann ist unzivilisiert. Ja, das leuchtet mir ein; dieser Eindruck drängt sich auf, wenn frau die Verbrechensstatistik liest, besonders die der USA.

Jetzt warte ich gespannt, welche Ideen die beiden Herren (beide glücklich verheiratet, David Gergen gar mit einer Familientherapeutin) entwickeln, wie denn der Mann zu zivilisieren sei, damit Frauen mehr Lust verspüren, mit ihnen ehelich zusammenzubleiben. Denn bisher steigt und steigt der Trend, daß Frauen, angewidert von den unzivilisierten Ehegatten, die Scheidung einreichen.

Da die Herren das Problem so nicht sehen, haben sie dazu auch nichts zu sagen.

Popenoe hat folgende Idee: Die Scheidung soll erschwert werden. Bevor die Ehe geschieden wird, muß eine Bedenkzeit abgesessen werden. Auch soll eine Beratung eingeführt werden. Erinnert mich fatal an unsere Zwangsberatung vor der Abtreibung.

Eine Frage bleibt unbeantwortet in diesem tiefschürfenden Austausch: Wenn »die Ehe« und »die Familie« den Mann doch zivilisieren, wie kommt es dann, daß die Frauen sich trotzdem lieber scheiden lassen?

Wenn ich mir diese beiden selbstzufrieden vor sich hin schwadronierenden hochzivilisierten Herren so anschaue, weiß ich die Antwort: Sie haben nur sich selber im Kopf. Keinen Gedanken verschwenden sie darauf, weshalb die Frau die Schwerarbeit am Manne *überhaupt* auf sich nehmen sollte und was es sie kostet. Nach meiner Statistik (basierend auf meiner Datenbank »Bedeutende Frauen International«, in der 29 000 Frauen aller Epochen und Länder erfaßt sind) kommt die Frau zu einem eigenen Leben, wenn sie ledig bleibt, der Gatte beizeiten verstirbt oder wenn sie sich scheiden läßt. Das scheinen immer mehr Frauen sich gründlich zu Herzen zu nehmen. Sie überlassen die Zivilisierung der Männer diesen selbst.

(1996)

Böse Mädchen auf Reisen

Ute Ehrhardts Buch *Gute Mädchen kommen in den Himmel, böse überall hin* ist ein enormer Verkaufserfolg, seit Jahren schon steht es auf der Bestsellerinnenliste und liegt in allen Buchhandlungen stapelweise zum Kauf aus. Inzwischen haben die bösen Mädchen allerlei bösen Nachwuchs bekommen. Ein Buch über historische Räuberinnen bekam den Aufkleber: »Böse Mädchen gab's schon immer«, und ein Wörterbuch für böse Mädchen gibt es auch bereits. Ute Ehrhardt selber hat ebenfalls mädchenhaft Böses nachgeschoben: Spielregeln für böse Mädchen, oder so ähnlich.

Ob die bösen Mädchen noch immer so beliebt sein werden, wenn sie erwachsen sind und *richtig* böse? Und gefährlich?

Die Sache erinnert mich an folgenden Witz: Mutter kommt mit der Teekanne in die gute Stube und verkündet: »Für dich, Emmi, hab ich ordentlich viel Teeblätter hineingetan, und für dich, Eduard, hab ich dafür mehr Wasser zugegeben.«

Mit dem sagenhaften Erfolg der bösen Mädchen verhält es sich wohl ähnlich wie mit dem starkschwachen Tee. Auf der einen Seite sind sie böse oder stark, wie starker Tee, auf der anderen Seite wird die bedrohliche Bosheit dadurch »verwässert«, daß es ja »nur Mädchen« sind. Die dürfen ruhig schon mal böse sein, das erhöht sogar ihren Reiz für Männer. Und dadurch erst recht für Frauen, die gerne stärker wären, aber auf den Beifall von Männern nicht verzichten wollen.

Neulich habe ich mich auch mal wie ein böses Mädchen gefühlt:

Ich saß frühmorgens mit vier Männern in einem Abteil der Deutschen Bundesbahn. Der eine, ein Iraner, redete lebhaft auf einen Deutschen ein. Die Antworten des Deutschen übersetzte er freundlich für seine beiden Landsleute. Es ging um die Weltpolitik. »Ich habe nichts gegen die Juden«, sagte der Iraner, »aber es ist doch nicht in Ordnung, daß die reichsten Männer im reichsten Land der Welt alles Juden sind, Rockefeller, Woody Allen und wie sie alle heißen.« »Rockefeller ist kein Jude, soweit ich weiß«, sagte ich. Das wurde den Landsleuten nicht übersetzt. »Wirklich, ich habe nichts gegen Juden, aber daß die amerikanischen Außenminister alles Juden sind, das ist doch gefährlich. Kissinger, Albright, alles Juden, wenn Sie mal genau hinschauen.« »James Baker und

Warren Christopher sind keine Juden, soweit ich weiß«, sagte ich. Auch das wurde nicht übersetzt.

Der Iraner wechselte das Thema und bat den Deutschen: »Ich brauche ein bißchen Hilfe, mit der Sprache. Korrekturlesen und so. Ich schreibe nämlich, Erzählungen, Romane, auf Deutsch, wissen Sie. Wirklich gute Sachen, finde ich.« Der Deutsche sagte, während wir alle ausstiegen, er sei in der Umweltbranche tätig, leider fiele dergleichen nun gar nicht in sein Ressort.

Korrekturlesen, Arbeit mit Sprache ist mein Beruf. Aber ich war ja gar nicht gefragt worden. Mich hatte der Iraner auch in dieser Hinsicht vollkommen ausgeblendet. Die einzige Person in dem Abteil, die ihm hätte helfen können, hatte er ignoriert, vermutlich wegen seiner patriarchalen Weltsicht.

Meine Kompetenz ist schon oft ignoriert worden, wie denn weibliche Kompetenz überhaupt meist ignoriert wird. Normalerweise ärgert mich das. Aber diesmal grinste ich vergnügt vor mich hin, als ich den Iraner unaufgeklärt stehenließ.

Reine Schadenfreude, wie es ja bei bösen Mädchen vorkommen kann.

Aber der Mann hatte sich auch zu blöd benommen. Ich dachte noch ein bißchen über die Begebenheit nach und baute sie in meiner Phantasie etwas um:

Im Flugzeug. Der Steward wendet sich per Mikrophon an die verehrten Fluggäste: »Wir haben hier einen Notfall. Ist vielleicht ein Mediziner an Bord? Wir brauchen dringend einen Arzt. Bitte, wenn ein Arzt unter den Fluggästen ist, soll er sich melden.«

Unter den PassagierInnen ist auch eine Ärztin, aber die haben sie ja gar nicht gefragt. Sie meldet sich nicht und liest weiter in ihrem Buch *Deutsch als Männersprache*.

Ihre Freundin, die neben ihr sitzt, hält es nicht länger aus: »Nun spiel nicht die beleidigte Leberwurst. Nun geh schon. Vielleicht ist der Notfall ja eine Frau.« Die Ärztin sagt: »Na gut. Aber nur, wenn der Mensch sich korrigiert. Per Bordmikro.«

Kurze Zeit später wiederholt der Steward seine Ansage: »Wir brauchen hier dringend eine Ärztin oder einen Arzt. Bitte melden Sie sich.« Die Ärztin steht gelassen auf und tut ihre ärztinliche Pflicht.

Kein böses Mädchen. Auch keine böse Frau. Einfach eine Frau, die auf sich hält.

(1997)

Chefsekretärin gesucht

Was ist der Unterschied zwischen einer Chefsekretärin und einem Chefdirigenten?

Der Chefdirigent *ist* der Chef und die Chefsekretärin *hat* einen Chef.

Aber hat nicht jede Sekretärin einen Chef, oder mehrere, neuerdings sogar manchmal eine Chefin? Erinnern Sie sich noch an die Geschichte mit dem »Schwanzhund« aus Loriots Film »Ödipussi«? Die alten Damen sitzen beim Scrabblespiel, und die niedliche Rose Renée Roth will das Wort »Schwanzhund« legen. Sie kommt damit nicht durch. Die anderen protestieren genervt mit dem Argument: Jeder Hund hat doch einen Schwanz!

Das Wort »Chefsekretärin« aber hätten sie wohl durchgehen lassen, obwohl jede Sekretärin einen Chef hat, bzw. einen Schwanzhund. Letztere genervte Entgleisung wollen Sie bitte überlesen. Wir versichern: Es gibt auch sehr nette, liebe Chefs, die ihren Sekretärinnen den Kaffee kochen, obwohl dies strenggenommen nicht zu ihren Aufgaben gehört.

Spaß beiseite. Die Stadt Filderstadt sucht per Anzeige eine »Chefsekretärin« für »das Sekretariat unseres ersten Beigeordneten«. Nun sind ja eigentlich die Arbeitgeberinnen und Arbeitgeber durch den Paragraphen 611b BGB angehalten, Stellen geschlechtsneutral auszuschreiben. Aber der erste Beigeordnete (wem er wohl beigeordnet ist? Dies Wort ist mir gänzlich neu!) will keinen Chefsekretär, sondern ausdrücklich eine Frau. Bisher haben Männer noch nicht aufgeschrien wegen der *unerhörten Diskriminierung* ihres Geschlechts durch die Stadt Filderstadt und ihren ersten Beigeordneten.

Was ist der Unterschied zwischen einem Chefkoch und einer Chefsekretärin? Der Chefkoch kocht nicht für seinen Chef, sondern für die Gäste, falls er überhaupt kocht und nicht nur rumkommandiert. Die Chefsekretärin aber verdankt ihre Vorzugsstellung gegenüber einer bloßen Sekretärin der Tatsache, daß sie für den Chef arbeitet. »Vertraulichkeit« wird in der ominösen Anzeige auch noch erwartet, ganz wie von der klugen Ehefrau. Die soll die unappetitlichen Geheimnisse des Chefs, pardon: Gatten, auch nicht ausplaudern – denken Sie nur an Hillary. Hätte die nicht »Vertraulichkeit zu ihren Stärken gezählt« (wie es in der Anzeige in mißlungenem Deutsch heißt – gemeint war wohl Loyalität, aber wir verstehen den Sinn schon), wäre Bill erst gar nicht Chef bzw. Chief geworden und sie nicht First Lady.

Chef kommt von lateinisch *caput* – ›Haupt‹, wie in *Hauptmann* und *Hauptfrau*. Welche Bedeutung das »Haupt« annimmt, hängt davon ab, ob danach Weibliches oder Männliches folgt. Chefkoch, Chefdirigent und Hauptmann bilden die Spitze einer Pyramide, denn schließlich sind sie Männer. Chefsekretärinnen und Hauptfrauen dagegen steht die Spitze nicht zu, schließlich sind sie Frauen. Aber sie sind in der oberen Hälfte der Pyramide angesiedelt. Unter ihnen sind Frauen, die schlechter bezahlten Allerweltssekretärinnen bzw. die weniger beliebten Nebenfrauen. Über ihnen ist der Herr, das Haupt, der Chef.

Diese Ordnung der Dinge gerät in letzter Zeit ins Wanken. Manche Herren benehmen sich aber auch zu dämlich. Ich war schon immer der Meinung, daß am besten Hillary Chefin geworden wäre. Viel Ärger wäre allen erspart geblieben.

Möglicherweise wäre das auch für Filderstadt die bessere Lösung. Wenn die gesuchte »Chefsekretärin« all das kann, was von ihr verlangt wird in der Anzeige, kann sie wohl leicht das Amt einer ersten Beigeordneten ausfüllen. Und der erste Beigeordnete wird ihr Chefinsekretär. Denn dieser unerträglichen Diskriminierung der Männer muß endlich energisch ein Riegel vorgeschoben werden.

(1998)

Frauropa braucht eine frauropäische Sprache

Die Sprache ist ins Gerede gekommen. Da ist einmal die feministische Linguistik, die seit Bestehen der Neuen Frauenbewegung eine gerechte Sprache fordert. Frauen wollen heute nicht mehr Amtmann werden, sondern Amtfrau, Kauffrau, Ratsfrau undsoweiter. Seit sich mit der Feminisierung der Männersprache Deutsch hohe und höchste Gremien befassen, wettern die Gralshüter der Männersprache dagegen im deutschen Blätterwald. Früher hoffte mann, diese »Modeerscheinung« werde sich von selbst erledigen, aber seit es ernst zu werden droht, wird auch richtig ernsthaft gekämpft.

Zweitens ist die Sprache ins Gerede gekommen seit der Vereinigung Ost- und Westdeutschlands. Flugs wurde ein neuer Band *Duden*-Rechtschreibung erstellt; er rühmt sich, der erste gemeinsame Duden für Ost und West zu sein, und er bekam ein gewaltiges Presse-Echo. »5000 neu aufgenommene Wörter!«, jubelt die *Duden*-Bauchbinde. Aber das neue Pronomen *frau*, unzählige Male belegt seit 1975, sucht *frau* vergeblich.

Und drittens haben wir jetzt das europäische Sprachproblem. Dazu haben sich m.W. bisher nur Herren geäußert, denn in der Presse wie in den EG-Gremien sitzen überwiegend Herren, wenn auch die eigentliche Spracharbeit, das Dolmetschen, überwiegend Frauensache ist.

Das Problem: Die Länder Europas wachsen zusammen, aber wir haben keine gemeinsame europäische Sprache. Deutsch ist die am weitesten verbreitete Sprache in der EG, aber in den Gremien dominieren Englisch und Französisch.

Nun soll das Deutsche zur dritten EG-Sprache aufgewertet werden, stand in der Presse zu lesen. Außerdem gibt es Überlegungen, ob nicht »statt zwei, drei oder noch mehr Sprachen eine durchaus genügen würde«.

Was meint die feministische Linguistik dazu?

Nehmen wir erst die Frage der einen, gemeinsamen Sprache. Eine willkommene Gelegenheit, die diversen europäischen Männersprachen endlich loszuwerden und eine richtige Sprache zu etablieren, nämlich eine, die gerecht ist und bequem. Sehen wir uns mal um unter den drei Optionen a) lebende, b) tote und c) künstliche Sprachen.

Von den lebenden Sprachen erfüllt derzeit eher das Englische als das Deutsche, Französische oder eine der anderen europäischen Sprachen die Anforderungen nach (Geschlechter)Gerechtigkeit und Bequemlichkeit. Unter den toten Sprachen ist sicher das Gotische dem Lateinischen vorzuziehen, aber bequem wird das gerade nicht. Und die Kunstsprache Esperanto? Bequem schon, aber auch da steckt der patriarchalische Wurm drin: *patro* bedeutet ›Vater‹ und *patrino* ›Mutter‹. Das ist so, als ob wir statt *Mutter* plötzlich *Vaterin* sagen würden. Nein danke.

Fazit: Die praktisch-realistische Feministin votiert entschieden für das Englische, die träumerisch-kreative setzt sich hin und bastelt eine ganz neue Sprache: das Feministische. Ich kenne etliche scharfsinnige Frauen, die mit dem Projekt schon weit gediehen sind (z.B. Brigitta Klaas Meilier mit ihrem *Sprachkurs feministisch*, 1992).

Nun zum ersten Thema. Wenn Deutsch die dritte EG-Sprache werden soll, müssen wir fragen: Welches Deutsch, bitteschön? Immerhin sind derzeit mindestens drei Varianten im Gesprach: Erstens die traditionelle Männersprache Deutsch, zweitens das neue Doppeldeutsch (*liebe Kolleginnen und Kollegen*), drittens das umfassend feminisierte Deutsch (*unser Betrieb hat 70 Mitarbeiterinnen, darunter 40 männliche*).

Ich denke, wir sollten uns für keine dieser Varianten stark machen. Das Männerdeutsch ist zu chauvinistisch, das Doppeldeutsch zu kompliziert, das umfassend feminisierte Deutsch ist schön, aber die Männer mögen es nicht, und (daher) auch viele Frauen nicht.

Ich möchte deshalb einen neuen Vorschlag machen, für den ich mit Unterstützung von allen rechne, für die Deutsch eine Fremdsprache ist. In Europa ist das die klare Mehrheit, in Deutschland vielleicht auch schon bald. Ich plädiere für die Abschaffung der Genera im Deutschen und für die Einführung eines grammatischen Systems, das sich am Englischen orientiert. Wir hätten dann statt *der*, *die*, *das*, nur noch *die*, ähnlich dem englischen Einheitsartikel *the*:

Die Frau, die Mann, die Kind. Die Frau und ihre Kind, vgl. *her child. Die Mann und seine Kind*, vgl. *his child. Die Kind und ihre oder seine Schwester* – wie in *her or his sister.*

(1992)

Nachtrag 1998: Der konsequenteste und am weitesten ausgearbeitete Vorschlag für ein entpatrifiziertes Deutsch stammt von Matthias Behlert (1998). Ich habe ihn kurz dargestellt im dritten Teil des Aufsatzes »Etappen auf dem Weg zu einer gerechten Sprache«, in diesem Band.

Von Frauenflüchtlingen und Männerleichen

Was ist der Unterschied zwischen einer Männerleiche und einem Frauenflüchtling? – Was eine Männerleiche ist, weiß jede, was ein Frauenflüchtling ist, weiß fast keine. »Nie gehört!« – »Keine Ahnung«, so lauteten die Antworten bei einer privaten kleinen Umfrage in Hannover und Berlin. Scherzboldinnen und -bolde fingen an zu raten: »Vielleicht ist ein Frauen*flüchtling* das Gegenteil von einem Frauen*lieb*ling? Einer, zu dem die Frauen *nicht* nett sind und der deshalb vor ihnen flieht?«

Rein sprachlich gesehen haben Männerleichen und Frauenflüchtlinge übrigens mehr gemeinsam als frau zunächst vermuten würde: Eine Männerleiche ist grammatisch weiblich, biologisch aber männlich, während es beim Frauenflüchtling genau umgekehrt ist: Grammatisch männlich und biologisch weiblich. So jedenfalls haben es Schweizer Fachfrauen beschlossen, die im Asylbereich tätig sind und sich besonders um die Frauen unter den Flüchtlingen kümmern. Sie nennen weibliche Flüchtlinge nicht, wie früher und anderswo üblich, *Flüchtlingsfrauen*, sondern umgedreht: *Frauenflüchtlinge* Sozusagen *à l'anglaise*: Dort gab es auch – bis zur feministischen Kritik solcher Begriffe – den *woman doctor*, was nicht mit *Frauenarzt* zu übersetzen ist, sondern mit *Ärztin*.

Der Grund für die Maßnahme der Schweizerinnen ist unser Männerdeutsch, in dem Frauen eigentlich nicht vorgesehen sind. Der *Flüchtling* ist männlich, grammatisch sowieso, und in unserer Vorstellung auch. Die Endung *ling* ist überhaupt sehr männlich bis matscho besetzt, vgl. *Jüngling, Schwächling, Häuptling, Wüstling, Lüstling* – gegen dieses unschöne Image richten auch der kernige *Bratling* aus der Vollwertküche und der leckere *Pfifferling* nur wenig aus. Dennoch wird gerne behauptet, *Flüchtling* sei geschlechtsneutral, aber wenn dem so wäre, müßte es ja neben den »Flüchtlingsfrauen« auch Flüchtlingsmänner geben. Gibt es aber nicht. *Noch* nicht!

Frauenflüchtlinge also. Ich finde das Maskulinum schrecklich für eine Frau und bin mal wieder sauer darüber, zu welch frauenwidrigen Sprachverrenkungen und Kompromissen uns diese gewachsene Männersprache geradezu – ja: *zwingt*! Aber okay, versuchen wir's mal mit *Frauenflüchtlinge*, nur muß dann auch strikt und stur von *Männerflüchtlingen* geredet werden, wann immer männliche Flüchtlinge gemeint sind. Denn wenn *Flüchtling* weiterhin stillschweigend mit »männlich« assoziiert und nur für Frauen ein spezieller Ausdruck benutzt wird, hilft auch die Neuschöpfung *Frauenflüchtling* nicht viel. Sie hätte dann nur ein Verdienst: Weil sie ungewohnt ist, lenkt sie die Aufmerksamkeit auf ein sprachliches und politisches Problem, das nicht nur die Frauen unter den Flüchtlingen betrifft, sondern alle Frauen: der Mann Als Norm, kurz: das Prinzip MAN. Beim Wort *Flüchtling* ist die Problematik noch verschärft, weil wir dazu normalerweise keine *in*-Form bilden – die Frau ist also sprachlich gar nicht vorgesehen, nicht einmal als Abweichung vom Manne. Zwar vermerkt das Grimmsche Wörterbuch Band 3 (*E-Forsche*) von 1862 das Stichwort *Flüchtlingin* und meldet, es handle sich dabei um ein »fliehendes Mädchen«, auch wird eine Stelle aus Jean Pauls *Titan* als Beleg zitiert, über eine »halbkugel, die er in herculanum in der asche ausgedrückt gefunden vom busen einer schönen flüchtlingin«, aber solche Männerphantasien reizen ja schwerlich zur Nachahmung.

Was hätte ich für eine Bezeichnung vorgeschlagen, wenn frau mich gefragt hätte? Wahrscheinlich die Beibehaltung von *Flüchtlingsfrau* und die Einführung von *Flüchtlingsmann*. Grundsätzlich halte ich viel davon, für *Männer* oder wenigstens für *beide Geschlechter* neue Bezeichnungen zu ersinnen, um den Ausgleich oder sprachliche Symmetrie herbeizuführen (vgl. meine Vorschläge aus den frühen 80er Jahren zu *die Pilot* und *der Piloterich* oder *die, der* und *das Student*). Warum sollen Frauen, zu allem andern, auch noch immer die Last des Ungewohnten alleine tragen??

Eins steht fest: Es wird dauern, bis *Frauenflüchtling* so vertraut klingt wie *Männerleiche*.

(1989)

Viagra: Wer braucht all die Erektionen?

Das zweite Jahrtausend neigt sich müde dem Ende zu, die Verweiblichung des Mannes durch östrogenähnliche Chemikalien in der Umwelt schreitet voran – da erlebt die Männlichkeit einen überraschenden Aufschwung. Im Frühling 1998 kam »die Pille für den Mann« auf den Markt, auf daß auch er endlich an der sexuellen Befreiung teilhaben könne, wie die Medien sich ausdrückten. Daß die sogenannte Pille für den Mann verhütungsmäßig das genaue Gegenteil der »Antibabypille« ist, kann mann vernachlässigen. Verhütung ist schließlich Sache der Frau. Und die wird nun mehr zu verhüten haben denn je, nicht nur Schwangerschaften, sondern auch Aids.

Die neue Pille heißt *Viagra*. Das läßt sich in den meisten Sprachen gut aussprechen – wichtige Voraussetzung für die globale Vermarktung. Allerdings klingt der Name eher weiblich – wäre nicht sowas wie *Victor, Maxim* oder *Collum* mannhafter gewesen? Möglicherweise soll der feminine Name die sexmuffelige Ehefrau einlullen und besänftigen, die schließlich den Großteil der zu erwartenden Spermaspringflut zu verkraften hat. Oder soll sie schon mal eingestimmt werden, die Erektionspille selber zu nehmen? Wie wir hören, wird »Viagra für die Frau« derzeit an 400 Europäerinnen getestet. Schließlich leben wir im Zeitalter der Gleichberechtigung. Und die enormen Entwicklungskosten wollen auch wieder reinverdient werden.

Viagra reimt sich im Englischen auf Niagara (»Naiägra« mit Betonung auf dem *ä*). Nun haben die Niagarafälle zwar naturgemäß und wie der Name schon sagt eine eher fallende als steigende Tendenz, aber zweifellos sind sie ein gewaltiges Naturschauspiel tosender Fluten, es schäumt und spritzt, daß es eine Freude ist. Außerdem sind die Niagarafälle beliebt für Hochzeitsfeiern, Flitterwochen und ähnlich erektionsfreudige Seifenopern. Das ist es wohl, was die Namengeber im Sinn hatten.

Die Frauen verhielten sich in all dem Jubelgeschrei merkwürdig, ja geradezu unheimlich still. In den vielen Radio-Talkshows, die ich in den USA zum Thema Viagra gehört habe, redeten fast nur männliche Experten, riefen auch fast nur Männer an. Männer schäumten über vor Begeisterung und produzierten täglich neue TV- und Radio-Talkshows, Artikel, Glossen, Kommentare und wissenschaftliche Betrachtungen. Aber die mutmaßlichen Empfängerinnen [um inhumane Wörter wie *Auffangbecken* oder *Samenklo* zu umgehen] all der angestauten und nun ungestüm hervordrängenden Samenflüssigkeit schienen wenig interessiert geschweige denn begeistert. Eine Umfrage unter Ehefrauen brachte das ernüchternde Ergebnis, daß sich nur 15 Prozent für einen eventuellen Viagrakonsum ihrer Männer erwärmen konnten. Gründe für die lustlose Reaktion wurden nicht verraten, auch wurde die Nachricht nur ein einziges Mal gesendet.

Es scheint also, daß hier mal wieder ein Produkt – Sperma – kraß an der Hauptzielgruppe vorbeiproduziert wird. Ich finde es ok, daß schwule, bisexuelle und masturbationsfreudige Männer nun so viele Erektionen haben können wie sie wollen und bezahlen können (US-amerikanische Krankenversicherungen sind bereit, sechs Erektionen pro Monat zu finanzieren). Aber was ist mit der zu erwartenden gewaltigen Restmenge an Erektionen und Samenflüssigkeit, die der Frau zugedacht sind? Wer braucht denn all diese Erektionen?

Bis zum Auftauchen von Viagra war Impotenz kein Thema. Nun es eine Kur gibt, wird ein Theater gemacht, als sei ein Mittel gegen Krebs gefunden worden. Plötzlich scheint es, daß ganze Heerscharen von Männern an Impotenz gelitten haben – ohne daß es weiteren Kreisen aufgefallen wäre. Die betroffenen Männer haben darüber verschämt geschwiegen, und die Frauen haben offenbar nix vermißt, im Gegenteil. Für diese These spricht auch der Verkaufserfolg von Büchern wie »Suche impotenten Mann fürs Leben« und Songs wie »Sperma ist ekelhaft«, mit dem das gemischte Duo »Herrchens Frauchen« vor ein paar Jahren einen Superhit landete.

Viagra muß eine Stunde »vorher« eingenommen werden. In dieser einstündigen Zwangs-Besinnungspause zwischen Planung und Durchführung der Orgie sehe ich den einzigen wirklichen Vorteil für die Frau. Der Mann muß sich in Stimmung bringen, sonst nützt ihm auch Viagra nichts. Es steht zu befürchten, daß er das mittels Pornos tun wird. Aber es besteht ja – mal rein theoretisch gesehen – auch die Möglichkeit, sich der Partnerin (oder dem Partner) liebevoll-erotisch zuzuwenden, eine ganze Stunde lang, WOW! Genau diese liebevolle Zuwendung ist es ja, was Frauen an Sexualität, wie Männer sie verstehen, gewöhnlich vermissen. Die 85% der Ehefrauen, die nichts von Viagra wissen wollen, haben diesbezüglich ihre Gatten vermutlich schon lange aufgegeben. Sex bedeutet für sie Unlust, und mehr Sex bedeutet noch mehr Unlust – weil es nicht *ihr* Sex ist, sondern seiner: Rein, umrühren, raus, umdrehen, einschlafen.

Ansonsten heißt es wachsam bleiben. Die Erektionen mehren sich, 6 pro Monat sind genehmigt und vorgesehen. Zugleich werden weltweit die Abtreibungsgesetze verschärft. Kein Wunder, daß Frauen keine Lust haben. Aber weil wir keine Spielverderberinnen sein wollen, protestieren wir weder lautstark, noch rufen wir zum Boy-kott auf. *Noch* nicht.

(1998)

Feminismus in der Oper

Auf den ersten Blick scheint die Oper eine der frauenfeindlichsten Kunstgattungen überhaupt. Das Privileg, Titelheldin einer Oper zu sein, muß in aller Regel mit dem Tode bezahlt werden. Gehen wir sie mal der Reihe nach durch:

Aida erstickt
Alcina geht mit Getöse unter
Carmen wird von Don José erstochen
Dido vergiftet sich per Schlangenbiß
Elektra bricht triumphal, aber dennoch tot zusammen
La Gioconda ersticht sich
La Traviata stirbt an Liebeskummer und Schwindsucht
Lucia di Lammermoor stirbt im Wahnsinn
Luise Miller wird von ihrem Liebhaber aus Eifersucht vergiftet
Lulu wird von Jack the Ripper zerfleischt
Madame Butterfly ersticht sich
Manon Lescaut verdurstet in der Wüste
Margarethe stirbt im Kerker in geistiger Umnachtung
Melisande stirbt nach der Geburt der Tochter
Norma wird auf dem Scheiterhaufen verbrannt
Salome wird von Herodes' Soldaten erschlagen
Tosca stürzt sich von der Engelsburg

Auch wenn frau nicht Titelheldin der Oper ist, ist die Gefahr, das Ende der Oper nicht lebend zu erreichen, für sie immer noch sehr groß:

Puccinis Mimi hustet sich wie Verdis Violetta Valéry zu Tode. Wozzeck ersticht Marie aus Eifersucht, genau wie Don José seine Carmen, während Othello Desdemona erwürgt. Und wir sollen die armen Mörder wegen ihrer rohen Taten auch noch bemitleiden: Die Musik intoniert jeweils Tragik.

Senta opfert sich für ihren dämonischen Holländer und stürzt sich von einem Felsen ins Meer, Gilda opfert sich für den nichtsnutzigen Herzog und läßt sich statt seiner erschlagen. Der Playboy vergilt es ihr mit dem flotten Song: »Oh wie so trügerisch sind Weiberherzen«. Leonore aus dem Troubadour vergiftet sich.

Lohengrins Elsa stürzt am Schluß der Oper tot zusammen, zur

Strafe dafür, daß sie dem undurchsichtigen Gatten, der ihr noch nicht einmal seinen Namen verraten wollte, nicht genügend vertraute. Brünnhilde reitet zu ihrem toten Siegfried in die Flammen und verglüht mit ihm.

Dies sind überwiegend früh- bis spätromantische Opern, und die Romantik war nun einmal besessen von der Liebe zu der toten Frau. Genauer ist das nachzulesen bei Marianne Schuller, Elisabeth Bronfen und anderen Literaturwissenschaftlerinnen.

Wir wollen uns nun von diesem erschütternden Ergebnis aber nicht abschrecken lassen und machen uns auf die Suche nach dem Positiven. Schließlich rennen auch Feministinnen und andere Frauen unverdrossen in die Oper – was mag es nur sein, das sie anzieht? Vielleicht die Tatsache, daß es bei der Großen Oper um das Große Gefühl geht – und das erlebt frau im wirklichen Leben, mit real existierenden Männern, ja eher selten. Das allergrößte Gefühl erzeugt anscheinend die sterbende Frau. Daraus könnte frau auch hämisch folgern, daß der sterbende Mann in der Oper nicht so favorisiert wird, weil er nur minimale Gefühle erzeugt – da müssen schon mindestens drei Tenöre auf einmal her, um die Herzen zu bewegen.

Die romantische Oper scheint uns zwar als Inbegriff der Oper, aber es gibt ja auch noch ein paar andere Opern, zum Glück. Und in diesen anderen Opern geht es manchmal ganz schön feministisch zu, ob Sie es glauben oder nicht. Der männerfeindlichste Text überhaupt stammt aus der Feder eines männlichen Librettisten mit dem lieblichen Namen Busenello. Dieser Busenello legt in Monteverdis »Poppea« der betrogenen Ottavia folgende Klage in den Mund:

> Oh, erbarmungswürdiges Geschlecht der Frauen:
> selbst wenn Natur und Himmel
> uns als Freie erschaffen,
> die Ehe fesselt uns wie Sklaven.
> Wenn wir einen Knaben empfangen,
> bilden wir die Glieder unseres gottlosen Tyrannen,
> stillen wir einen grausamen Scharfrichter,
> der uns zerfleischt und foltert,
> denn durch ein unwürdiges Geschick
> sind wir noch gezwungen,
> unseren eigenen Tod zu gebären.

Busenello trifft – vor gut 350 Jahren – den Nagel so kompromißlos und akkurat auf den Kopf, wie es sich eine Frau heute niemals erlauben dürfte – sie würde umgehend des »totalitären Feminismus« oder, noch besser, des »feministischen Fundamentalismus« bezichtigt, wie die neuste Sprachregelung der AntifeministInnen lautet.

Was ich persönlich an der Oper schätze, ist einmal der pure Wohllaut weiblicher Stimmen (und da bleibt für mich Joan Sutherland unübertroffen, was mir von seiten der Callas-Fans den Ruf einer Banausin eingetragen hat). Und wenn dann dieser Wohllaut sich in Duetten, Terzetten undsoweiter noch vervielfacht und intensiviert, öffnet sich der Himmel. Vielleicht nicht gleich bei dem niedlichen Gedudel der Rheintöchter, wohl aber bei den »himmlischen« Terzen Fiordiligis und Dorabellas, in den Duetten Normas und Adalgisas oder im Schlußterzett des »Rosenkavalier«, das Richard Strauss sich als Begräbnismusik wünschte, was mir immer sehr eingeleuchtet hat.

Ein besonderes Labsal für die Opernfanin sind die großen Duett-Szenen zwischen Norma und Adalgisa im ersten und im zweiten Akt von Bellinis »Norma«, vorzugsweise gesungen von Joan Sutherland und Marilyn Horne. Die Sängerinnen selber schwärmten in einem Interview von ihrem gemeinsamen Singen in Ausdrücken entrückter Verschmelzung. U. a. singen die beiden folgendes (auf Italienisch klingt es natürlich schöner):

> Ja, bis zur letzten Stunde
> werde ich deine Freundin sein.
> Die Erde ist weit genug,
> um uns gemeinsam aufzunehmen.
> Gemeinsam mit Dir werde ich
> dem Schicksal die Stirn bieten
> so lange, wie dein Herz
> an dem meinen schlägt.

Was bewegt uns alle so sehr an der weiblichen Stimme, besonders wenn sie in Tragik eingehüllt ist? Manche meinen, es sei die Erinnerung an die Seligkeit im Mutterleib. Damals hörten wir eine *weibliche* Stimme, wir haben diesen Klang für immer verloren und bleiben ein Leben lang unbewußt darauf fixiert. Vor der Geburt hört das Kind besonders hohe Frequenzen, schreibt der französische Ohrenarzt A. Tomatis (1991) – vielleicht versetzen deshalb Koloraturen so viele in Ekstase, vielleicht versuchten deshalb selbst Männer und selbst um den Preis der Kastration an dem hohen weiblichen Register teilzuhaben!

Männer mit Frauenstimmen, Frauen in Hosenrollen – die Oper ist die Geburtsstätte des lustvollen Spiels mit den Geschlechterrollen, heute gern »gender bending« genannt. Und was ergibt sich daraus unter dem Strich? Mehr Frauenstimmen, Duette, Terzette mit Frauen, mehr Himmlisches also. Die ganze Barockoper ist stimmlich doch heute fest in Frauenhand (wobei ich die Altusse einfach mal mitzähle), dann Glucks Orfeo (wunderbar und unvergeßlich: Kathleen Ferrier in dieser Rolle), Mozarts Cherubino, Beethovens Fidelio (als Grenzfall), Offenbachs Niklaus, Johann Straussens Prinz Orlowsky, Richard Straussens Rosenkavalier, Komponist und was nicht alles. Wir brauchen auf Frauenstimmen selbst dann nicht zu verzichten, wenn die Handlung männliche Rollen vorsieht – wie schön!

Und dann gibt es doch in vielen Opern diese hübschen feministischen Unterströmungen, sinnbetörend vorgeführte Beispiele der alten Weisheit »Frauen gemeinsam sind stark«. Ist es nicht wohltuend, wie Susanna und die Gräfin im letzten Akt des Figaro den lüsternen Grafen aufs Kreuz legen? Wie Brünnhilde sich gegen Wotan erhebt, um Sieglinde zu retten – leider hauptsächlich, weil sie »den hehrsten Helden der Welt hegt im schirmenden Schoß« wie Wagner sich ausdrückt, aber trotzdem, frau frohlockt ob der Frechheit der freislichen Frauen!

Wenn ich diese Überlegungen in einem Punkt zusammenführe, ergibt sich zwingend: Die ultimative feministische Oper ist »Juditha Triumphans« von Vivaldi, komponiert für das Waisenhaus für Mädchen in Venedig, an dem er fast vierzig Jahre unterrichtete. Daß sie wegen der lateinischen Sprache als Oratorium eingestuft wird, tut ihrem Operncharakter keinen Abbruch. Judith, die Heldin des alten Testaments, schlägt dem feindlichen General Holofernes den Kopf ab und rettet dadurch ihr Land. Die Handlung ist also schon mal schwer in Ordnung. Hinzu kommt, daß alle Rollen von Frauen gesungen werden und daß Juditha und ihre Dienerin Abra einander innigst zugetan sind, die Heldinnentat gemeinsam planen und durchziehen und ihren tiefen Gefühlen füreinander in langen überirdisch schönen Arien Ausdruck verleihen – dagegen wirkt Don Josés Blumenarie geradezu blaß. Neben Händels Alcina (natürlich mit Joan Sutherland in der Titelrolle) war dies schon immer meine Lieblingsoper. Erst jetzt, nachdem ich diese Überlegungen angestellt habe, weiß ich richtig, warum.

(1998)

Anhang

Bibliographie

Bachmann, Ingeborg. 1991. *Wir müssen wahre Sätze finden: Gespräche und Interviews.* Hg. Christine Koschel & Inge von Weidenbaum. München. Serie Piper 1105.

Becker, Josef u.a. Hg. 1979. *Vorgeschichte der BRD: Zwischen Kapitulation und Grundgesetz.* München.

Beer, Ulrich. 1982. *»... gottlos und beneidenswert«: Wilhelm Busch und seine Psychologie.* München. Ehrenwirth.

Behlert, Matthias. 1998. *Die Häsis und die Igelin: 15 Grimmsche Märchen, überarbeitet und in entpatrifiziertes (gerechtes) Deutsch übertragen.* Mit einer Erläuterung. Unveröff. Ms. von Matthias Behlert, Nehringstr. 4, 14059 Berlin.

Boswell, James. 1989. »Revolutions, Universals, and Sexual Categories«, in: Duberman, Vicinus & Chauncey 1989: 17-36.

Bourdieu, Pierre. 1997. »Männliche Herrschaft revisited«, *Feministische Studien* 2/1997, S. 88-99. Aus d. Engl. von Regine Othmer.

Boveri, Margret. 1968. *Tage des Überlebens: Berlin 1945.* München.

Brantôme, Pierre de Bourdeille Seigneur de. 1981 (1905). *Das Leben der galanten Damen.* 2 Bde. Aus dem Frz. von Georg Harsdoerffer. Frankfurt/M.Insel TB 586.

Braun, Friederike & Ursula Pasero. Hg. 1997. *Kommunikation von Geschlecht/Communication of Gender.* Pfaffenweiler. Centaurus.

Bredemeyer, Bernd. 1985. *Bedeutung und Funktion der Trümmerfrauen für den Wiederaufbau und ihr Bild in der politischen Propaganda.* Hausarbeit zum ersten Staatsexamen (Höheres Lehramt) im Fach Geschichte. Universität Hannover 1985.

Brett, Philip, Elizabeth Wood & Gary C. Thomas. Hg. 1994. *Queering the Pitch: The New Gay and Lesbian Musicology.* New York; London. Routledge.

Butler, Judith. 1990. *Gender Trouble: Feminism and the Subversion of Identity.* New York; London. Routledge.

Daly, Mary. 1981 [1978]. *Gyn/ökologie: Eine Meta-Ethik des radikalen Feminismus* (= *Gyn/ecology: The meta-ethics of radical feminism*, 1978). Aus dem am. Englisch von Erika Wisselinck. München. Frauenoffensive.

Der Literaturbrockhaus. Grundlegend überarbeitete und erweiterte Taschenbuchausgabe in 8 Bänden. Hg. von Werner Habicht, Wolf-Dieter Lange und der Brockhaus-Redaktion. 1995. Mannheim; Leipzig; Wien; Zürich. B.I.-Taschenbuchverlag.

Duberman, Martin Bauml, Martha Vicinus & George Chauncey, Jr. Hg. 1989. *Hidden from History: Reclaiming the Gay and Lesbian Past.* New York. New American Library, a Division of Penguin Books.

Enders-Dragässer, Uta & Claudia Fuchs. 1988. *Jungensozialisation in der*

Schule: Eine Expertise. Darmstadt. Gemeindedienst und Männerarbeit der EKHN [ev. Kirche in Hessen u. Nassau].

Faderman, Lillian. 1980. *Surpassing the Love of Men: Romantic Friendship and Love between Women from the Renaissance to the Present*. New York. William Morrow & Co.

Foucault, Michel. 1978. *The History of Sexuality, vol. I: An Introduction*. Aus d. Frz. Von Robert Hurley. New York. Pantheon Books.

Freier, Anna-Elisabeth & Annette Kuhn. Hg. 1984. *Frauen in der Geschichte*, Bd. V. Düsseldorf. Schwann.

Frey, Ulrich H. 1982. *Lexikon der treffenden Wilhelm-Busch-Verse*. Die bekanntesten Verse des größten Humoristen deutscher Sprache nach 2000 Stichwörtern und Versanfängen von A-Z geordnet. Thun.

Fuchs, Claudia & Sigrid Müller. 1993. *Handbuch zur nichtsexistischen Sprachverwendung in öffentlichen Texten*. Die Frau in der Gesellschaft. Frankfurt/M. Fischer TB 11944.

Gates Jr., Henry Louis. 1996. »Hating Hillary: Badmouthing the First Lady is a new national pastime, but why are so many prominent women playing along?«, *The New Yorker* Feb. 26 & Mar. 4, 1996: 116-133.

Goffman, Erving. 1963. *Stigma: Notes on the Management of Spoiled Identity*. Englewood Cliffs, NJ. Prentice-Hall.

Gorny, Hildegard. 1995. »Feministische Sprachkritik«, in: Stötzel, Georg & Martin Wengeler. 1995. *Kontroverse Begriffe: Geschichte des öffentlichen Sprachgebrauchs in der Bundesrepublik Deutschland*. Berlin; New York. de Gruyter. S. 517-562.

Grabrucker, Marianne. 1993. *Vater Staat hat keine Muttersprache*. Frankfurt/M. Fischer TB 11677.

Grahn, Judy. 1984. *Another Mother Tongue: Gay Words, Gay Worlds*. Boston. Beacon Press.

Gross, Larry. 1993. *Contested Closets: The Politics and Ethics of Outing*. Minneapolis; London. The University of Minnesota Press.

Haeberle, Erwin J. 1989. »Swastika, Pink Triangle and the Yellow Star: The Destruction of Sexology and the Persecution of Homosexuals in Nazi Germany«, in: Duberman, Vicinus & Chauncey 1989: 365-382.

Hagemann-White, Carol. 1992. »Gewalt und kein Ende? Standortbestimmung nach 15 Jahren feministischer Öffentlichkeit«. Vortrag, gehalten am 26. Mai 1992 im Rahmen der Veranstaltungsreihe »Gewalt gegen Frauen und Mädchen« des Referates für Gleichstellungsfragen – Frauenbüro. In: Dokumentation der Veranstaltungsreihe »Gewalt gegen Frauen und Mädchen« vom 15.-26. Mai 1992. Goslar. Landkreis Goslar – Der Oberkreisdirektor. Referat für Gleichstellungsfragen – Frauenbüro. p. 25-38.

Halperin, David M. 1989. »Sex before Sexuality: Pederasty, Politics and Power in Classical Athens«, in: Duberman, Vicinus & Chauncey. Hg. 1989. S. 37-53.

Halperin, David M. 1995. *Saint Foucault: Toward a Gay Hagiography.* New York; London. Oxford University Press.
Hamilton, Mykol C. 1997. »The Huwom Race: Sexist Language as a Tool of Dominance«, in: Braun & Pasero 1997: 147-163.
Heine, Heinrich. 1946 [1827]. *Reisebilder I: Harzreise, Nordsee, Norderney, Das Buch Le Grand, Briefe aus Berlin.* Wuppertal. Marées.
Hellinger, Marlis. Hg. 1985. *Sprachwandel und feministische Sprachpolitik: Internationale Perspektiven.* Opladen. Westdeutscher Verlag.
Hellinger, Marlis & Hadumod Bußmann. in Vorb. *Gender Across Languages.* London. Benjamins.
Hellinger, Marlis. 1990. *Kontrastive Feministische Linguistik: Mechanismen sprachlicher Diskriminierung im Englischen und im Deutschen.* München. Hueber.
Hellinger, Marlis. 1997. »The discourse of distortion: Political correctness and feminist language reform«, in: Braun & Pasero 1997: 164-182.
Huster, Ernst Ulrich u. a. Hg. 1980. *Determinanten der westdeutschen Restauration.* Frankfurt/M.
Jeffreys, Sheila. 1985. *The Spinster and Her Enemies: Feminism and Sexuality 1880-1930.* London, Boston und Henley. Pandora Press.
Klaas Meilier, Brigitta. 1992. *Sprachkurs feministisch.* Zürich; München. Autorinnen Verlag, Postfach 130, CH-8031 Zürich.
Kotthoff, Helga & Susanne Günthner. Hg. 1991. *Von fremden Stimmen: Weibliches und männliches Sprechen im Kulturvergleich.* Frankfurt/M. edition suhrkamp 1721.
Lakoff, George. 1987. *Women, fire, and dangerous things: What categories reveal about the mind.* Chicago und London. The University of Chicago Press.
Leap, William L. 1995. *Beyond the Lavender Lexicon: Authenticity, Imagination and Appropriation in Lesbian and Gay Languages.* New York. Gordon and Breach Press.
Lenz, Ilse & Ute Luig. Hg. 1990. *Frauenmacht ohne Herrschaft.* Berlin. Orlanda.
Lerner, Gerda. 1993. *Die Entstehung des feministischen Bewußtseins: Vom Mittelalter bis zur Ersten Frauenbewegung* [= *The Creation of Feminist Consciousness*]. Aus dem Engl. von Walmot Möller-Falkenberg. Frankfurt/M.; New York. Campus.
Livia, Anna & Kira Hall. Hg. 1997. *Queerly Phrased: Language, Gender, and Sexuality.* New York. Oxford University Press.
Lutz, William. 1989. *Doublespeak: From »Revenue Enhancement« to »Terminal Living« – How Government, Business, Advertisers, and Others Use Language to Deceive You.* New York, etc. Harper & Row.
Marcus, Eric. 1993 [1992]. *Making History: The Struggle for Gay and Lesbian Equal Rights 1945-1990. An Oral History.* New York, NY. HarperPerennial.

McClary, Susan. 1994. »Constructions of Subjectivity in Schubert's Music«, in: Brett, Wood & Thomas. Hg. 1994: 205-233.
Mulack, Christa. 1990. *Natürlich weiblich: Die Heimatlosigkeit der Frau im Patriarchat.* Stuttgart. Kreuz.
Newton, Esther. 1979 [1972]. *Mother Camp: Female Impersonators in America.* 2nd. ed. Chicago. Univ. of Illinois Press.
Offenbach, Judith. 1983. »Feminismus – Heterosexualität – Homosexualität«, in: Pusch, Luise F. Hg. 1983. *Feminismus: Inspektion der Herrenkultur – Ein Handbuch.* Frankfurt/M. edition suhrkamp 1192. S. 210-32.
Pasierbsky, Fritz. 1983. *Krieg und Frieden in der Sprache: Eine sprachwissenschaftliche Textanalyse.* Frankfurt/M. Fischer TB 6409.
Peper, Karen. 1994. »Female Athlete = Lesbian: A Myth Constructed from Gendex Role Expectations and Lesbiphobia«, in: Ringer, 1994: 193-208.
Pusch, Luise F. & Ingeborg Stahr. 1987. »Frau Professor tingelt durch die Lande...«, Interview mit Ingeborg Stahr. In: Rudolph, Hedwig et al. Hg. 1987. *Ungeschützte Arbeitsverhältnisse: Frauen zwischen Risiko und neuer Lebensqualität.* Hamburg. VSA-Verlag. S. 255-271.
Pusch, Luise F. 1984. *Das Deutsche als Männersprache: Aufsätze und Glossen zur feministischen Linguistik.* Frankfurt/M. edition suhrkamp 1217.
Pusch, Luise F. 1990. *Alle Menschen werden Schwestern: Feministische Sprachkritik.* Frankfurt/M. edition suhrkamp 1565.
Ringer, R. Jeffrey. 1994. *Queer Words, Queer Images: Communication and the Construction of Homosexuality.* New York; London. New York Univ. Press.
Rochman, Bonnie. 1998. »Modern Hebrew owes revival to one man: Language of prayer becomes common tongue of Israeli Jews«, *The Boston Globe*, 31. 5. 98, S. A10.
Rosch, Eleanor .1981. »Prototype Classification and Logical Classification: The Two Systems«, in: E. Scholnick, Hg. 1983. *New Trends in Cognitive Representation: Challenges to Piaget's Theory.* Hillsdale, N.J. Lawrence Erlbaum Associates. S. 73-86.
Roten, Iris von. 1991 [1958]. *Frauen im Laufgitter: Offene Worte zur Stellung der Frau.* Zürich; Dortmund. eFeF-Verlag.
Samel, Ingrid. 1995. *Einführung in die feministische Sprachwissenschaft.* Berlin. Erich Schmidt Verlag.
Schmidt-Harzbach, Ingrid. 1982. »Die Lüge von der Stunde Null«, in: *Courage* 6/1982, S. 32-40.
Schubert, Doris. 1984. *Frauenarbeit 1945-1949.* Reihe *Frauen in der deutschen Nachkriegszeit.* Bd. I. Hg. Annette Kuhn. Düsseldorf. Schwann.
Schwarze, Hans Dieter. 1982. *Mein lieber Wilhelm! Unverhoffte Begegnungen mit Wilhelm Busch.* München. Schneekluth.

Schwarzer, Alice. 1993. »Lieber Harry (Heinrich Heine)«, in: Dünnebier, Anna. Hg. 1993. *Mein Genie: Haßliebe zu Goethe & Co.* Frankfurt/M. Fischer TB 10836. S. 83-86.

Schwenger, Hannes. 1983. *Im Jahr des Großen Bruders: Orwells deutsche Wirklichkeit.* München. Serie Piper 326.

Schwibbe, Michael H. 1988. *Das Bild der Frau bei Wilhelm Busch: Ein inhaltsanalytischer Vergleich zu Bilderromanen, Schwänken, Märchen und Sagen.* Diss. phil. Göttingen. Göttingen. Erich Goltze.

Sedgwick, Eve Kosofsky. 1990. *Epistemology of the Closet.* Berkeley; Los Angeles. University of California Press.

Sedgwick, Eve Kosofsky. 1993. »Queer and Now«, in: Sedgwick 1993: 1-20.

Sedgwick, Eve Kosofsky. 1993. *Tendencies.* Durham. Duke University Press.

Smith, Adrienne J. 1989. »First Of All I'm Jewish, The Rest Is Commentary«, in: Sang, Barbara, Joyce Warshow and Adrienne J. Smith. Hg. 1989. *Lesbians at Midlife: The Creative Transition.* San Francisco. Spinster's Book Company. S. 44-49.

Smith-Rosenberg, Caroll. 1975 [1963]. »The Female World of Love and Ritual. Relations between Women in Nineteenth Century America«, *Signs: Journal of Women in Culture and Society.* Vol. 1, No. 1, S. 1-29.

Solomon, Maynard. 1989. »Franz Schubert and the Peacocks of Benvenuto Cellini«, *19th Century Music* 12: 193-206.

Spender, Dale. 1980. *Man made language.* London; Boston; Henley. Routledge & Kegan Paul.

Steinem, Gloria. 1992. *Revolution from Within: A Book of Self-Esteem.* With a new afterword by the author. Boston, etc. Little, Brown & Co.

Stenten, Marlene. 1974. *Baby: Drei Erzählungen.* Darmstadt; Neuwied. Luchterhand.

Stenten, Marlene. 1983. *Salome 89.* Berlin. Sudelbuchverlag.

Stenten, Marlene. 1984 [1977]. *Puppe Else: Eine Lesben-Novelle.* Neuauflage. Frankfurt/M. Fischer TB 3752 [Sudelbuchverlag 1977].

Stenten, Marlene. 1986. *Albina: Monotonie um eine Weggegangene.* Zürich. Eco Verlag.

Stenten, Marlene. 1988 [1981]. *Die Brünne: Erzählungen.* Neuauflage. Frankfurt/M. Fischer TB 4706 [Sudelbuchverlag 1981].

Stenten, Marlene. 1991. *Hallo Mäuschen! Sechs Entwöhnungen.* Zürich. Eco Verlag.

Stenten, Marlene. 1994 [1971]. *Großer Gelbkopf.* Neuauflage. Zürich. Eco Verlag [Luchterhand 1971].

Stephenson, June. 1995 [1991]. *Men are not cost-effective: Male Crime in America.* New York, NY. HarperPerennial.

Tomatis, Alfred A. 1991 [1977]. *The Conscious Ear: My Life of Transformation through Listening* [= L'Oreille et la vie]. Aus. d. Frz. von

Stephen Lushington & Billie M. Thompson. Barrytown, NY. Station Hill Press.

Trömel-Plötz, Senta. 1992. »Der Ausschluß von Frauen aus der Universität«, in: Trömel-Plötz, Senta. 1992. *Vatersprache – Mutterland: Beobachtungen zu Sprache und Politik*. München. Frauenoffensive. S. 21-44.

Tweedie, Jill. 1982 [1979]. *Die sogenannte Liebe: Von den Zwängen der Zweisamkeit*. Aus d. Engl. von Cornelia Holfelder-v. d.Tann. Reinbek. Rowohlt.

UNESCO. 1991. *The World's Women: Trends and Statistics, 1970-1990*. New York. Author.

Wafer, James. 1996. »Out of the Closet and into Print: Sexual Identity in the Textual Field«, in: Lewin, Ellen & William L. Leap. Hg. 1996. *Out in The Field: Reflections of Lesbian and Gay Anthropologists*. Urbana; Chicago. Univ. of Illinois Press. S. 261-273.

Weiner, Gaby. 1983. »Vida Goldstein: The Women's Candidate (1869-1949), in: Spender, Dale. Hg. 1983. *Feminist Theorists: Three Centuries of Key Women Thinkers*. New York. Pantheon Books. S. 244-55, hier: S. 251.

Wiedemann, H. G. 1982. *Homosexuelle Liebe: Für eine Neuorientierung in der christlichen Ethik*. Stuttgart; Berlin.

Wittig, Monique. 1992 [1980]. »The Straight Mind«, in: Wittig, Monique. 1992. *The Straight Mind and Other Essays*. Foreword by Louise Turcotte. Boston. Beacon Press. S. 21-32.

Wolf, Naomi. 1991. *The Beauty Myth: How Images of Beauty are used against Women*. [dt.: Der Mythos der Schönheit. Reinbek b. Hamburg. Rowohlt. 1991]. New York etc. Anchor Books. Doubleday.

Wolf, Naomi. 1993. *Die Stärke der Frauen: Gegen den falsch verstandenen Feminismus*. München. Droemer-Knaur.

Wood, Julia T. 1994. »Gender and Relationship Crises: Contrasting Reasons, Responses, and Relational Orientations«, in: Ringer, 1994: 238-264.

Nachweise

»Auskünfte über Einkünfte«, zuerst in: Nölle-Fischer, Karen & Lydia Willkop. Hg. 1990. *Eigenmächtig: Entwürfe gegen den Zeitgeist.* München. Frauenoffensive. S. 227-236.

»Böse Mädchen auf Reisen«, zuerst in *Das Argument* 223/1997, S. 761-2.

»Busch und Pusch«, zuerst in: Dünnebier, Anna. Hg. 1993. *Mein Genie: Haßliebe zu Goethe & Co.* Frankfurt/M. Fischer TB 10836. S. 121-127.

»Chefsekretärin gesucht«, zuerst in *Das Argument.* 227/1998, S. 619.

»Der neue Duden – schon veraltet«. Zuerst als Rundfunk-Kommentar für den WDR, gesendet am 22. 8. 1996. Nachdruck in: *Das Argument* 217/1996, S. 645-6.

»Die Plage mit der Blage«, zuerst in: Heiliger, Anita. Hg. 1993. *Feministische Mädchenpolitik.* München. Frauenoffensive.

»Ein Baum ohne Flügel ist wie ein Fisch ohne Fahrrad«, in: *Das Argument* 215/1996, S. 343-4.

»Ein Streit um Worte? Eine Lesbe macht Skandal im Deutschen Bundestag«, zuerst in: *Women in German Yearbook 10.* Hg. Jeannette Clausen & Sara Friedrichsmayer. Lincoln; London 1995. Univ. of Nebraska Press. S. 239-66. Nachdruck in: Ingo, Rune, Christer Laurén & Henrik Nikula. Hg. 1997. *Fachsprachen und Übersetzungstheorie: VAKKI-Symposium XVII. Vöyri 22.-23. 2. 1997.* Publikationen der Studiengruppe für Fachsprachen und Übersetzungstheorie. Vaasa. Univ. Vaasa. Phil. Fakultät. S. 30-60. Lincoln; London. Univ. of Nebraska Press. S. 239-66.

»›Eine gewisse Wehmut‹: Homophobie und Sexismus im neuen Literaturbrockhaus«, zuerst in *Magnus*, Mai 1996, S. 88-89. Nachgedruckt in *Emma*, *aKanderschume/Kontiki* und in der *Basler Zeitung.*

»Etappen auf dem Weg zu einer gerechten Sprache« ist eine Zusammenfassung der folgenden drei Aufsätze:

> »Wie hätten Sie's denn gern? Auf dem Weg zu einer gerechten Sprache – weibliche und männliche Wünsche, Hemmungen, Gewohnheiten«, *Leipziger Volkszeitung zum Wochenende*, 23. 8. 1991, S. 1.

> »Die Frau ist nicht der Rede wert?! Das war einmal«, in: Mues, Ingeborg. Hg. 1998. Was Frauen bewegt und was sie bewegen: Sechsundzwanzig Originalessays. Frankfurt/M. Fischer TB 13946. S. 129-134. (Aktualisierte Fassung des Aufsatzes »Sprache ist Werbung für den Mann«, in *Persönlich: Das Magazin für Werbung, Markt und Medien*, Rapperswil (Schweiz), Sonderheft Sprache. Nr. 19, 33. Jahrgang, 6. 10. 1995. S. 32-33).

»Das Maskulinum ist nicht mehr das, was es einmal war: 25 Jahre feministische Sprachpolitik«, in *Psychologie heute*. Compact: Frauen. Heft 2/1998, S. 126-9.

»Feminismus in der Oper«, gesendet am 8. März 1998 und am 15. März 1998 im DRS (Radio der deutschen und rätoromanischen Schweiz).

»Fraurοpa braucht eine frauropäische Sprache«, zuerst in der *taz*, um 1992.

»Homophobische Diskurse, Dekonstruktion, Queer Theory: Eine feministisch-linguistische Kritik«, zuerst in: *beiträge zur feministischen theorie und praxis*. Heft 46. 1997. Jubiläumsausgabe (20 Jahrgänge). S. 95-104 (Gekürzte Übersetzung von »Language, Homophobia, Queer Theory, and Linguistics«, in: Braun, Friederike & Ursula Pasero. Hg. 1997. *Kommunikation von Geschlecht/Communication of Gender. Pfaffenweiler*. Centaurus. S. 280-301.

»›I wish she were the President!‹ Hillary und der ›gender gap‹«, zuerst in *Emma*, Herbst 1996.

»Lesbenstudien an der Universität von Massachusetts in Boston«. Unveröff. Manuskript, geschrieben für *Emma*.

»Mutter Sprache und der Golfkrieg«, zuerst in *Emma* 4/91, S. 28-29.

Na endlich! – Rede zur Gründung der Feministischen Partei Die Frauen. Gehalten in Kassel am 10. Juni 1995. Vervielfältigt.

»Nur für Frauen oder Warum reden wir eigentlich noch mit denen?«, zuerst in: Kotthoff, Helga & Susanne Günthner. Hg. 1991. *Von fremden Stimmen: Weibliches und männliches Sprechen im Kulturvergleich*. Frankfurt/M. edition suhrkamp 1721. S. 361-66.

»Schöner altern«, zuerst in: Eversmann, Susanne & Antje Kunstmann. Hg. 1993. *When I'm Forty-Four: Kursbuch Älterwerden*. München. Verlag Antje Kunstmann. S. 235-7. Zahlreiche Nachdrucke.

»Täuschend echt: Marlene Stentens Großer Gelbkopf als Parabel der schwulen Existenz«, erschien zuerst als Vorwort zu Stenten, Marlene. 1994 [1971]. *Großer Gelbkopf*. Neuauflage. Zürich. Eco Verlag. S. 5-11.

»Trümmerfrauen: ›... die sich mit Schaufel und Eimer gegen das Unabsehbare verbrauchen‹«, Co-Autor: Bernd Bredemeyer. Zuerst in: Seitz, Norbert. Hg. 1985. *Die Unfähigkeit zu feiern: Der 8. Mai*. Frankfurt/M. Verlag Neue Kritik. S. 107-113.

»Vater Morgana«, zuerst in: Feigl, Susanne & Elisabeth Pablé. Hg. 1988. *Väter unser: Reflexionen von Töchtern und Söhnen*. Wien. edition S. Verlag der österreichischen Staatsdruckerei. S. 315-319.

»Viagra: Wer braucht all die Erektionen?«, zuerst in: *Das Argument* 225/1998, S. 317-8.

»Von Frauenflüchtlingen und Männerleichen«, geschrieben ca. 1989 für Schweizerinnen, die sich um weibliche Flüchtlinge kümmern, die sie »Frauenflüchtlinge« nennen.

»Wenn aus Schwestern Mütter werden: Die Frauenbewegung im reiferen Alter«, zuerst in *beiträge zur feministischen theorie und praxis*. Heft 35. S. 43-45.

Zehn Jahre Frauenbeauftragte in Goslar, Festrede, gehalten am 1. 2. 1997 in Goslar.

Frauenforschung und Feminismus im Suhrkamp Taschenbuch Verlag

Aus der Zeit der Verzweiflung. Zur Genese und Aktualität des Hexenbildes. Beiträge von Gabriele Becker, Silvia Bovenschen, Helmut Brackert, Sigrid Brauner, Ines Brenner, Gisela Morgenthal, Klaus Schneller, Angelika Tümmler. es 840

Johann Jakob Bachofen: Das Mutterrecht. Eine Untersuchung über die Gynaikokratie der alten Welt nach ihrer religiösen und rechtlichen Natur. Eine Auswahl, herausgegeben von Hans-Jürgen Heinrichs. stw 135

Seyla Benhabib: Selbst und Kontext. Kommunikative Ethik im Spannungsfeld von Feminismus, Kommunitarismus und Postmoderne. Aus dem Amerikanischen von Isabella König. es 1725

Berühmte Frauen. Kalender 1996. Von Luise F. Pusch. st 1996

Silvia Bovenschen: Die imaginierte Weiblichkeit. Exemplarische Untersuchungen zu kulturgeschichtlichen und literarischen Präsentationsformen des Weiblichen. es 921

Briefe berühmter Frauen. Von Liselotte von der Pfalz bis Rosa Luxemburg. Herausgegeben von Claudia Schmölders. it 1505

Judith Butler: Das Unbehagen der Geschlechter. Aus dem Amerikanischen von Kathrina Menke. es 1722

Caroline Walker Bynum: Fragmentierung und Erlösung. Aus dem Amerikanischen von Brigitte Große. es 1731

Dekonstruktiver Feminismus. Literaturwissenschaft in Amerika. Herausgegeben von Barbara Vinken. es 1678

Denksachen. Zur theoretischen und institutionellen Rede vom Geschlecht. Herausgegeben von Gesa Lindemann und Theresa Wobbe. es 1729

Denkverhältnisse. Feminismus und Kritik. Herausgegeben von Elisabeth List und Herlinde Studer. es 1407

Feminismus. Inspektion der Herrenkultur. Ein Handbuch. Herausgegeben von Luise F. Pusch. es 1192

Nancy Fraser: Widerspenstige Praktiken. Macht, Diskurs, Geschlecht. es 1726

Das Geschlecht der Natur. Feministische Beiträge zur Geschichte und Theorie der Naturwissenschaften. Herausgegeben von Barbara Orland und Elvira Scheich. es 1727

Geschlechtsverhältnisse und Politik. Herausgegeben vom Institut für Sozialforschung Frankfurt. Redaktion: Katharina Pühl. es 1730

Susan Griffin: Frau und Natur. Das Brüllen in ihr. Aus dem Amerikanischen von Renate Stendhal. es 1405

Barbara Hahn: Unter falschem Namen. Von der schwierigen Autorschaft der Frauen. es 1723

104/1/7.95

Frauenforschung und Feminismus im Suhrkamp Taschenbuch Verlag

Die Hexen der Neuzeit. Studien zur Sozialgeschichte eines kulturellen Deutungsmusters. Herausgegeben von Claudia Honegger. es 743

Luce Irigaray: Ethik der sexuellen Differenz. es 1362

– Speculum. Spiegel des anderen Geschlechts. Aus dem Französischen übersetzt von Xenia Rajewsky, Gabriele Ricke, Gerburg Treusch-Dieter und Regine Othmer. es 946

Ann Jones: Frauen, die töten. Aus dem Amerikanischen von Ebba D. Drolshagen. es 1350

Die Listen der Mode. Herausgegeben von Silvia Bovenschen. es 1338

Mütter berühmter Männer. Zwölf biographische Portraits. Herausgegeben von Luise F. Pusch. it 1356

Psychoanalyse der weiblichen Sexualität. Herausgegeben von Janine Chasseguet-Smirgel. Aus dem Französischen übersetzt von Grete Osterwald. es 697

Luise F. Pusch: Alle Menschen werden Schwestern. Feministische Sprachkritik. es 1565

– Das Deutsche als Männersprache. Aufsätze und Glossen zur feministischen Linguistik. es 1217

Rechtsalltag von Frauen. Herausgegeben von Ute Gerhard und Jutta Limbach. es 1423

Reflexionen vor dem Spiegel. Herausgegeben von Farideh Akashe-Böhme. Mit zahlreichen Abbildungen. es 1724

Adrienne Rich: Um die Freiheit schreiben. Beiträge zur Frauenbewegung. Aus dem Amerikanischen von Barbara von Bechtolsheim. es 1583

Heidi Rosenbaum: Formen der Familie. Untersuchung zum Zusammenhang von Familienverhältnissen, Sozialstruktur und sozialem Wandel in der deutschen Gesellschaft des 19. Jahrhunderts. stw 374

Giselher Rüpke: Schwangerschaftsabbruch und Grundgesetz. Eine Antwort auf das in der Entscheidung des Bundesverfassungsgerichts vom 25. 2. 1975 ungelöste Verfassungsproblem. Nachwort von Peter Schneider. es 815

Werner Schiffauer: Die Gewalt der Ehre. Erklärungen zu einem deutsch-türkischen Sexualkonflikt. st 894

Schreibende Frauen. Frauen – Literatur – Geschichte. Vom Mittelalter bis zur Gegenwart. Herausgegeben von Hiltrud Gnüg und Renate Möhrmann. st 1603

Schwestern berühmter Männer. Zwölf biographische Porträts. Herausgegeben von Luise F. Pusch. Redaktionelle Mitarbeit: Jutta Wasels. st 2348

104/2/7.95

Frauenforschung und Feminismus im Suhrkamp Taschenbuch Verlag

Bram van Stolk / Cas Wouters: Frauen im Zwiespalt. Zwischen Frauenhaus und Zuhause: Beziehungsprobleme im Wohlfahrtsstaat. Übersetzt von Michael Schröter. Mit einem Vorwort von Norbert Elias. stw 685

Töchter berühmter Männer. Neun biographische Portraits. Herausgegeben von Luise F. Pusch. st 2349

Von fremden Stimmen. Weibliches und männliches Sprechen im Kulturvergleich. Herausgegeben von Susanne Günthner und Helga Kotthoff. es 1721

Wahnsinnsfrauen. Herausgegeben von Sibylle Duda und Luise F. Pusch. Erstausgabe. st 1876

Wahnsinnsfrauen II. Neue Portraits. Herausgegeben von Sibylle Duda und Luise F. Pusch. st 2493

Ingeborg Weber-Kellermann: Die deutsche Familie. Versuch einer Sozialgeschichte. st 185

Uwe Wesel: Der Mythos vom Matriarchat. Über Bachofens Mutterrecht und die Stellung von Frauen in frühen Gesellschaften vor der Entstehung staatlicher Herrschaft. stw 333

Wie männlich ist die Wissenschaft? Herausgegeben von Karin Hausen und Helga Nowotny. stw 590

104/3/7.95

GENDER STUDIES
in der edition suhrkamp

Barbin, Herculine / Michel Foucault: Über Hermaphrodismus. Herausgegeben von Wolfgang Schäffner und Joseph Vogel. es 1733

Benhabib, Seyla: Selbst und Kontext. Geschlecht, Gemeinschaft und Postmoderne in der zeitgenössischen Ethik. Aus dem Amerikanischen von Isabella König. es 1725

Butler, Judith: Das Unbehagen der Geschlechter. Aus dem Amerikanischen von Katharina Menke. es 1722

Bynum, Caroline Walker: Fragmentierung und Erlösung. Aus dem Amerikanischen von Brigitte Große. es 1731

Denksachen. Zur theoretischen und institutionellen Rede vom Geschlecht. Herausgegeben von Gesa Lindemann und Theresa Wobbe. es 1729

Fraser, Nancy: Widerspenstige Praktiken. Macht, Diskurs, Geschlecht. es 1726

Das Geschlecht der Natur. Feministische Beiträge zur Geschichte und Theorie der Naturwissenschaften. Herausgegeben von Barbara Orland und Elvira Scheich. es 1727

Geschlechterverhältnisse und Politik. Herausgegeben vom Institut für Sozialforschung Frankfurt. Redaktion: Katharina Pühl. es 1730

Der große Unterschied. Die soziale Konstruktion der Geschlechterdifferenz. Herausgegeben von Irene Döllig und Beate Krais. es 1732

Hahn, Barbara: Unter falschem Namen. Von der schwierigen Autorschaft der Frauen. es 1723

Politische Theorie: Differenz und Lebensqualität. Herausgegeben von Herlinde Pauer-Studer und Herta Nagl-Docekal. es 1736

Reflexionen vor dem Spiegel. Herausgegeben von Farideh Akashe-Böhme. Mit zahlreichen Abbildungen. es 1724

Von der Auffälligkeit des Leibes. Herausgegeben von Farideh Akashe-Böhme. es 1734

Von fremden Stimmen. Weibliches und männliches Sprechen im Kulturvergleich. Herausgegeben von Susanne Günthner und Helga Kotthoff. es 1721

Was sind Frauen? Was sind Männer? Herausgegeben vom Projekt für historische Geschlechterforschung. es 1735

317/1/12.96

Biographien
in den suhrkamp taschenbüchern

Amrain, Susanne: So geheim und vertraut. Virginia Woolf und Vita Sackville-West. Erstausgabe. st 2292

Andreas-Salomé, Lou: Lebensrückblick. Grundriß einiger Lebenserinnerungen. Aus dem Nachlaß herausgegeben von Ernst Pfeiffer. st 2340

Arnim, Bettine von: Die Günderode. Mit einem Essay von Christa Wolf. st 2341

Ball, Hugo: Hermann Hesse. Sein Leben und sein Werk. st 385

Der Cimarrón. Die Lebensgeschichte eines entflohenen Negersklaven aus Cuba, von ihm selbst erzählt. Nach Tonbandaufnahmen herausgegeben von Miguel Barnet. Aus dem Spanischen von Hildegard Baumgart. Mit einem Nachwort von Heinz Rudolf Sonntag und Alfredo Chacón. st 346

Belkina, Marija: Die letzten Jahre der Marina Zwetajewa. Aus dem Russischen von Schamma Schahadat und Dorothea Trottenberg. st 2213

Bell, Quentin: Virginia Woolf. Eine Biographie. Aus dem Englischen von Arnold Fernberg. st 753

Bertaux, Pierre: Friedrich Hölderlin. st 686

Carossa, Hans: Ungleiche Welten. Ein Lebensbericht. st 521

Chalfen, Israel: Paul Celan. Eine Biographie seiner Jugend. st 913

Einblicke und Ausbrüche. Lebensskizzen berühmter Frauen. Herausgegeben von Susanne Gretter. st 2347

Elias, Norbert: Mozart. Zur Soziologie eines Genies. Herausgegeben von Michael Schröter. st 2198

Eribon, Didier: Michel Foucault. Eine Biographie. Aus dem Französischen von Hans-Horst Henschen. st 2226

Fischer, Jens Malte: Große Stimmen. Von Enrico Caruso bis Jessye Norman. st 2484

Fölsing, Albrecht: Albert Einstein. Eine Biographie. Mit zahlreichen Abbildungen. st 2490

Freedman, Ralph: Hermann Hesse. Eine Biographie von Ralph Freedman. Aus dem Amerikanischen von Ursula Michels-Wenz. st 1827

Gandhi, Mahatma: Mein Leben. Herausgegeben von C. F. Andrews mit einem Nachwort von Curt Ullerich. Aus dem Englischen übertragen von Hans Reisiger. st 953

Gespräche mit Marx und Engels. Herausgegeben von Hans Magnus Enzensberger. st 716

Gibson, Ian: Federico García Lorca. Eine Biographie. Aus dem Englischen von Bernhard Straub. Mit zahlreichen Abbildungen. st 2286

260/1/11.95

Biographien
in den suhrkamp taschenbüchern

Gulyga, Arsenij: Immanuel Kant. Aus dem Russischen übertragen und mit einem Nachwort versehen von Sigrun Bielfeldt. st 1093

Haslinger, Adolf: Peter Handke. Jugend eines Schriftstellers. Mit zahlreichen Abbildungen. st 2470

Hensel, Georg: Glück gehabt. Szenen aus einem Leben. st 2495

Hesse, Hermann: Kindheit und Jugend vor Neunzehnhundert. Hermann Hesse in Briefen und Lebenszeugnissen. 1. Band: 1877-1895. Ausgewählt und herausgegeben von Ninon Hesse. st 1002

– Kindheit und Jugend vor Neunzehnhundert. Hermann Hesse in Briefen und Lebenszeugnissen. 2. Band: 1895-1900. Herausgegeben von Ninon Hesse. Fortgesetzt und erweitert von Gerhard Kirchhoff. st 1150

Hermann Hesse in Augenzeugenberichten. Herausgegeben von Volker Michels. st 1865

Hildesheimer, Wolfgang: Marbot. Eine Biographie. st 1009

– Mozart. st 598

Kleine, Gisela: Zwischen Welt und Zaubergarten. Ninon und Hermann Hesse: Leben im Dialog. st 1384

Kothes, Michael: Literarische Abenteurer. Dreizehn Porträts. st 2512

Lagercrantz, Olof: Strindberg. Aus dem Schwedischen von Angelika Gundlach. st 1086

Lützeler, Paul Michael: Hermann Broch. Eine Biographie. st 1578

Tomalin, Claire: Katherine Mansfield. Eine Lebensgeschichte. Aus dem Englischen von Eike Schönfeld. st 2336

Mayer, Hans: Ein Deutscher auf Widerruf. Erinnerungen. Band I. st 1500

– Ein Deutscher auf Widerruf. Erinnerungen. Band II. st 1501

– Der Turm von Babel. Erinnerung an eine Deutsche Demokratische Republik. st 2174

Muschg, Adolf: Gottfried Keller. st 617

Painter, George D.: Marcel Proust. Eine Biographie. 2 Bde. Deutsch von Christian Enzensberger und Ilse Wodtke. st 561

Paz, Octavio: Sor Juana Inés de la Cruz oder Die Fallstricke des Glaubens. Aus dem Spanischen von Maria Bamberg. Versübertragungen von Fritz Vogelgsang. Mit zahlreichen Abbildungen. st 2294

Wagner-Martin, Linda: Sylvia Plath. Eine Biographie. Aus dem Englischen von Sabine Techel. st 2337

Rachewiltz, Mary de: Diskretionen. Erinnerungen der Tochter Ezra Pounds. Aus dem Englischen von Gertrud Spat. st 2385

Sauvat, Catherine: Vergessene Weiten. Eine Biographie zu Robert Walser. Aus dem Französischen von Helmut Kossodo. st 2465

260/2/11.95

Biographien
in den suhrkamp taschenbüchern

Schmidt, Werner: Leben an Grenzen. Autobiographischer Bericht eines Mediziners aus dunkler Zeit. st 2162

Semprún, Jorge: Yves Montand: Das Leben geht weiter. Aus dem Französischen von Uli Aumüller. st 1279

Töchter berühmter Männer. Neun biographische Portraits. Herausgegeben von Luise F. Pusch. st 2349

Unseld, Siegfried: Begegnungen mit Hermann Hesse. st 218

Wahnsinnsfrauen. Herausgegeben von Sibylle Duda und Luise F. Pusch. Erstausgabe. st 1876

Wahnsinnsfrauen II. Neue Portraits. Herausgegeben von Sibylle Duda und Luise F. Pusch. st 2493

Weimer, Wolfram: Kapitäne des Kapitals. Zwanzig Unternehmerporträts großer deutscher Gründerfiguren. Mit zahlreichen Abbildungen. st 2464

Bell, Quentin: Virginia Woolf. Eine Biographie. Aus dem Englischen von Arnold Fernberg. st 2338

Zeemann, Dorothea: Jungfrau und Reptil. Leben zwischen 1945 und 1972. st 776

260/3/11.95